Josef Zierden

Eifel

Krimi-Reiseführer

Auf den Spuren von Jacques Berndorf & Co.

W0048086

Bildnachweis
Titelbild: Thomas Regnery · Rückseite: Theo Broere
Theo Broere: 1, 2, 9, 10/11, 12, 14, 18, 22, 28/29, 30, 32, 34, 36, 37, 38, 41, 44, 45, 46, 48, 50, 53, 54,
56, 58, 59, 61, 65, 70, 72, 74, 76, 77, 78, 79, 82/83, 84, 85, 87, 89, 90, 93, 96, 98, 99, 150/151, 170, 192/
193, 194, 195, 199, 202 · Alwin Ixfeld: 4, 6, 8, 31, 97, 100/101, 102, 104, 111, 118, 120, 122, 125, 127, 129,
131, 132, 135, 136, 138, 143, 145, 148, 152, 153, 155, 156, 160, 161, 162, 165, 166, 172/173, 174, 175, 177, 180,
186, 189, 191 · Ralf Roeger: 17, 24 · Quaedvliegs Pfeifenhaus: 55 · Agentur Blutspur: 68 · Golfclub
Kerpen: 106 · Kreis Daun: 110 · Hotel Kurfürstliches Amtshaus: 112 · Vulkanstuben: 116 · Der Teller: 126 · Das Kleine Landcafe: 130 · Cafe am Maar: 139 · Landgasthof Schröder: 140 · Stellwerk:
149 · Weingut Destille Treis: 187 · Grenz Echo Verlag: 196

Originalausgabe
© 2002 KBV Verlags- und Mediengesellschaft mbH, Hillesheim
Telefon: (06593) 99 86 68, Fax: (06593) 99 87 01
www. kbv-verlag.de, E-Mail: info@kbv-verlag.de
Umschlagfotografie: Thomas Regnery, Gerolstein
Redaktion: Volker Maria Neumann, Köln, Ralf Kramp, Hillesheim
Gestaltung und Satz: typocepta, Wilhelm Schäfer, Köln
Druck: Westermann Druck, Zwickau
ISBN 3-934638-58-9
Ohne ausdrückliche Genehmigung des Verlages ist es nicht gestattet,
diese Publikation oder Teile davon auf fotomechanischem (Druck, Foto-
kopie, Mikrofilm, usw.) oder elektronischem Wege zu vervielfältigen, zu
veröffentlichen oder zu speichern.
Printed in Germany

Inhalt

Vorwort

Die Eifel ist zum Krimiland geworden. Es gibt keine Landschaft in Deutschland, die so intensiv gleichgesetzt wird mit spannender Unterhaltung. Die Autorinnen und Autoren können höchster Aufmerksamkeit sicher sein. In diesem waldreichen, wildromantischen Mittelgebirge im äußersten Westen Deutschlands scheinen hinter jeder Eiche ungezählte Leichen herumzuliegen. Dunkle, brutale Geheimnisse wabern unter obligatorischen Nebelbänken, und es gibt – Tendenz stark steigend – unfasslich viele Menschen, die sich in Bremen, Stuttgart, Rostock oder Winsen an der Luhe auf die Socken machen, um bei schweißtreibenden Wanderungen oder romantischen Autotouren nach Tatorten zu suchen und dann »Hurra!« zu schreien, wenn sie sie gefunden haben. Sind die Deutschen verrückt geworden? Ja, sympathisch eifelverrückt.

Der Krimi ist europaweit in, der Krimi lädt ein. Die Menschen – weiblich wie männlich – lieben das seelische Chaos und das menschliche Desaster in kleinen, überschaubaren Welten – auf dem Papier, versteht sich.

In diesem akribisch recherchierten und fotografierten Buch präsentieren nicht weniger als etwa ein halbes Hundert Damen und Mannsleute ihre Tatorte – liebevoll kommentiert und dargelegt von einem, der sehr viel davon versteht: Dr. Josef Zierden aus Prüm. Er war es, der das Metier in der tiefen Provinz erst möglich machte. Er führte die Krimis in die Salons ein, er zeichnete sie aus. Er beschrieb und förderte sie, und er machte Mut. Nicht zuletzt ist dieser Zierden der Mann, der mich in den frühen Neunzigern veranlasste, überhaupt weiterzumachen. Ich erinnere mich mit Rührung daran, dass der Studienrat mitsamt einer Schulklasse bei mir auftauchte, um einige Szenen meines Schmökers nachzustellen, den jungen Leuten einen Spaß für das Leben mitzugeben, Gefühl für Schuld und Sühne zu entwickeln und Aufregung bei den Gedankenspielen zu empfinden, wenn es denn um die ewige Frage geht: Wer war es – und warum?

Bei vielen Menschen, die von der Materie wenig wissen, scheint immer noch die Meinung vorzuherrschen, der Krimiautor an sich sei eine traurig gebückte Gestalt, die mangels elektrischen Stroms dumpf brütend bei Kerzenlicht sinistre Geschichten strickt, Welten erfindet, in denen menschliche Ungeheuer herrschen und Raben über erfundenen Landschaften krächzen. Das, Freunde, ist beileibe nicht der Fall. Die Regel ist vielmehr, dass die meisten Autorinnen und Autoren mit beiden Beinen fest auf dem Boden der Eifel stehen, genau recherchieren, wo und wie ihre Leichen zu Leichen werden und mit Fachleuten in die Tiefen seelischer Abgründe tauchen. Sie schauen den Eiflern aufmerksam aufs Maul, sie durchleuchten die Riten und Traditionen der Landschaft und zeichnen auf diese Weise ein zwar manchmal erschreckendes, aber stimmiges Bild der Albträume dieser Epoche.

Genau das ist das Thema dieses Buches: präzise Recherche in einer Landschaft von hohem Reiz unter Menschen, die noch als Typen zu begreifen sind. Dabei ist nicht zu vergessen, dass die Eifel im besten Sinne für Provinz steht, dass zwei Drittel aller Deutschen in der Provinz leben, dass man statt Eifel auch Hunsrück, Spreewald, Oberpfalz oder Thüringer Wald setzen könnte. Die Landschaft Provinz ist in erstaunlichem Maß zum Ziel menschlicher Träume geworden. Das ist nicht weiter verwunderlich, zwingen doch die Großstadt und der Ballungsraum mit seinem chaotischen, lieblosen Getriebe das Individuum in immer stärkere Isolation und damit in sich immer krasser auswirkende Unsicherheiten und Ängste. In der Provinz ist das Leben noch überschaubar, der Nachbar noch bekannt – auch wenn er möglicherweise eines Tages ausrastet, zum Hackebeilchen greift und grausame Phantasien

in die Realität umsetzt. Im Buch! Nur im Buch! Die ungeheure Härte unserer Raff-Gesellschaft wird abgemildert durch die besänftigenden Streicheleinheiten einer weitgehend intakten Landschaft und einer, einen wundersamen Dialekt sprechenden, das Leben liebenden Landbevölkerung. Trost für die armen Seelen in Beton.

Dieses Buch aus dem KBV lädt ein, in eine traumhaft schöne Landschaft zu reisen, geführt von spannenden Geschichten um allzu Menschliches, Sündiges, Abartiges, Spielarten der Göttlichen Komödie – zum Gruseln schön, zum Wohlfühlen erdacht, zum Mitreisen ersonnen und umgesetzt von einer beachtlichen Anzahl von Autorinnen und Autoren, die nur eines im Sinn haben: gut zu unterhalten.

Im Rahmen der Unterhaltungsliteratur ist der KBV ein bekannter kleiner Dampfer, der gelegentlich in Flauten dümpelte und jetzt am neuen Eifelort zu neuem Ruhm kommen soll. Mein Freund und Kollege Ralf Kramp ist der neue Eigner des Krimiverlags, und ich erinnere mich an den Newcomer, der mich vor Jahren zweifelnd fragte: »Glauben Sie im Ernst, dass ich einen Kriminalroman schreiben kann?« Herzlich willkommen in der Eifel, KBV! Hier finden alle die, die elegante, hundsgemeine Todesformen auf spannende Weise darstellen wollen, einen neuen Anlaufpunkt. Es ist Zeit, für den Nachwuchs, Leute! Mordet weiter in der Eifel!

Jacques Berndorf

Mordsappetit auf Eifelkrimis

Bestsellerlisten sind das Lese-Fieber-thermometer der Nation. Längst erklimmt da Jacques Berndorf, der »Guru des Eifelkrimis«, Jahr für Jahr schwindelnde Auflagenhöhen, in munterer Konkurrenz mit Henning Mankell und Ingrid Noll. Zuletzt mit den Romanen *Eifel-Wasser* und *Eifel-Liebe*, Band 10 und 11 jener spannenden Bindestrich-Krimis aus dem Westen der Republik, deren Gesamtauflage kurz vor der 2-Millionen-Grenze steht. »Nichts ist so spannend wie ein Mord am schönsten Arsch der Welt!« werben landauf, landab bunte Buchplakate für Berndorfs Eifler Krimiwelt. Zuweilen mit ungeahnten Folgen: Wenn ganze Busladungen mit Krimifans die beschauliche Landidylle aufmischen, auf fie-

berhafter Spurensuche vor Ort: Wo in der Eifel fand der größte Geldraub in der Geschichte der Republik statt? Wo lag die Leiche auf dem Nürburgring? Wo pflegt Siggi Baumeister einzukehren und wo versank der Tote im Hohen Venn, dem tückischen Hochmoor? Auf all diese häufig gestellten Fragen zu Berndorf-Krimis möchte der »Eifel-Krimi-Reiseführer« präzise Antwort geben – als erster Krimireiseführer im deutschsprachigen Raum überhaupt. Und er möchte den Blick auf den Tatort Eifel weiten, über Berndorf hinaus. Beleben doch rund 50 weitere »Schreibtischtäter« mit etwa 150 Kriminalromanen Deutschlands Krimilandschaft Nummer eins, von der Nordeifel bis zur Südeifel, von der Westeifel bis zur Vulkaneifel und Ahr-Eifel. Wie sich in den Eifelkrimis Erfundenes und Wirkliches spannungsvoll vermischt; wie sie Land und Leute der Eifel in Geschich-

te und Gegenwart anschaulich spiegeln, mehr als in manchem »trockenen« Reiseführer; wie sich der phänomenale Siegeszug der beschaulichen Eifel zur Krimilandschaft erklären lässt: das möchte der Krimi-Reiseführer in lesebuchartig-unterhaltsamer Form vermitteln. Ein mörderisches Lesepensum war da zuweilen nötig, um die Krimilandschaft Eifel in der Vielfalt ihrer Regionen präsentieren zu können. Und brutaler Kürzungszwang hin und wieder, um leserfreundliche Textumfänge zu sichern. Grund genug für vielfältigen Dank an alle, die mit mörderischem Spaß und blutigem Ernst das Unternehmen »Eifel-Krimi-Reiseführer« gefördert haben. Ein herzliches Dankeschön zuallererst an Jacques Berndorf: für seine ansteckende, nicht nur literarische »Eifel-Liebe« und für die nachhaltige Unterstützung dieses Buchprojekts. Ein Dankeschön an den Krimi-Autor und Verleger Ralf Kramp für seine engagiert-antreibende Betreuung im Labyrinth verschiedenster Arbeitsphasen. Ein Dankeschön nicht zuletzt an die Fotografen Theo Broere und Alwin Ixfeld, die Unschönes in schöner Landschaft kunstvoll ins Bild gerückt haben. Gedankt sei Thomas Przybilka vom Bonner Krimiarchiv, der seine Kataloge und Regale auf das ergiebige Stichwort »Eifel« hin durchforstet hat. Gedankt sei auch allen Krimiverlagen und Krimiautoren für bereitwillige Unterstützung von Anfang an. Bliebe zuletzt ein herzliche Dankeschön an meine Familie, an Birgit, Johannes und Katharina, für Geduld und Verständnis in einer Zeit, in der ich am heimischen Computer jederzeit ein wasser-

dichtes Alibi hatte. Die Bücherberge haben sich gelichtet, die Eifelberge locken jetzt: zur mörderischen Spurensuche zwischen Maaren und Hohem Venn, zwischen Ahrweinbergen und Moseltälern. Auf denn – zum »schönsten Arsch der Welt«!

Josef Zierden
Prüm, im schaurigen
Novembernebel 2002

9

PRINTEN

Aachen

Krimi-Steckbrief: Aachen

Blut am Kaiserthron

Tradition und Moderne, Internationales und Lokales
vermischen sich lebendig in der Kaiserstadt Aachen und
machen sie zu einer dynamischen modernen Großstadt mit der
Aura einer großen Geschichte. Das Weltkulturerbe Aachener
Dom, die heißesten Quellen nördlich der Alpen, der CHIO,
der europäische Karlspreis, der „Orden wider den tierischen
Ernst" bis hin zu Printen, Schokoladen und Marmeladen: sie
ziehen nicht nur Heerscharen von Kurgästen, Prominenten
und Touristen an. Auch dunkle Gestalten schleichen zuhauf
um Dom und Rathaus, über den Katschhof und über den Markt.
Mit Mord und Raub, mit Entführung und Erpressung drohen sie
Aachen in ein tödliches Unheil-Bad zu verwandeln. Sprudelnde
Vielfalt des Verbrechens, nie versiegende Quellen des Bösen,
ohne Grenzen im Dreiländereck. Nicht einmal der Dom ist
mörderischen Monstern heilig. Sein Oktogon verlängern sie in
die Stadt wie ein tödliches Fangnetz, bis sich am marmornen
Kaiserstuhl auf der Empore ein mörderischer Ritus vollendet:
Ein irres „Nachttier" stürzt sich in die Tiefe ... Und der
Eifeler Bauernjunge Enno kämpft unter der mächtigen Kuppel
der Pfalzkapelle mit einem Verschwörer, der Karl dem Großen
nach dem Leben trachtet. Die Bluttat eines Pferderippers
überschattet das CHIO, die Entführung des Karneval-Originals
„Lennet Kann" die Ordenspreisverleihung „wider den tierischen
Ernst". Blutiger Ernst noch in närrischen Tagen ... Nicht
einmal vor Meisterwerken der Zuckerbäckerkunst macht er
Halt: Alte Damen sinken dahin nach dem Genuss tückisch
vergifteter Printen. Und Fußballfans kommen mit Blaulicht ins
Krankenhaus, nachdem sie Todeswürstchen vom Tivoli verzehrt
haben ... Doch Detektive, Kommissare, Schriftsteller und ein
Jugendclub arbeiten daran, rasch wieder Ruhe und Ordnung zu
schaffen in Karls des Großen altehrwürdiger Stadt. Damit der
Karlsbrunnen wieder ruhig vor sich hin plätschern kann und am
Puppenbrunnen wieder Kinderlachen ungetrübt erschallt ...

SACHDIENLICHE LESETIPPS:
============================

ASTEN, Verena von: Endstation Talsperre, 1999
      - Tod in der Sauna, 2001
BERG, Carsten: Die Printen-Connection, 1998
COMMICHAU, Brigitte: Hochsitz kommt vor dem Fall, 1997
CUMULUS: 17-32. Ein Tod ist Ansichtssache, 1999
JUNGE, Reinhard: Klassenfahrt, 1989
HAAG, Ulrich: Tod einer Politesse, 1996
KIEFFER, Rosi und Reni: Der Valentinstagmörder, 2001
          - Tödliches Klassentreffen, 2002
KRAMP, Ralf: Still und starr, 2000
          - Der Tod klopft an (Hrsg.), 2001
          - ... denn sterben muß David!, 2001
KREUTZER, Lutz Hermann: Schröders Verdacht, 1996
KRIEGER, Günter: Löwentod, 2001
          - Gertrudisnacht, 2001
          - Drachensturm, 2002
          - Ein Schnitter namens Tod (Hrsg.), 2002
KRUSE, Siegfried: Die Nackten und die Noten, 1998
KUSCH, Franziska: Die Bushofbande, 1999
LEHMKUHL, Kurt: Mord am Tivoli, 1997
          - Ein Sarg für Lennet Kann, 1998
          - Aachen-Mallorca-Connection, 1999
          - Blut klebt am Karlspreis, 1999
          - Mörderische Kaiser-Route, 2000
          - Der Grenzgänger, 2001
REICHEL, Saskia: Der Schuss in die Stille, 1998
SCHÜREN, Hermann-J.: Tiefer als der Tag, 1997
STEPHAN, Roland: Der verliebte Tod, 2000
UDELHOVEN, Peter: Rage, 1999
VENN, Hubert vom: Kaisermord, 2000

Markttag in der alten Kaiserstadt

Aachen

(NRW/Kreis Aachen; 251000 EW.) Die westlichste Großstadt der Bundesrepublik Deutschland, an der Grenze zu den Niederlanden und Belgien gelegen, im Naturpark Nordeifel.

Altes Römerbad mit großer Tradition als deutsche Krönungsstadt und als Heilbad u.a. gegen rheumatische Erkrankungen. Berühmt durch seine Printen- und Schokoladenfabrikation und als Stätte der Wissenschaft (Rheinisch-Westfälische Technische Hochschule, RWTH, eine der größten technischen Hochschulen Europas mit mehr als 200 Lehrstühlen und Instituten und ca. 37000 Studenten). Seit 1930 Bischofssitz.

Der Dom, eines der erhabensten Bauwerke des christlichen Abendlandes, wurde 1970 als erstes deutsches Bauwerk in die Liste des UNESCO-Weltkulturerbes aufgenommen. Herzstück ist der karolingische Kuppelbau (Oktogon) der Pfalzkirche Kaiser Karls des Großen; daran schließt sich der gotische Chor (1355–1414) mit den 1950/51 geschaffenen neuen Chorfenstern an. Auf der Empore des Oktogons steht der schlichte Marmorthron Kaiser Karls, den die in Aachen gekrönten Könige von 936 bis 1531 nach altem Brauch bestiegen. Zahlreiche Kapellen umgeben das Oktogon, u.a. die Annakapelle und die Matthiaskapelle. Der goldene Karlsschrein mit den Gebeinen Karls des Großen befindet sich im Abschluss der gotischen Chorhalle. Die Domschatzkammer birgt einen der kostbarsten Kirchenschätze nördlich der Alpen, u.a. das Lotharkreuz (10. Jahrhundert) und den Marienschrein, in dem die Aachener Heiligtümer aufbewahrt werden. Das gotische Rathaus der Stadt,

14

auf dem Fischmarkt nahe dem Dom, wurde 1267 erbaut, auf den Grundmauern der karolingischen Pfalz Karls des Großen. Der Granusturm und Teile des Marktturms stammen noch aus dieser Zeit. Der zwischen Dom und Rathaus gelegene Katschof gilt als einer der geschichtlich bedeutsamsten Binnenhöfe Deutschlands. Zahlreiche Brunnen und Plastiken zieren die Stadt: u.a. der Karlsbrunnen auf dem Marktplatz (gegossen 1620), der Puppenbrunnen in der Krämerstraße und die Plastik »Der Kreislauf des Geldes« an der Ecke Hartmann-/Ursulinenstraße. Zahlreiche Museen: Kunstmuseen (Suermondt-Ludwig-Museum, Couven-Museum, Ludwig-Forum für Internationale Kunst), Heimatmuseum in der Burg Frankenberg, Internationales Zeitungsmuseum. Berühmt wurde A. auch durch die alljährliche Verleihung des »Ordens wider den tierischen Ernst« (Februar) und des internationalen Karlspreises (an Christi Himmelfahrt). Im Juni/Juli findet das Weltfest des Reitsports statt (CHIO).

Adalbertsteinweg

In der **Gerichtsklause** am A. trifft sich Tobias Grundler gelegentlich mit ermittelnden Staatsanwälten: »Hier fanden sich alle ein, die im Paragraphengestrüpp herumirrten, Richter, Rechtsanwälte, Verteidiger und Angeklagte. Bei Bier und Mettwürstchen waren sie alle wieder Menschen wie du und ich.« (Lehmkuhl, *Mord am Tivoli*) – Gorski ist im A. angetan von der Leuchtreklame. »Sie war das Beste, was *Bei Ludwig* zu bieten hatte. Drinnen glich die Kneipe wie immer einem Leichenschauhaus.« (Schüren, *Tiefer als der Tag*)

Ahornstraße

In der Grundschule in der A. ist eine zerlegte Gans gefunden worden – wieder das Werk eines irren Serientäters. (Schüren, *Tiefer als der Tag*)

Alexianergraben

Zum »Kloster am A. und von dort zur Telefonzelle an der Ecke Alexianergraben und Annastraße« dirigieren Lennet Kanns Entführer Tobias Grundler. (Lehmkuhl, *Ein Sarg für Lennet Kann*)

Antoniusstraße

Das weithin bekannte Rotlichtmilieu Aachens ist hier zu Hause. Der »Hammermörder« sieht sich von der A. angezogen: »Antoniusstraße. Um diesen Namen hatten sich seit seiner Jugendzeit die wildesten Phantasien gerankt, Witze, anzügliche Bemerkungen oder lautstarke Sprüche. Antoniusstraße. Noch immer stand er im Halbdunkel an der gleichen Stelle. Etwas an dieser Straße zog ihn magisch an.« (Haag, *Tod einer Politesse*) – Im Krimi *Tiefer als der Tag* von Hermann-Josef Schüren heißt es zur A.: »Die **Puffstraße** befand sich keine zwei Minuten vom Dom entfernt, mitten im Zentrum. Es war ein städtebaulicher Leckerbissen, aber aus irgendwelchen Gründen wagte niemand, an ihm zu knabbern. Seit Jahrzehnten hatte sich nichts verändert, obwohl die Häuser mehr und mehr verkamen. Es wurde gemunkelt, daß die katholische Kirche Eigentümer der meisten Gebäude war. Es gab zwar keine Beweise, aber es war eine gute Erklärung. Mit der Kirche wollte sich niemand anlegen. An ihr hatte man sich in Aachen noch immer die Zähne ausgebissen.«

Bahnhof Rothe Erde

Die Entführer des Aachener Karnevaloriginals Lennet Kann lenken den Kontaktmann Tobias Grundler zu einer anrufbaren Telefonzelle am B.R.E.: Für Grundler, der noch nie da gewesen ist, »eine kostenlose Lektion in Sachen Heimatkunde.« (Lehmkuhl, *Ein Sarg für Lennet Kann*)

Bismarckstraße

In Carsten Bergs Krimi *Die Printen-Connection* bezieht der Journalist Tom Stoppek aus Lübeck ein Zimmer in der B., nahe dem Frankenberger Park und der Burg. Auf der B. fallen ihm »vor einer Kneipe Tische und Stühle auf dem Bürgersteig« auf: »als wollten die Aachener den Italienern zeigen, was südländische Lebensart sei.« –In der B. verliert die Polizei bei ihrer Verfolgungsjagd den mörderischen »Hammerschläger« aus den Augen. (Haag, *Tod einer Politesse*)

Büchel

»Heute Abend um einundzwanzig Uhr, Zelle vor dem Parkplatz am Büchel!«, scheuchen Lennet Kanns Entführer einmal mehr Tobias Grundler zu einer anrufbaren Telefonzelle. (Lehmkuhl, *Ein Sarg für Lennet Kann*) – In Saskia Reichels Krimi *Der Schuss in die Stille* plant die Stadt den Neubau einer spektakulären »Römertherme« am B.

Burg Frankenberg

Der Journalist Stoppek aus Lübeck erfährt von dem PR-Menschen einer Aachener Printenfirma Neues zu Karl dem Großen: »Karl übertrug seine Liebe auf den Weiher, in dem Fastradas

Ring ruhte, und saß nun stundenlang an dessen Ufer. Aus Sehnsucht nach ihr ließ er dort eine Burg errichten ... die man später Burg Frankenberg nannte.« Stoppek wohnt nahe dieser Burg in der **Bismarckstraße**. Die neue ringförmige Printenkreation der Firma Alpmerz soll nach der Gattin Karls des Großen »Fastrada« heißen. Ein unbekannter Irrer steckt die B.F. im dicht bevölkerten **Frankenberger Park** in Brand.« (Berg, *Die Printen-Connection*) – Privatdetektiv Derbachs Kollegin Melanie wohnt in einer »Single-Wohnung mit dem schönen Blick auf die B. F. und den angrenzenden Park«. (Kruse, *Die Nackten und die Noten*)

Bushof

Die jungen Detektive des »Reimvereins«, Dodo, Nötchen und Patty, finden es ekelhaft, »in diesem **Betonbunker** von Bushof rumzuhängen. Ich weiß nicht, ob ihr die Ecke kennt, wo diese verwahrloste Wendeltreppe ist. Gleich gegenüber der Kirche. Da, wo die Haltestelle vom Airport-Aixpress ist.« Hier treffen sich die berüchtigten Schlägertypen der »Bushofbande«, die einen Klassenkameraden erpressen. Mit artistischer Kletterakrobatik auf dem **Bushofdach** und auf einem Kran wird das Ende der Bande eingeläutet. (Kusch, *Die Bushofbande*)

Dom

Im »berühmtesten Gebäude der Kaiserstadt« erwartet die Polizei »das dicke Ende« einer monströsen Mordserie. Hat sie doch herausgefunden, dass die Systematik des Mörders mit dem **Oktogon** zusammenhängt: »Er hat die Ecken des

Doms in die Stadt verlängert. Die ganze Stadt ist sein Dom. Er hat das Achteck wie ein tödliches Fangnetz über die Stadt gespannt. Und er tut das, weil er im Zentrum sein will. Im Dom, dem unbestreitbaren Mittelpunkt der Stadt, sucht er die Erfüllung. Da will er seine Geschichte zu Ende bringen. Nur dort kann er Erlösung finden.« Die Polizei vermutet »eine Art orgiastischen Ritus«. Der Mörder hält im Dom die kleine Katharina in seiner Gewalt. Mutter Anna eilt zum Dom. Gorski verschanzt sich zunächst in der dunklen **Annakapelle**. Von dort kriecht er weiter »bis zu einer der acht gewaltigen Grundsäulen des **Oktogons**« und zur Empore, wo sich der Unbekannte mit dem Kind aufhält: »Er stand barfuß auf dem kleinen Türchen vor dem **marmornen Kaiserstuhl**.« Mit ausgebreiteten Armen springt der Mörder in den Tod. Anna und Katharina sind gerettet. (Schüren, *Tiefer als der Tag*) – Bei der Verleihung des Karlspreises geht dem Festakt im Rathaus ein Gottesdienst im Dom voraus. (Lehmkuhl, *Blut klebt am Karlspreis*) – Ein unbekannter Irrer dringt in das Suermondt-Ludwig-Museum ein. Auf seinem nächtlichen Streifzug fällt sein Blick auch auf ein »Gemälde mit der monumentalen Ansicht des Aachener Doms (...). Vom Münsterplatz aus fällt die Sonne auf die Pfalzkapelle, und deren Mauern erstrahlen so hell, wie es vielleicht im Jahre 1853 zum letzten Mal möglich gewesen ist.

(...) Der Dom steht immer noch, mittlerweile aber trägt er schwarz.« (Berg, *Die Printen-Connection*) – In der historischen **Pfalzkapelle der Kaiserpfalz**, dem heutigen **Dom**, kämpft der Bauernjunge Enno mit den Verschwörern und Mördern, die Kaiser Karl nach dem Leben trachten. Die **Wendeltreppe** aufwärts führt der verbitterte Schwertkampf zur

Die Krone der alten Kaiserstadt – der Dom zu Aachen

Der Thron Kaiser Karls des Großen

»**Galerie,** die um das achteckige Rund der Kapelle führte«. Vor den Augen des herbeigeeilten Kaiser Karl und seinen Wachen stürzt Enno mit seinem Widersacher über das **Metallgeländer** in die Tiefe. (Kramp, *... denn sterben muß David!*) – »Mit dieser Uhr lebe ich den ganzen Tag«, denkt Kripobeamter Boin roth, als er im Amtszimmer des Oberstadtdirektors sitzt und die **Domuhr** schlagen hört: »Schlägt die Uhr neun, beginnt mein Dienst. Schlägt sie zwölf, mache ich Mittag. Schlägt sie drei, stehe ich auf und mache mir nebenan einen Kaffee. Schlägt sie fünf, habe ich Feierabend.« (Haag, *Tod einer Politesse*) – In der Erzählung *An- und Verkauf* der Sammlung *17–32* von Cumulus ist der Tuchhändler Fréderic fasziniert von der **Pfalzkapelle** Karls des Großen, besonders vom **Kuppelmosaik** und vom **Barbarossa-Leuchter:** »Es ging ein unvergleichlicher, beinahe mystisch-göttlicher Glanz von den aus tausend und abertausend kleinen Steinchen zusammengesetzten Bildern oberhalb der

Säulen aus.« Beim Blick »auf eine der steinernen Platten seitlich des **Thrones,** auf dem einst Kaiser Karl gesessen hatte«, fallen teuflisch verrätselte Einritzungen auf, die merkwürdig schwindeln lassen ...

Elisengalerie und Elisenbrunnen

In der E.galerie explodiert im Vorfeld der Karlspreis-Verleihung ein größerer Knallkörper: Eine weitere Drohung unbekannter Erpresser gegen den neuen Karlspreis-Träger. (Lehmkuhl, *Blut klebt am Karlspreis*) – In einem »Restaurant am Elisenbrunnen« rekapitulieren Tobias Grundler und sein Freund Dieter noch einmal die mörderischen Geschehnisse auf der »Kaiser-Route« von Paderborn nach Aachen. (Lehmkuhl, *Mörderische Kaiser-Route*) – Über eine anrufbare Telefonzelle am E.brunnen (»Zelle fünf!«) nehmen die Entführer des Aachener Karnevaloriginals Lennet Kann Kontakt zu Tobias Grundler auf. »Schnell stapfte ich durch die ungemütlich kalte Stadt zum Elisenbrunnen, an dem die Umbauarbeiten endlich beendet waren. Mir gefiel die neue Gestaltung des Geländes.« An Rosenmontag kommt es beim Karnevalsumzug inmitten der Fußgruppe mit der Nummer 15 (»Die letzten Fans vom Tivoli«) zur Lösegeldübergabe. (Lehmkuhl, *Ein Sarg für Lennet Kann*) – In der **Rotunde** des E.brunnens trifft sich Kommissar Klaus Verstraeten nach der Aufklärung des Mordfalls van Broek privat mit der

Bekannten Gerda. Von dort geht man zu den »zahlreichen Straßencafés auf dem Aachener Marktplatz«. (Reichel, *Der Schuss in die Stille*) – An E.galerie und E.brunnen vorbei eilen die jugendlichen Detektive des »Reimvereins« zum Bushof, Treffpunkt einer Schlägerbande: »Das Heilwasser roch penetrant nach faulen Eiern, und sie sahen zu, daß sie Land gewannen.« (Kusch, *Die Bushofbande*) – Gorski, der im Fall der verstümmelten Kleintiere ermittelt, streift auch am E.brunnen vorbei: »Es roch nach faulen Eiern. Gorski sah sich die Tafeln an, auf denen zu lesen stand, welche Persönlichkeiten im Laufe der Geschichte die heilenden Quellen besucht hatten. Zaren und Könige. Dichter und Gelehrte waren hier gewesen.« (Schüren, *Tiefer als der Tag*)

Elsassstraße

Auf der Suche nach Ricki kommen die jugendlichen Detektive des »Reimver eins« auch in die E. Sascha erkennt in Ricki den »Typ«, der ihm den geheimnisvollen Beutel zugeworfen hat. (Kusch, *Die Bushofbande*)

Eurogress

Die Verleihung des internationalen Karlspreises läuft in festen protokollarischen Bahnen ab: »Am Abend gebe es im E. den großen Empfang der Stadt Aachen«, verkündet der Oberbürgermeister in einer Pressekonferenz. (Lehmkuhl, *Blut klebt am Karlspreis*) – Im E. gibt es »den Höhepunkt der Session, die Sitzung wider den tierischen Ernst«. Die Entführer Lennet Kanns planen hier die Übergabe des Lösegelds. Tobias Grundler als Kontaktmann der

Entführer geht dorthin. Norbert Blüm hält die Laudatio auf den neuen Preisträger. Vom Eurogress lenken die Entführer Tobias Grundler zur »›Rezeption des Dorint-Hotels!‹ ›Sie meinen den **Quellenhof**?‹ (...) ›Was denn sonst?‹«. (Lehmkuhl, *Ein Sarg für Lennet Kann*)

Europaplatz

Am E. kommt es unmittelbar vor der Karlspreisverleihung zu einem Feuergefecht: »Am **Europaplatz** ist es geschehen. Die Fahrzeugkolonne ist von allen Seiten aus den Nebenstraßen heraus beschossen worden, als sie in den Kreisverkehr eingebogen ist. Alle Ausfahrten waren plötzlich von quer stehenden Autos blockiert, die Kolonne saß fest. Dann begann auch schon das Gewehrfeuer und der Granatenbeschuss. Der Wagen des Kanzlers wurde völlig zerstört.« Allerdings: der Kanzler überlebt. (Lehmkuhl, *Blut klebt am Karlspreis*) – In der **Gartenanlage am E.** wird ein Kaninchen verstümmelt aufgefunden: der Auftakt einer monströsen Tötungsserie in Schürens Aachen-Krimi *Tiefer als der Tag*.

Gefängnis in der Soers

Ermittler Tobias Grundler sorgt für Kundschaft in diesem Gefängnis. Am Ende des Krimis *Die Aachen-Mallorca-Connection* von Kurt Lehmkuhl landen hier der Aachener Galerist und Entführer Kehraus und der Aachener Mörder Junggeburth. – Lehmkuhl, *Ein Sarg für Lennet Kann*: »In der Tat forderte uns die Kriminalpolizei auf, in die Soers ins **Präsidium** zu kommen«. – Architekturkritik im Kriminalroman: »Beckts betrachtete die dunklen Backsteinmauern. Sie ließen keinen Zweifel aufkommen, wie beschissen es den Inhaftierten gehen musste. An den Ecken der Umgrenzungsmauer ragten Wachtürme auf. Die Fenster waren mit dicken Eisen vergittert. Man wurde automatisch an alte Zeiten erinnert, als es wenigstens noch die Hoffnung gab, zu entkommen. An Filme, die von dieser Hoffnung gelebt hatten: Wie der Graf von Monte Christo in mühseliger, jahrelanger Arbeit die Fugen zwischen den Steinblöcken seines Verlieses weggekratzt hatte, um einen Weg in die Freiheit zu finden.« (Schüren, *Tiefer als der Tag*)

Gut Steeg

Herbert van Broek, möglicher Investor für die geplante »Römertherme«, bewohnt in Aachen »das großelterliche Haus am Gut Steeg«, eine Villa im Stil der Gründerjahre. Hier findet man ihn »leblos auf dem Schwimmbadboden liegen« – vergiftet (Reichel, *Der Schuss in die Stille*)

Herzogstraße

In der H. ereignet sich der fünfte Anschlag eines brutalen Hammerschlägers auf eine Aachener Politesse. (Haag, *Tod einer Politesse*)

Hauptbahnhof

Der Tod eines niederländischen Fußballfans wird zum Aufmacher im Aachener Lokalteil. Er war in einem Zugabteil auf dem Abstellgleis am Aachener Hauptbahnhof gefunden worden. Der Todesfall steht in Zusammenhang mit Attentatsplänen zur Verleihung des internationalen Karlspreises in Aachen, »des europäischsten aller politischen

Preise«. (Lehmkuhl, *Blut klebt am Karlspreis*) – Von den Entführern des Karnevaloriginals Lennet Kann wird Tobias Grundler zum Bahnsteig vier des H. gelenkt. Dort findet er ein Polaroidfoto des Entführten. (Lehmkuhl, *Ein Sarg für Lennet Kann*) – In Zusammenhang mit dem Neubau einer modernen »Römertherme« plant ein Professor Liebermann einen »Aachen-Shuttle« mit einer spektakulären Station am H.: »Diese kuppelförmige Shuttlestation ist rundherum mit einer doppelten Glasschicht versehen, in die ständig blau gefärbtes Wasser gepresst wird, Lichteffekte verstärken noch zusätzlich die wogenden Bewegungen«. (Reichel, *Der Schuss in die Stille*) – Als Tom Stoppek zu Beginn des Romans *Die Printen-Connection* auf dem mitternächtlichen H. in Aachen eintrifft, findet er **Bahnhofshalle** und **Vorplatz** einsam vor. Es plätschert »ein **Brunnen** unverdrossen vor sich hin. Die sprudelnde Vielfalt. Was die Pferde wohl da zu suchen hatten? Stoppek erinnerte sich, daß das **Aachener Reitturnier** weltberühmt war. Fast noch berühmter aber war der Regen, der den CHIO stets begleitete.« (Berg, *Die Printen-Connection*)

Hauptpostamt

»Im Schließfachraum des Hauptpostamtes«, über die anrufbare Telefonzelle drei nehmen die Entführer von Lennet Kann Kontakt zu Tobias Grundler auf. (Lehmkuhl, *Ein Sarg für Lennet Kann*) – In Schließfächern im H. suchen die jugendlichen Detektive des »Reimvereins« dem geheimnisvollen Inhalt eines Lederbeutels auf die Spur zu kommen. (Kusch, *Die Bushofbande*)

Industriegebiet

»Ein mächtiger Schornstein aus roten Ziegelsteinen dampfte zähe Zuckerwolken in den gleißenden Himmel, und ein süßlicher Duft benebelte seine Geruchsnerven. Die Printen-Produktion lief, wenn er seiner Nase trauen durfte, auf Hochtouren. Das Weihnachtsgeschäft begann bereits im Sommer. Sicher stapelten sich in den Lagerhallen schon die Kisten mit Aachens berühmtestem Export.« Wiederholt werden mysteriöse Brände in der traditionsreichen Printen- und Schokoladenfabrik Harry Alpmerz gelegt. (Berg, *Die Printen-Connection*)

Jesuitenstraße

In der anrufbaren Telefonzelle am Parkplatz J. erhält Tobias Grundler die letzten Anweisungen der Lennet-Kann-Entführer vor der Lösegeldübergabe am Elisenbrunnen. (Lehmkuhl, *Ein Sarg für Lennet Kann*)

Kaiserpfalz

Ralf Kramps historischer Krimi ... *denn sterben muß David!* schildert die Heimkehr Karls des Großen nach der Kaiserkrönung in Rom im Jahre 800. Wenige Tage später betritt der Eifeljunge Enno erstmals Aquis Granum und sieht staunend die sagenhafte Kaiserpfalz: »Ein riesiger Bau, zusammengesetzt aus Mauern, Erkern, kleinen Dachflächen, groß und spitz zulaufend, zum Himmel weisend, gekrönt mit einer goldglänzenden Kugel und einem Kreuz.« (Kramp, ... *denn sterben muß David!*) – Dem Eifeler Bauernjungen Enno gelingt es, an den Wachen vorbei in die **Gemächer des Palastes** vorzudringen

und Kaiser Karl vor Verschwörern zu warnen, die seine Ermordung planen. (Kramp, ... *denn sterben muß David!*) – Bei einem Festmahl des Kaisers in der **Aula Regia** wollen Verschwörer Kaiser Karl vergiften. Der Gifttrank, den Fremde aus dem Morgenland überreichen, scheint die gewünschte Wirkung zu entfalten. Wäre da nicht die List des Kaisers ... (Kramp, ... *denn sterben muß David!*)

Kaiserplatz

Im »Café auf der Insel« erholt sich der Kripobeamte Engelbrecht von der Fahndung nach dem Hammermörder: »Nun war Engelbrecht *reif für die Insel* – ein stehender Begriff in den Kreisen, in denen er verkehrte: Das *Café auf der Insel* lag auf dem Kaiserplatz, rundum umspült von tosendem Verkehr. Der Lärm, die Hitze des Tages, die Abgase, der Duft der türkischen Küche im Inneren des Cafés gaben dem Ganzen ein mediterranes Flair. *Die Insel* hätte genausogut an einer Hauptverkehrsstraße in Istanbul oder Ankara liegen können.« (Haag, *Tod einer Politesse*)

Katschhof

»Wenn nicht gerade Markt in Aachen ist, gleicht der Katschhof zwischen Rathaus und Dom eher einem Supermarkt-Parkplatz am Sonntag als der ›Geburtsstätte Europas‹, wie bunte Werbeheftchen der Stadt vollmundig bekunden.« Immerhin sorgt der Gemüsemarkt »wenigstens einmal in der Woche« für Leben auf dem Katschhof. (vom Venn, *Kaisermord*) – Mitten im nächtlichen Konzert einer umjubelten Girlgroup auf dem K. beginnt »ein

Das Oktogon im Aachener Dom, der früheren Pfalzkapelle

rötlicher Schimmer am Flügel des Rathauses sanft und beinahe im Takt der Musik zu tanzen.« Der Granusturm des Rathauses brennt. (Berg, *Die Printen-Connection*)

Auf dem K. findet Fréderic, ein reicher Tuchhändler, die Liebe seines Lebens. Später wird er tot zu Füßen des **Granus-Turms** gefunden. (*Das letzte Geleit*, in: Cumulus, *17–32*)

Klinikum

Eleonore, die einen Mordanschlag im Hotel **Quellenhof** überlebt hat, wird im Aachener K. aufgenommen. (Reichel, *Der Schuss in die Stille*) – Auch Edda, die Haushälterin der Krimi-Schriftstellerin Saskia Mont, überlebt einen Anschlag und wird ins K. eingeliefert. (Kieffer, *Tödliches Klassentreffen*) – Gedanken des Privatdetektivs Derbach in Kruses Krimi *Die Nackten und die Noten*: »Wo mochte meine Frau sich jetzt befinden? Doch hoffentlich nicht in einem Krankenhaus! Obwohl es nie angenehm ist, auf einer Station zu liegen und um die Wiederherstellung seiner Gesundheit zu bangen, wünschte ich ihr am allerwenigsten, ins **Klinikum** gebracht worden zu sein, jene Festung aus Beton, Stahl und Glas, die der Teufel selbst mitten auf die grüne Wiese am Stadtrand gesetzt haben soll, sich auf diese Weise dafür rächend, daß in alter Zeit die Aachener ihm als Lohn für seine Mithilfe beim Bau des Domes eine lebendige Seele versprochen, ihn aber listig nur mit der eines Wolfs bezahlt hatten.« (Kruse, *Die Nackten und die Noten*)

Markt

»Um elf am Markt vor der **Karlsapotheke**«, fordern die Lennet-Kann-Entführer den Kontaktmann Tobias Grundler auf. Er kann ihnen mitteilen, dass

250.000 DM Lösegeld abrufbereit liegen. (Lehmkuhl, *Ein Sarg für Lennet Kann*) – Während im Rathaus Finanzierungspläne zum Neubau einer »Römertherme« beraten werden, herrscht vor dem Rathaus reges Leben:»Heute war Markttag. Munteres Treiben herrschte bereits vor dem Aachener **Rathaus** und auf dem **Katschhof**. Die Händler schlugen ihre Verkaufsstände auf, deren bunte Segeltuchdächer leise im Wind flatterten. Der Duft der Blumen und Kräuter, des feilgebotenen Käses, der gebratenen Hähnchen und Fische weckte Lebensfreude und Heimatgefühl.« (Reichel, *Der Schuss in die Stille*)–»Der Kaiser hatte keine Hose an! Bis zu den Knien stand er im Marktbrunnen vor der Pfalz und wetterte für Gott und gegen die Welt.« So beginnt Hubert vom Venns Aachen-Krimi zu Kaiser Karls Thronjubiläum im Jahre 2000, *Kaisermord*. Kaiser Karl im Brunnen ist ein Aachener Original.

Minoritenstraße

In der M. ermordet der »Hammerschläger« eine Politesse: Eine Kollegin sieht sie:»In der Mitte des Kreises, den die Umstehenden wie mit dem Zirkel gestochen freiließen, lag etwas am Boden, ein Bündel Blau, darin ein ihr allzu bekanntes Gesicht. Es war halb in eine Lache aus Blut gedreht, der Mund geöffnet, der Unterkiefer in den Asphalt gepresst. Wie ein Fanal ragte dicht daneben der Stiel des Hammers empor – so als hätte jemand einem Gesamtkunstwerk die gewalttätige Mitte eingeschlagen. Der Rechner lag ein wenig weiter. Unversehrt.« (Haag, *Tod einer Politesse*)

Monheimsallee

In der M. gleich gegenüber **Eurogress** und **Quellenhof** besetzen Studenten ein altes Wohnhaus. Die Hausbesetzung steht in engem Zusammenhang mit Attentatsdrohungen gegen den kommenden Karlspreis-Träger. (Lehmkuhl, *Blut klebt am Karlspreis*) – In der M. hat »in einem Neubau fast gegenüber von Eurogress und Spielcasino die Galerie mit dem Namen Kehraus ihre Räume«. Sie spielt eine wichtige Rolle bei der Entführung einer spanischen Künstlerin auf Mallorca. (Lehmkuhl, *Die Aachen-Mallorca-Connection*)

Münsterplatz

Nach der Ermordung ihrer Klassenkameradin Christine bei einem Klassentreffen geht die Krimi-Autorin Saskia Mont gedankenversunken in Richtung Münsterplatz und in die **Mayersche Buchhandlung**. Hier hatte ihre letzte Buchpräsentation stattgefunden. (Kieffer, *Tödliches Klassentreffen*)

Polizeipräsidium

Der dienstlich gestrauchelte Polizist Gorski schaut sich die **Bronzeplastik** am Eingang des neuen P. genauer an: »Die Bronzeplastik, die zur Erbauung etwaiger Besucher des Polizeipräsidiums links des Haupteingangs aufgestellt worden war, ließ an aufdringlicher Symbolik nichts zu wünschen übrig. Das Gute kämpfte gegen das Böse. Das Gute saß auf einem Pferd und war mit Schild und langer Lanze bewaffnet. Das Böse lag am Boden, war sogar zur Hälfte schon darin versunken, oder es tauchte gerade aus den Niederungen auf. Das Gute war Sankt Georg, der Drachentöter. Der gute Georg hatte bei seiner Drachentöterei den Halt verloren und hing wie ein Äffchen auf dem Hintern des Pferdes.« (Schüren, *Tiefer als der Tag*)

Quellenhof

Im Hotel Q. scheitert die Übergabe des Lösegelds für den entführten Lennet. (Lehmkuhl, *Ein Sarg für Lennet Kann*) – In der Kaminhalle des Q. beobachtet Jagdfelder, Mitarbeiter von Kommissar Verstraeten vom Morddezernat, verdächtige Gäste. In der Tiefgarage des Quellenhofs, in dem sich traditionell während des CHIO die reiterische Weltelite trifft, wird wenig später eine leblos scheinende Frau gefunden. Missglückter Mordversuch an einer Frau, die zu viel über Drogengeschäfte wusste. (Reichel, *Der Schuss in die Stille*)

Rathaus

Bei der **Verleihung des Internationalen Karlspreises** findet »der Festakt im **Krönungssaal** des Rathauses statt«. Wegen Attentatsdrohungen gegen den neuen Preisträger steckt am Tag der Preisverleihung »auf dem Fußweg vom Dom zum Rathaus über die Krämerstraße (...) quasi hinter jedem Fenster ein Polizist.« (Lehmkuhl, *Blut klebt am Karlspreis*) – Saskia Reichels Krimi *Der Schuss in die Stille* beginnt mit der Preisvergabe im Architektenwettbewerb zum Neubau der Aachener »Römertherme«. Sie findet in einem Saal im R. statt. – »Das wie eh und je verstimmte **Glockenspiel im Rathausturm** verklingt, ohne je eine Chance gegen den hundertkehligen Schrei gehabt zu haben, der sich vom **Katschhof** aus und vom **Dom** reflektiert über die ehrwürdigen Häuser hinweg seinen Weg in jedes Ohr der Innenstadt bahnt.« (Berg, *Die Printen-Connection*) – Bei einem nächtlichen Konzert einer Girlgroup schlägt der Feuerteufel wieder zu, zum fünften Mal in fünf Tagen: Der **Granusturm** brennt. »Ist Aachen dem Untergang geweiht?«, fragt ein Boulevard-Blatt. (Berg, *Die Printen-Connection*)

Mondänes Szenario für eine Lösegeldübergabe: der Quellenhof

– In Hubert vom Venns Aachen-Krimi *Kaisermord* ärgert sich im Jahre 1999 Aachens **Oberbürgermeister** Josef Laufs über die mangelnden Vorbereitungen für das Jubiläumsjahr 2000. Die großen Karls-Ausstellungen finden nicht in A. statt: »Aachen, nur Aachen ist die Stadt Karls des Großen! Das Thema, meine Herren, ist hier verschlabbert worden.« (vom Venn, *Kaisermord*) – Im großen R.saal der Stadt berät sich wiederholt der »Krisenstab Hammerschläger«. (Haag, *Tod einer Politesse*) – An einem regnerischen Novembermorgen des Jahres 1732 wird die Leiche des einflussreichen Tuchhändlers Fréderic van de Rohe zu Füßen des **Granusturmes** gefunden. Das ist die Ausgangssituation für phantasievolle Krimi-Variationen von 31 jungen Germanistikstudenten an der RWTH Aachen mit dem Gruppennamen »Cumulus«. Sie wollen der Frage nachgehen: War es Mord? War es Selbstmord? Hatte der Teufel seine Hand im Spiel? (Cumulus, *17–32*) – Um einen »**geheimen Gang**, der von der **Pfalzkapelle** in das Gewölbe des **Granusturms** führt«, kreist die Erzählung *Rotbart* der Sammlung *17–32* der Studentengruppe Cumulus.

Ronheider Berg

Im **Restaurant Fontana** am R.B. 221 trifft sich die Schriftstellerin Saskia Mont 25 Jahre nach dem Abitur mit ihren ehemaligen Klassenkameraden. Wenig später wird in der Nähe einer Waldschenke ihre frühere Klassenkameradin Christine Felten erstochen aufgefunden. Hat der grausige Fund etwas mit dem Treffen der alten Weggefährten zu tun? (Kieffer, *Tödliches Klassentreffen*)

RWTH

Aachens OB äußert sich kritisch über die TH in Hubert vom Venns Aachen-Krimi *Kaisermord*: »Die TH wird langsam eine Stadt in der Stadt. Da müssen wir was dran tun, sonst nehmen die uns mit ihrem Elite-Getue das Heft aus der Hand und verleihen demnächst noch einen Charlemagne-Preis, oder was weiß ich. Bei deren Kontakt zur Wirtschaft können die den locker sechsstellig dotieren. Dann können wir uns den Karlspreis in die Haare schmieren und höchstens noch an den Bürgermeister von Monschau verleihen, weil der mit Belgien eine gemeinsame Kläranlage in Kalterherberg gebaut hat.« Im **Karman-Auditorium** tritt ein Wissenschaftler auf, der Karl den Großen als pure Geschichtsfälschung erweisen möchte.

Schurzelter Straße

Das Aachener Stadtoriginal »Kaiser Karl« wird auf der Sch.S. ermordet. Er wird das Opfer eines inszenierten Autounfalls: »Auf der **Schurzelter Straße** schritt er auf die **Burg Seffent** zu, als sich laut hupend von **Laurensberg** eine schwere Karosse näherte. (…) Weiter kam er nicht, da das Fahrzeug ihn erfaßte und auf den Radweg schleuderte. Ohne sich um den Schwerverletzten zu kümmern, raste der Fahrer in Richtung **Golfplatz** davon.« (vom Venn, *Kaisermord*)

Schwedenpark

Die jugendlichen Detektive vom »Reimverein« mögen den S.: »Überall standen meterhohe Brennnesseln, und sie hörten das Kreischen der Krähen, die in den Baumwipfeln saßen. (…) Es war verrückt. Sie waren mitten in der Stadt, und trotzdem wirkte die Umgebung, als wären sie meilenweit von Häusern und Straßen entfernt hier. Es war unglaublich ruhig hier. (...) Der Schwedenpark war ein wundervoller Ort, zwar ein bisschen verwahrlost, aber das machte ihn nur noch spannender.« (Kusch, *Die Bushofbande*)

Soerser Weg

Am S. W. liegt das berühmte Reitstadion, Veranstaltungsort des weltberühmten **CHIO**. – »Vor dem Reitstadion in der Soers hingen Hunderte von Fahnen schlaff an den Masten. Draußen ging kein Lüftchen. Die Sonntagsnachmittagsluft war warm, dick und klebrig. Im Kessel der Stadt würde es noch schlimmer sein. Da brodelte es jetzt. Aber Mitte der Woche, zu Beginn des Reitturniers, würde das Wetter garantiert umschlagen. Das war Tradition. Es gab immer Unwetter, wenn es um den **Preis der Nationen** ging.« Die rätselhafte Tötung und Verstümmelung von Tieren macht auch vor dem Reitstadion nicht Halt. Und dies sehr zum Entsetzen aller Gäste, die für die Stadt doch so wichtig sind. »Auf dem Anreiteplatz direkt vor dem Reitstadion in der Soers« schlägt der »Pferde-Ripper« zu. Die Öffentlichkeit und die Organisatoren sind schockiert. (Schüren, *Tiefer als der Tag*)

Theaterplatz

Die Entführer des Aachener Karnevaloriginals Lennet Kann dirigieren Tobias Grundler zu einer anrufbaren Telefonzelle »am Theaterplatz vor **Teppich Rottmann**«. Dort erhält er weitere Order. (Lehmkuhl, *Ein Sarg für Lennet Kann*)

Theaterstraße

In der T. liegt die renommierte Anwaltskanzlei, in der Tobias Grundler zunächst als Bürovorsteher seines väterlichen Freundes Dr. Schneider und schließlich als Rechtsanwalt arbeitet. Tobias ist der Hauptermittler in den sechs Aachen-Krimis von Kurt Lehmkuhl. Auch zur Kanzlei geht er meistens zu Fuß. (Lehmkuhl, *Mord am Tivoli*) – »Im **Roncalli-Café** in der Theaterstraße« unterhält sich die Krimi-Autorin Saskia Mont mit ihrer früheren Klassenkameradin Irmgard, die sie zufällig getroffen hat. Nach der Ermordung einer Klassenkameradin bei einem Klassentreffen hat man sich viel zu erzählen. Irmgard weiß hier mehr, als sie zu erkennen gibt. (Kieffer, *Tödliches Klassentreffen*)

Tivoli

Vor dem **Regionalligaspiel** Alemannia Aachen gegen Elversberg erinnert sich Tobias Grundler an die großen Bundesligazeiten der Alemannia: »Alemannia gegen Bayern München? Das klingt für sie unglaubwürdiger und exotischer als Alemannia gegen SG Eschweiler.« Vorbei ist auch der Zuschaueransturm: »Eine Null dahinter und wir hätten die stolze Zahl von 15.000 auf dem Tivoli gehabt. Gegen Elversberg verkrümelten sich aber gerade einmal 1.500 Fußballfreunde auf den Rängen und der heruntergekommenen Sitzplatztribüne.« Wenig später isst Tobias ahnungslos eine vergiftete Bratwurst. Die »Todeswürstchen vom Tivoli« beherrschen bald schon die Schlagzeilen der Aachener Zeitung. – Einen traurigen Anblick bietet der T. in Schürens Krimi *Tiefer als der Tag*: »Gras wuchs auf den Treppenstufen. Die Flutlichtmasten rosteten vor sich hin. Wenn die Alemannia so weitermachte, würde das schmucke Stadion in ein paar Jahren eine Ruine sein.«

Von-Coels-Straße

Zu seiner ersten Karnevalssitzung in Aachen, im **Saaltheater Geulen** in Eilendorf, fährt Tobias Grundler mit seinem Chef Dieter über die V.-C.-S.: »Auf der nach Aachener Vorstellung längsten bis zweitlängsten Straße der Welt nach oder vor dem Adalbertsteinweg; je nachdem, ob man nämlich Eilendorf zur Stadt oder zu den unbedeutenden Vororten zählt, der Von-Coels-Straße nämlich, staute sich schon weit vor Geulen der Verkehr. Damit hatte ich nun wirklich nicht gerechnet, dass sich so viele Aachener diesen organisierten Frohsinn antaten.« (Lehmkuhl, *Ein Sarg für Lennet Kann*) – »Aus einer Kneipe an der Von-Coels-Straße kamen zwei glatzköpfige Fleischmützen«. Zwei Journalisten verfolgen sie. Die Rechten sind in Aufruhr, als ein Wissenschaftler die Existenz Karls des Großen bestreitet. (vom Venn, *Kaisermord*)

Westfriedhof

Auf dem W. wird Printenkönig Wilhelmy begraben. (Lehmkuhl, *Mord am Tivoli*) – Auf dem »Parkplatz des Westfriedhofs an der **Vaalser Straße**« treffen Brigitte und Saskia eine Klassenkameradin. Die Christine wird hier beerdigt. (Kieffer, *Tödliches Klassentreffen*) – Auf dem W. wird auch eine Leiche gefunden, die eigentlich nicht hierher gehört: das Opfer eines Mörders, der bis dahin vornehmlich Kleintiere verstümmelt hatte. (Schüren, *Tiefer als der Tag*)

+++   Krimi-Telegramm   +++

Spurensuchen nach dem Mord an dem Bauarbeiter Siggi Meissel in einem Eifeldorf bei Schleiden führen den Ich-Erzähler auch nach A.: »Ich fuhr auf der B 258 – der **Himmelsleiter** – über Land und wurde zur Begrüßung im Regierungsbezirk Aachen auch prompt von einem **Geschwindigkeitsmesser** geblitzt.« In einem **Kaufhaus** arbeitet der Bruder des Ermordeten. (Kramp, *Still und starr*) +++ Kommissar Birnbaum aus Eupen überführt den A.er Anwalt Dr. Albrecht Kroll **(Theaterstraße)** der Anstiftung zum Mord an seiner Ehefrau Senta, wohnhaft in Hauset bei Eupen. Senta hat in A. regelmäßig Beratungsstunden bei einer Psychotherapeutin in der **Annastraße**. Sie taucht dann ein »in eine andere Welt. In dieser kopfsteingepflasterten Gasse schien die Zeit stehengeblieben zu sein.« Bei einem Spaziergang im **A.er Wald bei Köpfchen, kurz vor der Grenze**, setzt er sein Recherchenpuzzle im Mordfall Kroll zusammen. (Asten, *Tod in der Sauna*) +++ Ihre Kriminalerzählung *Ein Brief in Blassblau* (in: Krieger, *Ein Schnitter namens Tod*) siedelt Ingrid Peinhardt-Franke in Aachen an, zu Beginn des 20. Jahrhunderts (1915 bis 1925). Im alten A.er Museum **Burg Frankenberg** wird eine alte Mumie untersucht ... +++ In Reinhard Junges Krimi *Klassenfahrt* verübt eine skrupellose Terroristen-Gruppe am **Grenzübergang Aachen-Lichtenbusch** einen Anschlag, der zwei Todesopfer fordert. Als mögliches Motiv für die Tat wird Rache für Ulrike Meinhof und Andreas Baader genannt, die Gründer der »Roten Armee-Fraktion«.

Nordeifel

Krimi-Steckbrief: Nordeifel

Hand im Moor, Leichen an Rur und Erft

Endlose Wälder und zahllose Seen, uralte Burgen
über malerischen Talflecken, einsame Venndörfer mit
strohgedeckten Häusern und den unverwechselbaren hohen
Buchenhecken: Die Nordeifel ist eine Landschaft von
vielfältigem natürlichen und geschichtlichen Reiz. Wohin es
den Reisenden auch führt - immerzu Idylle, von Monschau bis
Bad Münstereifel, von Burg Satzvey bis Blankenheim. Wären
da nicht die Eifelkrimis den Schattenseiten auf der Spur:
reißende Schattenwölfe im undurchdringlichen Wäldermeer,
tückische Todesfallen an stürzenden Steilkurven, finstere
Mordgedanken bei alljährlichem Ritterspieltrubel. So
murmelt im beschaulichen Kurstädtchen Bad Münstereifel
das Flüsschen Erft von düsteren Taten, die sich einst hier
zutrugen und birgt in der Kreisstadt Euskirchen so mancher
Turm der alten Stadtmauer manches schaurige Schicksal. Und
durch das malerische Monschau fließt blutig die Rur am Roten
Haus entlang ...

SACHDIENLICHE LESETIPPS
===========================
BERNDORF, Jacques: Eifel-Rallye, 1997
      - Eifel-Sturm, 1999
BERNDORF, Jacques: Jürgen würgen (Hrsg.), 1999
COMMICHAU, Brigitte: Schwarzes Requiem, 1997
      - Hochsitz kommt vor dem Fall, 1997
      - Es kann der Frömmste nicht in Frieden leben ..., 1998
      - Bienenmörder - Bienenmörder - Mörderbienen, 1999
GÖRDEN, Thomas: Schattenwölfe, 1999
IZQUIERDO, Andreas: Der Saumord, 1995
      - Das Doppeldings, 1996
      - Jede Menge Seife, 1997

- Schlaflos in Dörresheim, 2000
KASTELLITZ, Maria: Im Höllenturm oder Dat fussich Loode, 2001
KIEFFER, Rosi & Reni: Der Valentingstagmörder, 2001
- Tödliches Klassentreffen, 2002
KRAMP, Ralf: Tief unterm Laub, 1996
- Spinner, 1997
- Rabenschwarz, 1998
- Der neunte Tod, 1999
- Still und starr, 2000
- Wenn Goldfinger rauskommt, 2000
- ... denn sterben muß David!, 2001
- Malerische Morde, 2002
- Kurz vor Schluss, 2001
KRAMP, Ralf: Der Tod klopft an (Hrsg.), 2001
- Der Tod tritt ein (Hrsg.), 2002
KRIEGER, Günter: Ein Schnitter namens Tod (Hrsg.), 2002
KRISTAN, Georg R.: Das Jagdhaus in der Eifel, 1985
- Anschlag auf Bonn, 1990
KÜPPER, Heinz: Wohin mit dem Kopf?, 1986
LEHMKUHL, Kurt: Blut klebt am Karlspreis, 1999
- Mörderische Kaiser-Route, 2000
- Der Grenzgänger, 2001
NOSKE, Edgar: Rittermord, 1997
RAAP, Jürgen: Tod eines Kunsthändlers, 2000
RHIEM, Uwe: Fallobst, 2000
STEPHAN, Roland: Der verliebte Tod, 2000
VOM VENN, Hubert: Die Hand im Moor, 1999

Kurstädtchen und Krimikulisse: Bad Münstereifel im Erfttal

Bad Münstereifel

(NRW/Kreis Euskirchen; 19023 EW.; Kernstadt 4600 EW.; 32 Ortsteile) Staatlich anerkanntes Kneippheilbad an der Erft mit zahlreichen Bildungs- und Tagungsstätten, u.a. der Friedrich-Ebert-Stiftung. 844 als Filiale »Novum monasterium« des Benediktinerklosters Prüm gegründet, mit reichem Grundbesitz. Im 13. Jahrhundert mit Mauern und Wallgräben befestigt; Errichtung der Burg, die 1689 zerstört wurde. Im Mittelalter berühmt durch Tuchwebereien. Sehenswert: die mittelalterliche Stadtbefestigung mit ihren Stadttoren, das alte gotische Rathaus aus dem 14. Jahrhundert, die Stiftskirche mit den Reliquien der Märtyrer St. Chrysantus und Daria, die weitläufigen Kurparkanlagen und die malerischen Fachwerkhäuser aus dem 16. bis 18. Jahrhundert, besonders das »Windeckhaus«.

Krimi-Steckbrief:

Die Krimi-Autoren Ralf Kramp und Andreas Izquierdo sind in Bad Münstereifel zur Schule gegangen. Heute machen hier ihre Eifelkrimis Schule. Denn auch Autoren wie Rosi und Renie Kieffer, Jürgen Raap und Edgar Noske wetzen hier ihre mörderische Feder. Ihre Spürnasen Herbie Feldmann, Saskia Mont, Karl-Josef Bär und Tom Henschel ermitteln an der Erft. Die murmelt zwischen Fachwerkhäuschen und Stadttoren beständig von Mord und Erpressung, von Bankraub und Entführung. Der Serienmörder „Der Motzer" wütet im Münstereifeler Kurpark, eine Penner-Leiche wird elegant beim „weißen Elefanten" entsorgt ...

Schreie und Schüsse zerstören die Sommeridylle: Banküberfall! Und in einem brennenden Internat verschwindet ein Lehrer, der fortan den Valentinstag zum Tag der Mörderherzen macht.

Erste Eindrücke, frische Spuren

»Ein Kurstädtchen, in das Omis und Opis wie die Ameisen in Scharen einfielen, sobald der erste Sonnenstrahl die Erde kitzelte« – so wird Bad Münstereifel im Kinderkrimi *Wenn Goldfinger rauskommt* von Ralf Kramp beschrieben. Während Frau Schumacher im Schwimmbad einen Eifelkrimi liest, stromern ihre Tochter Steffi und Freund Tim durch den Erftflecken und werden schon bald Zeugen eines wirklichen Krimis, nämlich eines Banküberfalls: »Es gab eine **Burg**, die hoch über der Stadt thronte und **Kirchen**, die zwar von außen unglaublich alt und wirklich schön anzusehen waren, bei denen ich aber nicht scharf auf das Innenleben war. Das **Rathaus** war ein kräftig rot angestrichenes, altes Haus, und überhaupt sah die Stadt innerhalb des Rings der wieder aufgebauten **Stadtmauer** teilweise aus, als wären wir Jahrhunderte zurückversetzt worden. Man musste sich nur die Straßenschilder, die Antennen und Satellitenschüsseln und die Omis und Opis wegdenken. Und natürlich einzelne moderne Gebäude zwischen dem Fachwerk. (...) Wir waren in der Mitte der steinernen **alten Brücke** angelangt, die das kleine Flüsschen, die **Erft,** überspannte, als plötzlich etwas passierte, das im Nu die ganze Sommeridylle zerstörte. (...) Ein Schrei ertön-

te. (...) Dann ertönte ein lauter Knall. Ein Schuss!« (Kramp, *Wenn Goldfinger rauskommt*) – Ein Schlendergang führt den Ex-Bullen Tom Henschel durch Münstereifels historische Altstadt: »Wir wandten uns nach rechts und schlenderten durch die Schlucht der Fachwerkhäuser vorbei am **Geburtshaus** des Barockmalers Chrysanth Bollenrath. Ein Stück weiter erinnerte ein hüfthoher, bronzener Stein mit einem siebenarmigen Leuchter daran, daß sich dort bis 1938 die **Synagoge** der jüdischen Gemeinde befunden hatte. Dann endete die **Orchheimer Straße**, und wir befanden uns auf dem **Markt,** wo ein hölzerner St. Johannes in seinem Heiligenhäuschen schwer am Kreuz trug. Gnädigerweise spendeten ihm die Sonnenschirme des benachbarten **Cafés** etwas Schatten.« Vorbei am **St. Michael-Gymnasium** geht es in die **Werther Straße** mit dem Hotel Witten. Auch ein **Apothekenmuseum** und ein **Briefkasten** sowie eine **Telefonzelle aus Großbritannien** als Reminiszenz an die englische Partnerstadt Ashford werden von Tom registriert. Der ehemalige **Markt** erscheint ihm alles andere als üppig: »Kein Wunder, daß hier mit Enten gehandelt worden war. Für Gänse oder gar Schweine hätte der Platz nicht gereicht.« (Noske, *Rittermord*)

Die Erft

Laurenz Bock aus Köln schaut von einem Café aus »geradewegs auf die Fußgängerzone von Bad Münstereifel und die Erft, die sich tief unten in ihrem dichtummauerten Flußbett mitten durch die Stadt schlängelte«. Er ist einer Mordserie in der Eifel auf der Spur,

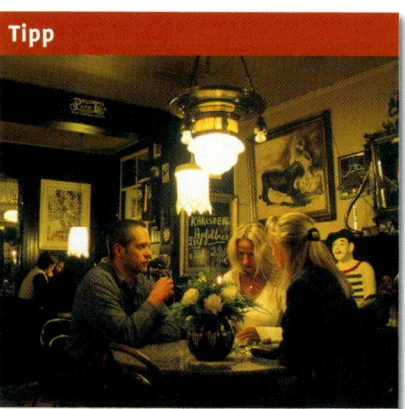

Café »T«

»Das Café T in Bad Münstereifel schickte sein warmes Licht auf das Pflaster der Wertherstraße hinaus.« (Kramp, *Malerische Morde*) Das urgemütliche Café »T« mit seinem Vorplatz ist das Lieblingsbistro von Herbie Feldmann, der schizophrenen Spürnase in Ralf Kramps Eifelkrimis. Hier schimmert das Licht aus antiken Hängelämpchen und hier sind die marmornen Tischplatten auf alte Nähmaschinen geschraubt. Kunst und Kitsch pflastern die Wände und im Samowar köchelt heißer Tee. Das kross gebackene Fladenbrot mit dem üppigen Belag ist legendär und die Gemüsesuppe prallvoll mit guten Zutaten. Das »T« ist ein gemütlicher Insider-Treff, »in dem man zumeist dieselben Leute vorgefunden hatte und in dem die Musikauswahl so bunt wie die Speisekarten gewesen war.« (Kramp, *Spinner*) Auch den Ex-Bullen Tom Henschel führt es in Edgar Noskes *Rittermord* hierher.

Café »T«, Werther Straße 34
53902 Bad Münstereifel
Telefon/Fax: 02253/8846
Täglich 10.00–24.00 Uhr

und seine Zufallsbekanntschaft Victoria Schott ist weitaus mehr in den Fall verstrickt, als es zunächst den Anschein hat. (Kramp, *Tief unterm Laub*) – »Sie werden lachen: Mein Mann hat aus der Erft noch Lachse geholt«, sagt die Münstereifeler Frau Trimborn zum »Bullen« Tom Henschel. Der findet die Treppen runter zur Erft praktisch für Anwohner: »Da konnten sie sich mal schnell die Füße waschen.« (Noske, *Rittermord*) – Die mittelalterliche Hochwasserkatastrophe im B.M. des Jahres 1416 steht im Mittelpunkt der Mordgeschichte *Undines Tränen* von Ralf Kramp (in: Krieger, *Ein Schnitter namens Tod*). Das Hochwasser der Erft verheert die Stadt: »Ein großer See, zu dem sich das Wasser des Erftbaches inmitten der Mauern angesammelt hatte, versickerte nur langsam, und die Menschen waren tagein und tagaus damit beschäftigt, die Dächer wieder zu decken und die Ruinen fortzuschaffen oder die herumliegenden Steine wieder zu neuen Mauern aufzurichten.« Nach vierzehn heißen Sommertagen kehrt das nasse Inferno zurück, schlimmer denn je. Ein Aachener Kaufmann hetzt M.er Bürger auf gegen das geheimnisvolle Mädchen »Undine«. Sie ertrinken, als die entfesselten Springfluten der Erft eine kleine Brücke niederreißen. Der Ich-Erzähler, Arzt des Herzogs Reinald, kann die Schöne in letzter Minute retten und auf der **Burg** in Sicherheit bringen. Die Erft aber wird zur Todesfalle: »Durch den Fächer der Bäume konnte ich sehen, wie sich unter uns mit mächtigem Tosen eine riesige Walze aus nachtschwarzem Wasser ihren Weg durch die Stadt bahnte und alles – Mauern, Menschen, Tiere, ja ganze Häuser – mit sich riss. Es gab nun nichts mehr, das der Stadt noch helfen konnte.«

Das Heino-Rathaus-Café

Der bekannte Schlagersänger und Plattenmillionär Heino führt in B. M. mit Riesenerfolg sein Rathaus-Café. Für manche inzwischen der Dreh- und Angelpunkt der Erftstadt:»Seltsam, früher hätte man den Standort der Telefonzelle als ›vor dem Rathaus‹ bezeichnet. Heute vermißt man die gesamte Stadt nur noch in Entfernungen vom Café des blonden Barden«. (Kramp, *Der neunte Tod*) – Die Begeisterungsfähigkeit des Heino-Publikums beschreibt der M.er Museumsleiter Harald Bongart in Kramps Krimi *Malerische Morde*: »Komm mal sonntags zum Heino-Rathauscafé. Wenn Heino mit den Fingern schnippen würde, würden sich alle Omis sofort und ohne zu zögern die Chiffonblusen aufreißen, dass die Perlmuttknöppchen nur so durch die Gegend prasseln.« – Im Barden Kuno, »Stimme der Eifel« und (fiktiven) Besitzer des »Wirtshaus an der Rauschen« in der Heisterbacher Straße, ist unschwer Heino zu erkennen.(Noske, *Rittermord*) Ex-Bulle Tom Henschel schmettert Kunos Eifelhymne während Autofahrten mit: »Oh du mein Oiiihfelland, dir gilt mein Trachten und mein Sehnen, oh du mein Oiihfelland, du schenkst mir Lachen und auch Tränen, oh du mein Oiiiiiih –«. Kunos Fischrestaurant ist »ein wahrer Wallfahrtsort für Fans« in Münstereifel. Pünktlich um 21 Uhr hat er hier seinen täglichen Auftritt. Ein holländischer Journalist outet den an-

geblichen Konditor aus Koblenz allerdings als Holländer mit dem Spitznamen »Matjes«. Im Roman plant Kuno auch die Übernahme des **Café T** in der Nähe des Werther Tores. Das »Urgestein der deutschen Volksmusik« gerät allerdings in Mordverdacht ...

Jesuitenkirche

Die Grundsteinlegung zur Gymnasialkirche im Jesuitenstift erfolgte 1652. 1957 wurde sie wiederhergestellt. Die Trauerfeier für das vermeintliche Mordopfer Josef Deutsch, Ökoladen-Besitzer in B. M., findet in der **Jesuitenkirche** statt. »Dafür, daß die Kirche dem heiligen Donatus gewidmet war, lief es ausgesprochen beschissen. Schon auf dem Weg nach Münstereifel hatte es geschüttet, daß ich mich fragte, ob das Weltklima bereits derart durcheinander war, daß die Eifel neuerdings vom Monsun heimgesucht wurde. Entsprechend zurückhaltend mußten wir fahren und kamen erst auf den letzten Drücker an. Jetzt saßen wir in der Jesuitenkirche, und über uns donnerte und krachte es, daß der Pastor ein paarmal nach oben guckte, ob er gemeint war.« (Noske, *Rittermord*)

Stiftskirche

Die jetzige Pfarrkirche, eine dreischiffige frühromanische Pfeilerbasilika aus dem 11. Jahrhundert, war früher eine **Stiftskirche**. In der Krypta befindet sich der Schrein der hl. Chrysantus und Daria. – Nahe der Stiftskirche fand bis vor ein paar Jahren der **Weihnachtsmarkt** statt: »Acht Glockenschläge hallten durch die Luft. Sie schwangen von den Türmen der Stiftskirche hinunter,

Treffpunkt Weißer Elefant im Kurpark

tauchten aus der Schwärze des Winterabends hinein in das Lichtergewirr und die Geräuschkulisse des Münstereifeler Weihnachtsmarkts und gaben sich redlich Mühe, gegen das Synthesizergedudel vom Kinderkarussell und den plärrenden Kinderchor vom Tonband der Marktbühne anzukämpfen. Der Lärm an diesen besinnlichsten Tagen des Jahres war unbeschreiblich.« Dennoch nimmt die weihnachtliche Atmosphäre Herbie Feldmann gefangen. Während er an einem Glühwein nippt, blickt er »mit feuchten Augen gerührt in das Wirrwarr weihnachtshungriger Mitmenschen im Schatten der altehrwürdigen Stiftskirche.« (Kramp, *Der neunte Tod*)

Kurpark

Dem ganzjährigen Kurbetrieb in B. M. dient neben Sanatorien und Kneipphäusern auch der Kurbezirk mit dem Haus des Gastes. Im **Wehrturm** am Kurpark endet beinahe das Leben Herbies und seiner Freundin Nina: als angebliche Opfer des Serienmörders »Der

Motzer«. Im Finale des Kramp-Krimis *Spinner* treffen hier zwei Mörder aufeinander: »Unterhalb des weißen Elefanten grenzte die **Stadtmauer** an den **Kurpark**. Dort gab es einen **Turm**, dessen Inneres man über den **Wehrgang** erreichen konnte. Ein Hinrichtungsplatz ganz des Motzers würdig. (...) Sie erreichten die **rote Holzbrücke**, die sich protzig und störend über den Wallgraben und durch die Stadtmauer hindurchschwang, und überquerten sie. Bad Münstereifel lag ihnen zu Füßen. (...) Herbie stolperte nach vorne. Sie hatten den **Rundturm** erreicht. Auf ihrer Ebene war das meterdicke Mauerrund des Turmes zu etwa einem Drittel geöffnet. Die Wände des Innenraums waren, ebenso wie der Rest der Stadtmauer, restauriert und säuberlich verfugt worden. Mehrere schmale Sehschlitze gewährten einen Blick aus dem Innenraum zum **Wallgraben** hinaus. (...) Von oben genossen Kurgäste aus ganz Deutschland stets einen grandiosen Ausblick. Ein Vergnügen, das Herbie wohl nie mehr haben würde.« Nachdem »der Motzer« seinen Widersacher mit einem Fausthieb zu Boden gestreckt hat, stürzt er sich selbst von der Bruchsteinbalustrade in den Tod. Damit geht eine blutige Mordserie zu Ende. »Langsam rollte Gottfrieds lebloser Körper die sanft abfallende Böschung hinunter, blieb auf dem Gitterrost eines im Boden versenkten, großen Scheinwerfers liegen, und der gelbliche Schein der Stadtmauerbeleuchtung warf die Silhouette seines bärtigen Gesichts riesenhaft und schwarz auf das grobe Mauerwerk der angrenzenden Stadtmauer. Und sein Profil verschmolz in diesem Moment mit diesen uralten, übereinandergeschichteten Steinriesen, und er war da, wo er hingehörte, und wohin er sich wohl sein ganzes Leben lang gesehnt hatte.« (Kramp, *Spinner*) – Ein beliebter Treff im Kurpark von B. M. ist der **weiße Elefant**, eine Gasbetonskulptur. In seiner Exotik dem schizophrenen Herbie Feldmann ähnlich, Privatermittler in den Krimis von Ralf Kramp: »Der weiße Elefant, vor etlichen Jahren aus Gasbetonsteinen errichtet, weißgetüncht von Künstlerhand, graumeliert von Tausenden von Fußabdrücken von Tausenden von Kindern, die von ihren Eltern auf den Rücken des Tieres gehievt worden waren, stand da wie seit jeher. Noch immer wirkte er in der spießigen Szenerie des Kurparks fast ein wenig fehl am Platze, und trotzdem machte ihn diese Exoten-Stellung interessant, verlieh ihm einen Hauch verborgener Magie, machte ihn zu einem idealen Treffpunkt derer, die

sich nicht auskannten in Münstereifel, und derer, die hier aufgewachsen waren.« (Ralf Kramp, *Spinner*) Auf Druck des Mörders soll Herbie seine Freundin Nina hierher locken. – Beim »weißen Elefanten« entsorgen Herbie und Nina bei anderer Gelegenheit die Leiche des ermordeten Landstreichers »Mikesch«. Sie wollen nicht unter Mordverdacht geraten. Gefunden haben sie seine Leiche in einer alten Stollentruhe auf dem Sperrmüll in der Innenstadt. »Mikesch, der Kater« hat einen Erpressungsversuch in Ralf Kramps *Der neunte Tod* mit seinem Leben bezahlt.

St. Michael-Gymnasium

Das 1625 von Jesuiten gegründete St.-Michael-Gymnasium ist die älteste höhere Schule der Eifel. Der Krimiautor Andreas Izquierdo hat diese Schule besucht und hier sein Abitur abgelegt. – In Izquierdos drittem Krimi *Jede Menge*

St. Michael-Gymnasium bei Nacht

Seife finden in der Aula des St. Michael-Gymnasiums große Pressekonferenzen der Polizei statt. Hauptkommissar Manfred Bullmann muss sich unbequemen Fragen stellen zur Entführung zweier kanadischer Seifenopern-Stars und zu den bescheidenen Fahndungserfolgen der Soko. Als Bullmann nach einem nervigen Presse-Kreuzverhör die nahe gelegene **Stiftskirche** aufsucht, titelt eine große Boulevardzeitung: »Bullmann am Ende! Soko-Leiter sucht Trost bei Gott.«

Grillhütte am Quecken

In einem **Jagdhaus** in der Nähe von B. M. stößt Privatdetektiv Bär auf das Bilderlager eines Kunstfälschers. (Raap, *Tod eines Kunsthändlers*) Das Jagdhaus liegt nahe der **Grillhütte** »**Am Quecken**«, ungefähr einen Kilometer hinter dem **Kurpark**. – Hier hat auch der Obdachlose Schmallenbach in Ralf Kramps *Der neunte Tod* sein Winterquartier aufgeschlagen. »Zunächst fiel Herbie an der Grillhütte nichts auf, auf die er durch knisterndes Laub zustapfte. Sie sah ordentlich aus, geradezu zackig, wie deutsche Grillhütten nun mal eben aussahen.«

Ideales Versteck: die Grillhütte am Quecken

»Ein Gang durchs **Kneipptretbecken**, in der **Stiftskirche** ein Kerzchen anzünden, die Enten in der **Erft** mit Brot bewerfen ... In Münstereifel gibt es so mannigfaltige Möglichkeiten der Entspannung«, denkt Nina, als sie sich mit Herbie Feldmann die Zeit vertreiben will. (Kramp, *Der neunte Tod*) – In der **Frohngauer Straße** (fiktiv) findet der Ex-Bulle Tom Henschel den abgestellten Peugeot des ermordeten niederländischen Journalisten Henk van der Wimst. Auf der Münstereifeler **Polizeiwache am Werther Tor** forscht er vergeblich nach dem Verbleib der Leiche. (Noske, *Rittermord*) +++ Die **Parkplätze beim Werther Tor** sind häufig stark belegt: »Sie erreichten die Langenhecke. Auf den Parkplätzen um das Werthertor herrschte reges Gedränge. Wahre Horden von Omas und Opas wurden von den Bussen ausgespien und strömten zielstrebig in die Stadt hinein.« Herbie/Julius zählt mit ausgestrecktem Finger die Omas. (Kramp, *Der neunte Tod*) +++ Direkt beim **Orchheimer Tor** hat Josef Deutsch einen Ökoladen. Er wurde (vermeintlich) beim Ritterturnier in Satzvey von einer Stahllanze durchbohrt. Tom Henschels Recherchen in B.M. entlarven mörderische Lügenfassaden. (Noske, *Rittermord*) +++ Ruhiger als in der M.er Fußgängerzone ist es im **Industriegebiet**: »Im Industriegebiet herrschte Ruhe und Frieden. Hierher verirrte sich niemand der Besucher, hier gab es keine Cafés, die man entern, keine Souvenirshops, die man plündern konnte. Hier war im vergangenen Jahrzehnt eine kleine Ansammlung von Firmensitzen zustande gekommen, die sich im Vergleich zu den Industriegebieten der Ballungszentren geradezu niedlich ausnahm.« (Kramp, *Der neunte Tod*) +++ Ein geheimnisvoller Brand des »**Heilig-Geist-Internats**« in B.M. 1990, bei dem ein kinderschänderischer Lehrer verschwindet: In dieser Erzählvergangenheit wurzelt Rosie und Renie Kieffers Krimi *Der Valentinstagmörder*. Die Schriftstellerin Saskia Mont aus Aachen recherchiert in B.M. bei dem Lokalreporter Danner und beim früheren Internatsleiter Grönebaum. Ein »Heilig-Geist-Internat« hat es in B. M. allerdings nie gegeben. Vorbild mag der braune Backsteinbau des mittlerweile geschlossenen **Erzbischöflichen Konvikts** vor dem **Orchheimer Tor** gewesen sein. +++ Von der **Bushaltestelle am Bahnhof** fährt Laurenz Bock nach Euskirchen:»Der Bus zur Kreisstadt Euskirchen rollte auf den Bahnhofsvorplatz und kam zischend direkt vor ihm zum Stehen.« (Kramp, *Tief unterm Laub*) +++ Auf dem **Markt in Münstereifel** lernen sich die jüdische Witwe Judith aus B.M., Mutter einer kleinen Ruth, und Josef Niehaus aus Buchscheid kennen. Eine unkonventionelle Liebe, die in der »Reichskristallnacht« 1938 tragisch endet. Judith hatte vor dem Umzug nach Buchscheid in der **Orchheimer Straße** gewohnt. Nach dem Tod der Mutter zieht Tochter Ruth zu den jüdischen Großeltern nach M.B. (Kramp, *Tief unterm Laub*) +++ Ein Schließfach in der **Deutschen Bank** in der **Orchheimer Straße** ist bedeutsam in Kramps erstem Krimi *Tief unterm Laub*. +++ Herbie Feldmann, kauziger Ermittler in Ralf Kramps Krimis, »verbrachte

den größten Teil seines Lebens in Bad Münstereifel, wo er auch aufgewachsen war«. (Kramp, *Der neunte Tod*) Er wohnt aber in Euskirchen, um Abstand zu seiner nervigen Tante Hettie zu wahren. Per Zug pendelt er zwischen Euskirchen und »seiner früheren Heimat« B.M., das er als »idyllisches, mittelalterliches Kurstädtchen« schätzt. (Kramp, *Spinner*) Nach seiner Rückkehr aus München findet Herbie in der **Unnaustraße** in B.M. eine provisorische Bleibe. Sie wird gerade von Handwerkern saniert. (Kramp, *Malerische Morde*) +++ Herbies Tante Hettie selbst bewohnt in einem noblen Neubaugebiet von B.M., das als »**Windhecke**« bekannt ist, eine prachtvolle Villa: »Wer hier wohnte, dem rieselte bei dem Wort Grundstückspreise kein kalter Schauer den Rücken hinunter. (Kramp, *Spinner*) +++ Mit seiner Freundin Nina trifft sich Herbie auch gerne in **Carlos Eisdiele in der Orchheimerstraße**. +++ Die M.er **Obdachlosenszene** beleuchtet Kramps Krimi *Der neunte Tod*:»Sie passierten den **Supermarkt am Eingang zum Kurpark Schleidtal**. Hier versammelten sich die Obdachlosen der Stadt tagtäglich, bevor sie in den Tag starteten. Es waren nur wenige. (...) Ihr Vorhandensein störte das biedere Erscheinungsbild des Kurstädtchens empfindlich. Herumlungernde Penner paßten nicht in das Weltbild des durchschnittlichen Kurgastes. Aber was sollte man tun?« (Kramp, *Der neunte Tod*) +++ »Münstereifel ist – sagen wir mal wohlwollend – eine Kleinstadt. Wenn heute einer frisch tapeziert, erfahre ich das morgen, ohne mich danach erkundigt zu haben«, sagt eine Münstereifelerin zu Privatermittler Tom Henschel.

(Noske, *Rittermord*) +++ Tod in Münstereifel? »Am Abend, so hatte ich mir vorgenommen, würde ich Mutter bei der Polizei als vermisst melden und erklären, ich hätte sie mittags nach Bad Münstereifel gefahren, wo sie häufig in der **Fußgängerzone** den Ausflüglern mit ihrer Karre in die Hacken zu fahren pflegte, um sie dann auch noch unflätig zu beschimpfen: ›Städterpack! Nehmt gefälligst Rücksicht und geht mir aus dem Weg!‹« (Uwe Rhiem, *Oma muss weg*, in Kramps Geschichtensammlung *Der Tod tritt ein*) +++ Mit einem abscheulichen Leichenfund in einer Dachgeschosswohnung in der **Werther Straße** beginnt die Erzählung *Geil* von Axel Kuffner (in: Kramp, *Der Tod tritt ein*) +++ In der Kriminalerzählung *Ungelöst* von Thomas Przybilka und Gitta Reinhard (in: Berndorf, *Jürgen würgen*) unternimmt der Buchhändler Rasmus Degen auch einen Ausflug nach B.M., um die Mutter eines Bonner Mordopfers zu befragen:»Mittelalterliches Flair genießen, auf den **Burgturm** steigen, zwischen Touristen und Kurgästen die Leckereien kosten, von denen Kurärzte dringend abraten und danach Frau Sonntag aushorchen. Alles in allem ein gutes Programm.« +++ Um ein junges Pärchen und mörderische Verstrickungen dreht sich in Gisbert Haefs' gleichnamiger Anthologie die Geschichte *Liebe, Tod und Münstereifel*. Der Kneipier aus Bonn-Beuel rät dem Erzähler, der in der Kurzgeschichte selbst Schriftsteller ist und sich auf der Suche nach einem neuen Romanstoff befindet, in schlesischem Dialekt:»Ond laß se Wejhnachten in Minsterejfel fejern. Jarantiert der totale Horror.«

Blankenheim

(NRW/Kreis Euskirchen; 1786 EW.) Staatlich anerkannter Erholungsort mit mittelalterlichem Ortskern. Die 1115 errichtete Burg der mächtigen Grafen von Blankenheim überragt den Ort. Quellort der Ahr im Deutsch-Belgischen Naturpark. War ein wichtiger Stützpunkt der Römer zwischen Trier und Köln. Sehenswert: die spätgotische Pfarrkirche (1495–1505) mit einem Sarkophag der gräflichen Familie in der Krypta. Sehenswert auch der aufwändig restaurierte mittelalterliche Tiergartentunnel.

Ein beim Munitionsdepot Hohbach erschossener Bundeswehrleutnant war mit einer Boutiquenbesitzerin aus B. befreundet (Berndorf, *Eifel-Blues*). So recherchiert Baumeister auch hier, zusammen mit Freundin Elsa:»Wir fuhren durch das Tal hinunter zur Bundesstraße und bogen nach Blankenheim ab, das sich mit uralten Fachwerkhäusern aus einem Talkessel die Hänge hochwindet. Wir ließen den Wagen auf einem der großen Parkplätze stehen und stiegen dann die engen Gassen hinauf.« Die hübsche Boutiquenbesitzerin Marita Heims selbst empfindet B. zuweilen als»Scheiß-Kaff«. – Bei einem Banküberfall in B. kann»wilde Mathilde« mit Hilfe des»Schwarzen Kleeblatts« festgenommen werden. (Kramp, *Wenn Goldfinger rauskommt*) – Die alte Filmschauspielerin Eva Bartholdy in Kramps Krimi-Erzählung *Kurz vor Schluß* (in: Kramp, *Kurz vor Schluß*) stammt aus B. und seit 1977 ist sie»unauffindbar abgetaucht«. Der Reporter Karl-Heinz Voß, der nach eigenen Bekunden»keine Angst vorm Fliegen«, sondern »Angst vorm Abstürzen« hat und sich auf festem Eifler Boden wohl fühlt, spürt die Schaupielerin in der Eifel unweit ihrer alten Heimat auf. Es folgt eine tödliche Begegnung – mit unabsehbaren Konsequenzen.

Vellerhof

Ralf Kramps Krimi *Der neunte Tod* spielt wesentlich im Obdachlosenmilieu im Kreis Euskirchen. Da gerät auch der **Vellerhof** bei B. in den Blick: »In der Tat war der Vellerhof nicht das, was man sich gemeinhin unter einem Obdachlosenheim vorstellte. Vor ihnen wuchs ein großer, alter Gutshof aus dem Boden,

mit einer Reihe von Nebengebäuden, umringt von prächtigem alten Baumbestand. Im oberen Stockwerk des Herrenhauses waren kleine Kirchenfenster zu erkennen, die auf eine eigene Hauskapelle schließen ließen. ›Das ist ja auch nicht irgendein Pennerasyl.‹ Baldus lenkte den Wagen nach rechts zu einer Reihe anderer parkender Fahrzeuge. ›Clemens-Josef-Haus. Die arbeiten hier richtig. Landwirtschaft und so.‹« Harry Horn, der Tippelbruder, der ganz in der Nähe, in **Hammerhütte**, einen gewaltsamen Tod gefunden hatte, war hier eine kalte Winternacht lang im Durchgangszimmer untergebracht gewesen.

Verwinkelt und gemütlich: trügerische Idylle in Blankenheim

Der Eifelkrimi – der »Heimatroman« unserer Tage

Interview mit Eifelkrimi-Autor Ralf Kramp

Herr Kramp, immer noch boomt der Eifelkrimi. Wie erklären Sie sich diesen Siegeszug?

Der Eifelkrimi hat eine Lücke gefüllt, die durch das Wegfallen des Heimatromans entstanden ist. Den Heimatroman, den klassischen, den gibt es nicht mehr. Dessen Erfolg war damals aber auch wahrscheinlich darauf zurückzuführen, dass er eben ein mehr oder weniger authentisches Bild der unmittelbaren Umgebung wiedergegeben hat und vom Leser auch so konsumiert wurde. Das macht der Krimi jetzt auch, nur eben zufälligerweise in Verbindung mit einer Krimihandlung. Ich würde also behaupten: Ein gewisser Teil der Eifelkrimi-Leser sind nicht einmal ausgesprochene Krimi-Fans, sondern sie lesen ihn, weil er hier, vor ihrer Haustür stattfindet.

Welche Eifeler Innenansichten fließen in ihre Eifelkrimis ein, die so nur ein Eifeler Autor haben kann?

Ich denke, der Leser merkt, ob sich ein Autor dieser Landschaft zugehörig fühlt oder ob der Krimi nur aus verkaufsstrategischen Gründen in der Eifel angesiedelt ist. Man merkt, ob ein Autor hingegangen ist und sich irgendwo eine Woche eingenistet hat und plötzlich glaubt, nach dieser Woche Land und Leute zu kennen, und dann etwas erzählt. Als Ortsansässiger merkt man: Da stimmt was nicht. Da ist auch der Typus des Eiflers nicht wirklich eingefangen und dargestellt. Seine Sturheit etwa oder seine gewisse Art, mit der Obrigkeit umzugehen. Allerdings ist die Frage: Was ist denn die Eifel? Kann man die überhaupt als Ganzes betrachten? Ich selber habe lange in der Nordeifel gewohnt und ich würde den Teufel tun zu behaupten, ich habe die Möglichkeit, die Denkweise der Südeifeler zu kennen. Das kann ich gar nicht. Da ist man ja doch wieder Außenstehender. Ich kann ja immer nur das Stück Eifel beschreiben, das ich kenne.

Wie kam es zu Ihrer Hauptfigur, dem schizophrenen Herbie Feldmann, und überhaupt zu ihrer Liebe für schrullige Gestalten im Eifeler Raum?

Die machen ja unser Leben reicher. Es wäre ja noch schöner, wenn alle gleichförmig wären. Schrullige Gestalten – also, ich bin von Hause aus Karikaturist. Da habe ich natürlich auch den Hang zur Übertreibung. Das heißt also: Je kurioser so eine Gestalt, um so interessanter finde ich das immer. Ich denke, da beeinflusst meine Zeichenleidenschaft auch meine literarische Arbeit. Und der Herbie Feldmann, ich mag den einfach. Die Idee ist mir damals gekommen, als ich durch Euskirchen spazieren ging. Ein schöner Sommertag. Und mir sind alle paar Meter Leute begegnet, die sehr intensiv und ernsthaft in Selbstgespräche verwickelt waren. Und da habe ich gedacht: Das wäre doch eine Idee. Die haben doch alle im Grunde einen Ansprechpartner neben sich. Auf dem Marktplatz sind viel mehr Leute da, als jetzt optisch sichtbar sind. So kam die Idee. Bei mir ist »der andere« im Grunde genommen der viel Klügere. Er ist aber durch sein Nichtvorhandensein gehandicapt und muss sich darauf beschränken, rumzunörgeln. Er ist klug, hat den Durchblick, aber er kann ja nichts tun. Er kann ja nicht in die Handlung eingreifen. Also mosert er eigentlich nur.

Nach langen Jahren in der Nordeifel leben Sie seit 2002 in der Vulkaneifel und haben hier auch ihren jüngsten Krimi *Malerische Morde* angesiedelt. Was reizt Sie an diesen beiden Eifellandschaften zum Krimischreiben?

So ein Serientäter begleitet einen Autor ja auch beim Umzug. Ich bin ganz ehrlich: In der Nordeifel, auf gewohntem Terrain, wäre es mir möglicherweise schwer gefallen, meinen Herbie Feldmann noch einmal ins Rennen zu schicken. Seit ich die Vulkaneifel intensiv kennen lerne, ergeben sich für mich und auch für ihn täglich neue Perspektiven. Wir können hier noch eine Menge erleben und Herbie wird sicherlich noch ein paar Mal in Erscheinung treten. Die Nordeifel ist urbaner. Das erleichtert vieles, wenn es um die Krimihandlung geht. In der Vulkaneifel gibt es weitere Strecken zu bewältigen. Ein Ermittler ohne Auto ist hier aufgeschmissen.

Burg Satzvey

(NRW/Kreis Euskirchen; Gemeinde Mechernich, Ortsteil Satzvey) Eine der am besten erhaltenen Wasserburgen des Rheinlands. Urkundlich erstmals 1396 erwähnt. Seit 300 Jahren im Besitz der Familie des Grafen Beissel von Gymnich. Schauplatz zahlreicher Ritterturniere und Mittelalterfeste.

»Jetzt sagt bloß, ihr habt noch nie was von den Ritterspielen auf Burg Satzvey gehört? Da treffen sich zig Rittergruppen von überall her. Sogar aus Belgien und Holland reisen die an«, erläutert der mörderische Besitzer der alten Heydsmühle bei Nettersheim gegenüber Herbie Feldmann. (Kramp, *Spinner*) – Bei den Ritterfestspielen auf Burg Satzvey wird (vermeintlich) Josef Deutsch im Lanzenduell ermordet. (Noske, *Rittermord*) Statt der üblichen Holzlanze mit Sollbruchstellen hat der Mörder eine Stahllanze verwendet und sein Opfer brutal aufgespießt: »Frejus' Lanze hatte Deutsch in Höhe des Solarplexus durchbohrt, und jetzt steckte er darauf wie ein Stück durchwachsener Speck auf einem Schaschlikspieß. Er war vom Pferd gestürzt, wobei er seinen Helm verloren hatte, aber es war ihm gelungen, sich hinzuknien, und jetzt versuchte er aufzustehen. Auf die Beine zu kommen mißlang ihm, er sank zurück. Dann drehte er seinen Kopf in unsere Richtung und öffnete den Mund, als wolle er schreien. Aber es kam nur ein Schwall Blut.« Das mittelalterliche Markt- und Turniertreiben wird von Noske anschaulich geschildert. Schon gleich bei der Ankunft: »Hinter dem Torbogen war **Markt**. An den

Burg Satzvey, Schauplatz eines blutigen Ritterspektakels

Buden wurden Holzschwerter, Papp-helme und Flitzebogen für Kinder, Haushaltsbürsten und heilende Steine für Muttis und Trinkhörner für Vatis angeboten. Aber es gab auch selbstge-fertigte Musikinstrumente, Korbwaren, Naturwolle, Bücher über Ritter und die Ritterzeit und immer wieder Gaukler, die jonglierten, Feuer schluckten oder auf Stelzen herumliefen. Mittelalter-liche Melodien, Lauten- und Flöten-töne schwirrten durch die Luft. Unter den Besuchern waren Langhaarige und Bärtige überproportional vertreten. Ein Publikum, das mich stark an Folkfesti-vals in den Siebzigern erinnerte. Fehl-ten nur ein Joint im Mundwinkel und eine mit Patschuli parfümierte Braut im Arm. In dem zweiten Hof ging es etwas ruhiger zu. Hier wurden Kupfer- und Lederwaren, Keramik und Steinofen-brot verkauft. Und hier gab's Schmor-braten und Bier.« (Noske, *Rittermord*)

Dollendorf

(NRW/Kreis Euskirchen, Gemeinde Blan-kenheim, 766 EW.) Ortsteil von Blanken-heim, in der Kalkeifel, der so genannten »Dollendorfer Kalkmulde«. Im Nordwes-ten dehnt sich ein großer Teil des Wachol-der-Naturschutzgebietes Lampertstal aus. Jugendzeltplatz unweit der Burgruine.

Im Ortsteil Schloßthal, bestehend aus einer geheimnisvoll anmutenden Burg-ruine und einigen wenigen Wohnhäu-sern, findet zum Ende von Angeli-ka Kochs Krimi *Das Wasser* in einem »kleinen Trierer Langhaus direkt an der riesigen Dorflinde« eine Abrech-nung unter Verbrechern statt. Einer der beiden zieht den Kürzeren: »Ich ging an ihm vorbei und schaute in das Zimmer. Es war sehr rot (...). Der Teppich auch. Jedenfalls das Stück unter dem Kopf des Mannes, der vor einem wuchtigen Schreibtisch am Boden lag.«

Dahlem

(NRW/Kreis Euskirchen; 1500 EW.) Im waldreichen Erholungsgebiet Oberes Kylltal/ Deutsch-Belgischer Naturpark gelegen. Fränkische Siedlung, die erstmals 867 urkundlich erwähnt wird. Die Abtei Maria Frieden ist das einzige Trappistinnenkloster Deutschlands.

In der Nähe von D., am Fuße eines ehemaligen Kalksteinsilos, der mittlerweile einem **Naturschutzgebiet** gewichen ist, wird der Chemiker Peter Kirfel aus Stadtkyll ermordet aufgefunden. Teil der Mordserie des »Motzers«. Markant ist der Tatort: »Er erinnerte zunächst eher an ein maurisches Kastell oder ein ägyptisches Monumentalbauwerk, bevor man auch nur einen Gedanken an eine wirtschaftliche Nutzung verschwendete. Der riesenhafte, schmucklose Betonklotz stand inmitten der Ödnis dieses verlassenen Kalksteinbruchs nördlich von Dahlem und gab seinen Betrachtern Rätsel auf. Er hätte genauso gut ein gigantischer Brückenpfeiler sein können oder ein Rudiment aus einer Zeit, in der die Eifel von Bunkern jedweder Art geradezu übersät gewesen war.« (Kramp, *Spinner*) – Der historische Krimi *... denn sterben muß David!* von Kramp führt in die frühmittelalterliche Siedlung »Dalaheim« im Eifelgau. Der junge Enno wird Zeuge, wie zwei fremde Reiter auf dem **Gehöft** seiner Zieheltern einem durchreisenden kaiserlichen Boten ein geheimnisvolles Pergament entwenden, ihn erstechen und anschließend seine Tante und seinen Onkel als unliebsame Augenzeugen umbringen: »Enno huschte durch das Dunkel der Scheune und drückte sich an der hölzernen Wand entlang zum vorderen Teil. Er mußt dabei höllisch aufpassen, daß das Rascheln des Strohs ihn nicht verriet. Ein gellender Schrei ertönte von draußen. Als er die Bretterwand erreicht hatte, spähte er durch einen Spalt. In diesem Moment hatten die beiden Männer seine Tante gepackt, und während der eine der zappelnden Frau die Hände auf den Rücken bog, riß der größere mit einer raschen Bewegung seines Messers eine blutige Spur in ihren weißen Hals. Das Schreien erstarb. Der Onkel, der wutschnaubend und mit Gebrüll auf die Männer zurannte, lief geradewegs in das Messer hinein. Er packte noch danach, um es aus seinem feisten Wanst herauszuziehen, sank auf die Knie und begrub die Mordwaffe unter seinen Massen.« Anschließend reiten die unbekannten Mörder zur **Kaiserpfalz Aachen** weiter.

Ruine Schloßthal bei Dollendorf

Düren

(NRW/Kreis Düren; 89000 EW.) Kreisstadt an der Rur, am Rande der Nordeifel gelegen, nahe der Eifeler Seenlandschaft. Zuerst 748 erwähnt. Entstanden aus einem merowingischen Königshof, der »Villa duria«. Seit 1501 ist die Annareliquie in Düren und macht es zu einem viel besuchten Wallfahrtsort. Seit dem 18. Jahrhundert entwickelte sich die Stadt zu einer bekannten Industriestadt (u.a. Papier, Tuch, Teppich, Glas). Durch starke Bombenangriffe im 2. Weltkrieg wurde das alte Stadtbild nahezu ausgelöscht.

Krimi-Steckbrief:
Schon die Überführung der Heiligen Anna vor über 500 Jahren muss ein Krimi gewesen: Wie der junge Steinmetz Leonhard das Reliquiar aus dem Stephansdom zu Mainz entwendete

und rheinabwärts auf verschlungenen Wegen nach Düren brachte. Wie ihn die Häscher des Mainzer Erzbischofs verfolgten und fast entführten. Wie die Dürener Bürger Widerstand leisteten und das Haupt der Anna, das Haupt der Marienmutter, in die Sankt-Martins-Kirche retteten zur massenhaften, frommen Verehrung über die Jahrhunderte hinweg: Günter Krieger hat das in seinem historischen Düren-Krimi „Das Haupt der Anna" nacherzählt. Aber auch das Düren der Gegenwart, rund um Annakirche und Annakirmes, steckt voll brodelnd-dramatischer Unruhe, wenn man den Spuren der Düren-Krimis folgt. Da dümpelt am Ende eines erbitterten Kommunalwahlkampfs eine Journalistenleiche im Wassergra-

Buntes Markttreiben zwischen Hochhäusern in Düren

46

ben von Schloss Burgau im Burgauer Wald. Da wird Kirmes-Schmitz, seit Nachkriegszeiten schon eine legendäre Gestalt der Anna-Kirmes, an der Rurstraße getötet. Da eskaliert im Großraum Düren ein Bandenkrieg im Dealermilieu. Und im Marienhospital in Düren-Birkesdorf treibt ein irrer Narkosearzt sein mörderisches Unwesen ... Das „Tor zur Eifel" wird Düren genannt. Zuweilen ist es auch ein Einfallstor grauenhafter Verbrechen – in Kriminalromanen jedenfalls ...

Ermittler in den Romanen des Autors Kurt Lehmkuhl ist der Reporter Helmut Bahn, der bei einer fiktiven Tageszeitung (»Dürener Tageblatt«) arbeitet und in der **Boisdorfer Siedlung** ein kleines, altes **Siedlungshaus** bewohnt. Er recherchiert gleich in mehreren Romanen, und die Morde, die ihm präsentiert werden, sind vielfältig. – Am **Bahnübergang zwischen den Stadtteilen Birkesdorf und Arnoldsweiler** wird ein Mann von einem Schienenbus überrollt: »Ein Rettungswagen, ein Wagen der Feuerwehr, zwei Polizeiwagen und der Leichenwagen standen geparkt auf der Straße unmittelbar vor dem Schienenstrang, der sich von Düren schnurgerade über die Straße hinweg am großen **Gewerbegebiet ›Im großen Tal‹** vorbei in Richtung **Huchem-Stammeln** zog. Eine kleine Fläche, rechts neben der Straße, fast im freien Feld, die nur von einer Böschung umrahmt wurde, hatte die Polizei mit Flatterband abgesperrt. Keine siebzig Meter entfernt stand der Zug der **Rur-**

talbahn.« – Eine merkwürdige Todesserie und eine verbotene Narkosepraxis im **Marien-Hospital** in **D.-Birkesdorf** steht im Mittelpunkt des Romans *Vertrauen bis in den Tod* von Kurt Lehmkuhl. Eine Lernschwester aus dem »**Schwesternwohnheim** neben der Kinderklinik« stürzt sich **vom obersten Stockwerk des Hospitals** in den Tod, direkt vor den Eingang: »Eine große, schweigende Menschentraube hatte sich vor dem **Parkplatz** rechts neben dem Aufgang versammelt. Dennoch hatte Bahn keine Mühe, vorzudringen. Fast am Gebäude, erkannte er in der zum Keller führenden Rampe auf der von mehreren Scheinwerfern angestrahlten Fläche eine große, dunkle Plane. Darunter lag wohl die Leiche, vermutete er.« – Eine grauenhafte Mordserie im Drogenmilieu schockiert D. in Kurt Lehmkuhls Kriminalroman *Spritzen für die Ewigkeit*. Ein Bandenkrieg im Dealermilieu entbrennt, in dem Ermittler Bahns »überschaubare, heile Welt« Risse bekommt. Zunächst baumelt ein totes, rauschgiftsüchtiges Paar unter einer alten **Eisenbahnbrücke zwischen Norddüren und Birkesdorf**. »Unterhalb der ehemaligen, längst nicht mehr funktionsfähigen **Eisenbahnbrücke** zwischen Norddüren und Birkesdorf **über die Rur** baumelten zwei Leichen, knapp einen Meter über dem langsam dahinfließenden Fluss. Gemeinsam hatten die beiden Menschen, ein Mann und eine Frau, ihre Leben beendet, an beiden Enden eines dünnen Seiles, das sie um die Stangen des Geländers gewunden hatten, hatten sie die Schlingen geknüpft, die sie sich um den Hals legten.« Ein Jogger, »der bei seinem Frühsport am Morgen auf

Das Leopold-Hoesch-Museum mit intakter Spiegelplastik

dem **Weg von Mariaweiler nach Düren** an der Rur entlanggelaufen war, hatte die baumelnden Leichen entdeckt und die Polizei alarmiert.« – Neben Drogentoten beunruhigen wiederholt Brandanschläge auf Ausländer die Bevölkerung. Ein Brandsatz wird in ein **Wohnheim** an der **Girbelsrather Straße** geschleudert, in dem die Dürener Stadtverwaltung Asylbewerber untergebracht hat, und im Stadtteil Birkesdorf kommt es zum zweiten **Brandanschlag** auf ein Wohnhaus von Asylbewerbern. (Lehmkuhl, *Spritzen für die Ewigkeit*) – Der »**Franziskaner am Hoeschplatz**« ist Bahns »zweites Stammlokal in der City«. Gleich in der Nähe wird ein Kunstwerk von einem Unbekannten beschädigt. Doch es bleibt in dem Roman *Vertrauen bis in den Tod* von Kurt Lehmkuhl nicht bei diesem einen Anschlag. Der Täter, von

dem die Öffentlichkeit in Angst versetzt wird, randaliert weiter: Zunächst »an der **Josef-Schregel-Straße am Fuß weg zur Bücherei**«: Ein »kleines Kunstwerk aus Beton, eine liegende, vielfarbige Katze, die interessiert zur Straße blickte«, ist mit einem Vorschlaghammer malträtiert worden. Ebenfalls mit einem Vorschlaghammer hat ein Unbekannter die **Spiegelplastik vor dem Hoesch-Museum** demoliert. »An der **Neusser Straße** in **Arnoldsweiler**« wurde »die **Rückriem-Statue** fast am Ortsausgang in Richtung **Ellen**« verunreinigt, und am **Minigolfplatz im Rurpark** findet Bahn »ein überdimensionales, mehrfarbiges Brillengestell, das mitten auf der Wiese zwischen Rur und Minigolfplatz stand. Beide Flügel waren vermutlich mit einer Schleifhexe durchtrennt worden, so dass das Vorderteil umgekippt war.« Auch am »**Brunnen neben dem Kaufhof an der Wirtelstraße**« schlägt ein Kunstzerstörer zu: »Da hat einer den **Dürener Stadtmusikanten** geköpft, vermutlich mit einer Schleifhexe.«

Kirmesplatz

Als gebürtiger D.er schwärmt Bahn natürlich auch von der Kirmes: »Die **Annakirmes**, das war so etwas wie seine zweite Heimat, da glaubte Bahn, sich bestens auszukennnen. Die Dürener Annakirmes war **das größte Volksfest zwischen Köln und Aachen** mit einer großen Tradition und ständig neuen Attraktionen. In jedem Jahr kamen bis zu einer Million Besucher an den acht Kirmestagen von nah und fern auf den **Platz an der Rur**. (Lehmkuhl, *Kirmes des Todes*) Nach einem Gespräch mit Bahn ist »Kirmes-Schmitz«, ein alter Schausteller der Anna-Kirmes, verschwunden; an der Rurstraße wird er schließlich Opfer eines merkwürdigen »Unfalls«, der sich als Mord erweist. Ein katastrophaler Unfall überschattet die Annakirmes: »Auf der neuen **Wasserbahn** war das Unglück geschehen. Mit rot-weißen Flatterbändern hatte die Polizei die Fläche vor dem Fahrgeschäft abgesperrt. Rechts neben der Wasserbahn saßen im abgestellten **Riesenrad** noch die Menschen in den Gondeln und konnten teilweise aus luftiger Höhe direkt auf den Ort des Grauens blicken. Helle Scheinwerfer leuchteten das Wasserbecken am Ende der langen Rutsche aus. Umgestürzt lag einer der schweren Wagen, die als Baumstämme drapiert waren, zur Hälfte im Wasser.« Fünf Aufbauhelfer sind von dem Wagen zerschmettert worden.

Sankt Martins-Kirche

Günter Kriegers historischer Kriminalroman *Das Haupt der Anna* führt in das D. des frühen 16. Jahrhunderts. Umfangreiche Bauarbeiten finden an der **Sankt-Martins-Kirche** statt, geleitet von Baumeister Matthias von Pera. »Eine **Reliquie**! Was dieses Gotteshaus braucht, ist eine Reliquie!« Er fasst einen kühnen Plan und entwendet im Stephansdom zu Mainz das Reliquiar der Großmutter Christi. Er will das Haupt der Anna, »das Haupt der Marienmutter«, nach Düren bringen, in der Hoffnung, dort als »Held« wieder aufgenommen zu werden. Der Mainzer Erzbischof Berthold von Henneberg setzt jedoch Verfolger an Leonhards Fersen. In D. nehmen sie »im Gasthaus ›**Zum Stör**‹ am **Marktplatz**« Quartier und forschen nach dem Verbleib der Reliquien. Leonhard hat sie der **Benediktinerabtei Kornelimünster** zur vorläufigen Verwahrung übergeben und versteckt sich im »**Kloster der Franziskaner in Bethanien**«. Dort finden ihn die Häscher des Mainzer Erzbischofs und wollen ihn gefesselt nach Mainz entführen, zusammen mit der Reliquie. Beherzt ruft Klara daraufhin auf dem **Marktplatz** die Dürener zu Widerstand und Befreiung auf. Die Dürener bringen die Reliquie in die Martinskirche und befreien Leonhard aus der Hand der Entführer. Im April 1506 überbringt ein Bote des Vatikans eine päpstliche Bulle, die den Verbleib der Reliquie in Düren befiehlt. In Wirklichkeit hat sich, wie Autor Günter Krieger in einem Nachwort vermerkt, das Tauziehen zwischen Mainz und Düren länger und erbitterter hingezogen, als im Roman geschildert.

Schloss Burgau

Eine Journalistenleiche im **Wassergraben von Schloss Burgau**, in der Nachbarschaft zum Altenwohn- und Pflegeheim an der Von-Aue-Straße: Für Kommissar Küpper und Assistent Wenzel von der Kripo D. ist das ein bloßer Unfall, für Redakteur Helmut Bahn ein möglicher Mordfall. Er wird Recht behalten. »In der eisigen, dunklen Brühe des **Grabens** dümpelte ein lebloser, vollständig bekleideter Körper. (...) Der ist tot.« Der Tote ist der Nachwuchsjournalist Schramm, wohnhaft in **Birkesdorf**. Die Obduktion kann keine Fremdeinwirkung feststellen. (Lehmkuhl, *Tödliche Recherche*) – »Unmittelbar vor dem **Rundweg** um das Wasserschloss« findet die Kripo eine weitere Drogentote in Lehmkuhls Krimi *Spritzen für die Ewigkeit*.

Konrad-Adenauer-Park

Im K.A.P. wird ein Toter aufgefunden, »vermutlich nach einer Rangelei mit einem Messer erstochen«. Als Bahn am Leichenfundort auftaucht, wird ihm wieder mit Verhaftung gedroht. Bei dem Toten handelt es sich um einen Türken namens Ali Esmett aus der **Breslauer Straße**. Er soll »Mitinhaber eines Lebensmittelgeschäfts an der **Alten Jülicher Straße**« gewesen sein, »dort, wo sich die türkische Hochburg in Düren befand«. (Lehmkuhl, *Spritzen für die Ewigkeit*)

+++ Krimi-Telegramm +++

In **Langerwehe bei D.** lebt **Günter Krieger**, gelernter Krankenpfleger und freier Autor. Er schreibt vor allem historische Kriminalromane, die im deutsch-belgi-

Schloss Burgau und sein finsterer Wassergraben

schen Grenzraum der Nordeifel ange-siedelt sind. +++ Der Krimi-Autor **Kurt Lehmkuhl** lebte lange in Düren. Seit 14 Jahren ist er mit Familie in Erkelenz zu Hause, wo er die Lokalredaktion der Er-kelenzer Zeitung leitet. +++ In Lehm-kuhls *Mörderische Kaiser-Route* wird ein A.er in einer Staustufe der Rur zwi-schen **Lendersdorf und D.**, dem »Tor zur Eifel«, ermordet aufgefunden. +++ In der Kreisstadt an der Rur wohnen im Roman *Der verliebte Tod* von Roland Stephan zwei befreundete Ehepaare, die sich auf tödlichen Lebenslinien bewe-gen. Der Ich-Erzähler ermordet Sabines Ehemann Bernd, um mit Sabine zusam-menleben zu können. Seine eigene Ehe-frau trennt sich von dem »verrückten Mörder« und verunglückt tödlich in der Provence. +++ Die Psychothriller-Autorin Regina Schönfelder (*Schneevo-gel*) lebt als freie Autorin in der Eifel bei Düren. +++ »Auf dem **Autobahnzubrin-ger zwischen Düren und Birkesdorf**« wird ein Drogendealer, »der Riese« genannt, ermordet. Der Kampf konkurrierender Dealerringe im Großraum D. eskaliert. Der Autounfall mit geplatztem Reifen wurde vorsätzlich herbeigeführt, wie sich herausstellt. (Lehmkuhl, *Spritzen für die Ewigkeit*)

Eicherscheid

(NRW/Kreis Euskirchen; Ortsteil der Stadt Bad Münstereifel)
Hier lebt der Sänger Heino in einem ab-geschirmten Anwesen: »Vom **Schafels-berg** aus hatte man einen formidablen Ausblick auf das dichtbewaldete Anwe-sen von Deutschlands prominentestem

Barden auf der gegenüberliegenden Seite des Tales. Heino, der in der Kur-stadt ein Café mit immensem Erfolg führte, residierte dort oben ungestört und abgeschirmt. Diesseits der Erft ließ es sich aber auch nicht schlecht leben. Angesichts des Straßengefälles über-legte Herbie allerdings, wie es wohl im frostigen Winter um die Erreichbarkeit der Häuser hier oben bestellt war.« Auf dem Schafelsberg besucht Herbie, in Begleitung von Julius, Bea, die mit der ermordeten Rosi eine lesbische Affäre hatte und die er des Mordes verdäch-tigt. (Kramp, *Rabenschwarz*)

Einruhr

(NRW/Kreis Aachen; Ortsteil der Gemeinde Simmerath; 520 EW.) Staatlich anerkann-ter Erholungsort am Obersee der Rurtal-sperre Schwammenauel. Der Sauerbrun-nen (Heilsteinquelle) wurde schon von den Römern benutzt.
In der Nähe von E. plant der liebesver-rückte Ich-Erzähler des Krimis *Der ver-liebte Tod* von Roland Stephan die Er-mordung seines Nebenbuhlers Bernd. Er will einen tödlichen Motorradun-fall herbeiführen. Auf »mordvorberei-tenden Eifelexkursionen« entscheidet er sich für eine Stelle »auf dem Teil der Strecke, der von dem auf einer Hochebe-ne gelegenen **Imgenbroich** tief hinun-ter ins Tal nach Einruhr führt«. Hinter der Höhe von **Dedenborn** stürzt sich die Straße »ohne jegliche Vorwarnung wie ein Adler im Angriffsflug wieder auf den Fluss. Und genau hier, wo der Weg in engen Steilkurven dem Fluss nach-jagt, hier soll Bernd sterben.« Im klei-nen **Gasthof** »**Rurblick**« direkt an der

ausgewählten Kurve wartet der Ich-Erzähler auf sein Opfer. Zuvor stirbt freilich ein Falscher, ein tödlicher Irrtum. In friedlicheren Zeiten sind die Freunde um den trocken gelegten **See** bei E. spaziert: »Der Anblick der hellbraunen, hart gebrannten Lehmkruste ist mir unvergesslich: Wie eine schwärende Wunde im grünen Fleisch der Eifel wirkte der schrundig aufgeplatzte, von tiefen Rissen durchzogene Boden auf mich.«

Engelgau

(NRW/Kreis Euskirchen; Ortsteil der Gemeinde Nettersheim)

In der Nähe von E. passiert in Ralf Kramps *Tief unterm Laub* ein Verkehrsunfall. Genauer gesagt: an der Straße nach E., unmittelbar hinter einem alten Steinbruch mit einem Parkplatz. Lindy, die Freundin des ermittelnden Copy-Shop-Inhabers Laurenz Bock, wird von einem Auto überfahren und bewusstlos in die Uni-Klinik Köln eingeliefert. Ein Mordversuch, der als Unfall getarnt wird. Beweise dafür findet Bock auf einem Schotterweg, der parallel zur Straße verläuft. – In E. steht der Ökohof von Jakob Deutsch, Zwillingsbruder des in Satzvey ermordeten Ökoshop-Besitzers Josef Deutsch. (Noske, *Rittermord*) Von vier Windkraftanlagen abgesehen wirkt die Anlage wie ein antiquierter »Museumshof«. Mit ökologischem Etikettenschwindel wird hier Geld gemacht: Legebatterie-Eier von Aldi werden zu teueren Öko-Eiern umdeklariert. Bei der Aufdeckung des Eierschwindels in einer großen Halle des Hofs wird der holländische Journalist van Wimst ermordet.

Euskirchen

(NRW/Kreisstadt des Kreises Euskirchen; 52000 EW.; Kernstadt 27600 EW.) Euskirchen ist Kreisstadt, Behördenstadt und ein Geschäfts- und Handelszentrum mit bedeutendem Schul- und Ausbildungswesen. E. entstand aus einer fränkischen Siedlung. Im Vertrag von Meersen 870 erstmals urkundlich erwähnt. Stadtrecht 1302. Gehörte von 1302 bis 1609 zur Herrschaft der Edelherren von Monschau-Falkenburg, von 1609 bis 1814 zur Herrschaft der pfälzischen Wittelsbacher. 1815 an den preußischen Staat angegliedert. Kreisstadt seit 1827. Geburtsort des Nobelpreisträgers für Chemie, Emil Fischer. Sehenswert: Katholische Pfarrkirche St. Martin (12. bis 14. Jahrhundert); in der Nähe: Steinbachtalsperre und Hardtburg. – E. ist der Geburtsort der Eifelkrimi-Schriftsteller Ralf Kramp und Andreas Izquierdo.

Krimi Steckbrief:
Gute alte Zeit, in der junge Mädchen im „Höllenturm" erwürgt werden, während stolze Bürger dem Kaiser fähnchenschwenkend zujubeln? In der mörderische Spuren nationalsozialistischer Menschenjagd beseitigt werden, während berauschendes Wirtschaftswunder die Nachkriegszeit überstrahlt? Auch in Euskirchen entzaubern Eifelkrimis Scheinidyllen. Darunter Mordgeschichten von Autoren, die in Euskirchen geboren sind: von Ralf Kramp etwa oder von Andreas Izquierdo. Am Annaturmplatz, bei der Kirche St. Martin oder bei der St. Matthias-

Kirche, am Bahnhof und im Industriegebiet sieht man ihre
heimlich huschenden Ermittler:
den gewitzten Herbie Feldmann
mit seinem ewigen „Schatten"
Julius oder Jupp Schmitz, tin-
tenspritzender Dorfreporter vom
„Dörresheimer Wochenblatt". Und
Jacques Berndorf gar, des Journalisten Siggi Baumeister alter Ego: Der bezieht von Euskirchen, vom Pfeifenhaus Quaedvlieg seine legendäre Sammlung
von Pfeifen und Tabaken, um in
schriftstellerischen Mußestunden in der Eifel zugleich mit
den duftig-frischen Rauchkrin-
geln seine kriminellen Phantasien kreisen zu lassen ...

Höllenturm

In das kaiserliche E. um 1900 führt der historische Kriminalroman *Im Höllen-turm* von Maria Kastellitz. Eine Welt züchtiger Etikette für die junge, zuge-zogene Helena, die in Tante Claras Haus in der **Kölner Straße** aufwächst. Und doch beunruhigen schon bald Morde an jungen Mädchen im »Höllenturm« die kleine Tuchmacherstadt: »›Karl, stell dir vor: at wede e Määtche em Hölletu-en!‹ Entsetzt blickte der hagere Mann auf. ›Im Höllenturm?‹ ›Ja, ja, im Höl-lenturm. E jong Määtche. Grad han se et fonge. Duet.‹ Heftig nickend hielt sie sich die Hand an die Brust und wen-dete sich nun auch mir zu. ›Ewürcht, säät dea Sechant. Erwürgt! Stellen Sie sich das mal vor!‹« »Höllenturm« ist der volkstümliche Name für den (heute

Der Alte Markt in Herbie Feldmanns Heimatstadt

Schlussakkord für eine Mörderin im Euskirchener Amtsgericht

nicht mehr existierenden) **Fangenturm**. Die junge Helena macht sich auf Mördersuche. Zunehmend wird ihr der eigene Ehemann verdächtig, mit dem man sie aus Geschäftsgründen verheiratet hat (neue Wohnadresse: **Hochstraße**, über dem Herrenmodengeschäft »Jakobi und Lehmann«). Auffallendes Requisit des Mörders ist eine venezianische Maske mit langem Schnabel ... Der Roman *Im Höllenturm* ist ein Zeitgemälde einer wilhelminischen Kleinstadt, als Gaslampen und schmale Gassen noch das Bild beherrschten, als ein bereits motorisierter Kaiser mit großem Hurra in E. empfangen wurde. »Extrablatt! Extrablatt! Morgen kommt der Kaiser! Dea Kaise küt noch Öeskirche! Dea Kaiser küt ... He Löck, hat Üe et op de Uere? Dea Welem küt!«, ruft der Zeitungsjunge in der Hochstraße. Weiterer wichtiger Schauplatz im alten E.: das

»**Klönte Kassino**«: »Das ›Klönte Kassino‹ war eine Kneipe in der Kapellenstraße, wo auch die Station des Pöstchens war, das nach Kommern hinausfuhr.« Eine Zugfahrt führt durch eine »winterliche Märchenlandschaft« nach **Reifferscheid**.

Amtsgericht

Izquierdos erster Krimi *Der Saumord* endet in E. mit dem Prozess gegen die »Mörderin« Christine Jungbluth im großen Saal des **Amtsgerichts**: »Fast vier Monate vergingen, die Christine in Untersuchungshaft verbrachte, bis er schließlich losging. Die Stühle des großen Saals des Euskirchener Amtsgerichtes waren bis auf den letzten Platz besetzt. Ein paar Neugierige mußten sogar stehen.« Der Dörresheimer Lokalreporter Jupp Schmitz ist ganz besonders aufmerksam. Auch ihn hatte Christine ermorden wollen.

Das alte »Filmeck«

Im (mittlerweile abgerissenen) Kino »Filmeck« in der E.er **Innenstadt**, direkt neben einem Parkhaus, trifft sich der Münstereifeler Holzgroßhändler Wassong am Tag vor Heiligabend mit der Kölner Unterwelt. »Das alte Filmeck stand nach der Schließung vor Jahren nun kurz vor dem Abriß, nachdem verschiedene Pläne eines Ausbaus zugunsten eines Neubaus an dieser Stelle vom Tisch waren.« Herbie Feldmann und Nina beziehen Beobachtungsposten im **Ristorante Rialto** in der **Hochstraße**, »wo sie glücklicherweise einen freien Fensterplatz ergatterten, der ihnen einen hervorragenden Ausblick auf den halbrunden Vorbau des alten Kinos auf der anderen Seite der Kreuzung bot. Der Eingangsbereich lag in völliger Dunkelheit, und während sie im späteren Verlauf des Abends mit den übriggebliebenen Brotbrocken ihre Auflaufformen leerkratzten, strengten sie sich an, die grauen Stufen und die roten Säulen des ›Filmeck‹ nicht aus den Augen zu lassen.« (Kramp, *Der neunte Tod*) In der Erinnerung lässt Herbie die Geschichte des Hauses Revue passieren, bis hin zu den ersten Filmvorführungen seiner Kinderzeit. Auch vom angrenzenden **Parkhaus am Entenpfuhl** aus lassen sie den Killertreff nicht aus dem Blick: »Auf der linken Seite wurde die Straße von der riesigen, fensterlosen Seitenwand des Kinobaus begrenzt. Die alten Schaukästen waren zerstört, auf ein paar Plakatflächen wurde für die Aufführungen im **Euskirchener Stadttheater** geworben. In der Wand waren zwei Türen eingelassen, die beide nicht mehr allzu lange der Witterung

Tipp

Quaedvliegs Pfeifenhaus

Dem Pfeifenhaus M. Quaedvlieg in Euskirchen entstammt der größte Teil der Pfeifensammlung von Jacques Berndorf. Allesamt literarisch verewigt in seinen Eifelkrimis. Berndorf bevorzugt laut Auskunft des Pfeifenhauses die Tabakmischung »Quaedvlieg's 637«, eine duftig-fruchtige Spezialmischung. Zu jedem Eifel-Krimi von Jacques Berndorf fertigt das Pfeifenhaus eine besondere Tabakmischung, zuletzt zu *Eifel-Liebe* (2002). Die Auswahl aus dem großen Sortiment mit dem Schwerpunkt »Winslow«-Pfeifen, erfolgt in gemütlicher Atmosphäre, bei einer Tasse heißem Tee. Gleich nebenan findet der Besucher im »Winslow-House« ein liebevoll eingerichtetes kleines Pfeifenmuseum. »Nirgends sonst konnte er sich so ungestört dem Testen der großen Auswahl bester Tabake und dem Begutachten einer ebenso immensen Auswahl schönster Tabakpfeifenmodelle hingeben wie dort.« (Przybilka/Reinhard, *Ungelöst*, in: *Jürgen würgen*)

Quaedvliegs Pfeifenhaus
Kommerner Straße 45,
53879 Euskirchen, Tel.: 02251/2542

Bahnhof: Das Lösegeld geht auf die Reise

und den Euskirchener Rowdies standhalten würden. Doch die Tage des Gebäudes waren ja ohnehin gezählt.« Wenig später schleichen sich Herbie und Nina in den alten Kinosaal. Nach heftigem Streit entkommt einer der Killer seiner Erschießung nur durch hastige Flucht. Nina und Herbie fassen ihn auf der nächtlichen Straße, während eine Gruppe junger Leute »vermutlich vom neuen Kino in der ›Galleria‹-Passage her kommend, dem Parkhaus zuströmte«. (Kramp, *Der neunte Tod*)

Bahnhof

In E. hebt der Dörresheimer Journalist Jupp Schmitz auf dem Weg nach Köln Geld ab bei einer Bank am Bahnhof: »In Euskirchen machte Jupp noch einmal Halt. Er fand einen Parkplatz vor dem Bahnhof, der Kurzparkern vorbehalten war, und enterte das Euskirchener Geldinstitut.« (Izquierdo, *Der Saumord*) – In Izquierdos Krimi *Jede Menge Seife* beginnt hier außerdem für Jupp Schmitz eine haarsträubende Reise mit dem Zug zum unbestimmten Ort einer Lösegeldübergabe, während der die Erpresser ihn per Handy lenken.

Annaturmplatz

Am **Annaturmplatz** in E. wohnt Herbie Feldmann, Ermittler in Ralf Kramps Krimis *Spinner* (1997), *Rabenschwarz* (1998) und *Der neunte Tod* (1999). »Julius erhob sich und trat ans Fenster. Der Annaturmplatz lag ihm zu Füßen. Es begann dunkel zu werden«, heißt es in *Spinner*. Von ferne hört er den nächtlichen Glockenschlag der **Kirche St. Martin**. Im Nachbarhaus seiner Wohnung wird Herbie Zeuge eines vorgetäuschten Mordes, der ihn auf die Spur eines Serienmörders bringt. Herbie Feldmann ist ein »Spinner«, der seit einem Nervenzusammenbruch »einen neben sich gehen« hat, nämlich seinen unsichtbaren Schatten namens Julius. Sein Vater soll einer der reichsten Männer des Kreises E. sein. Aufgewachsen ist er allerdings in Bad Münstereifel: »Die Wohnung in Euskirchen erfüllte einzig und allein den Zweck, einen gewissen Abstand zu Tante Hettie zu gewährleisten. Er fühlte sich hier nicht besonders zu Hause, und die schönsten Momente in diesen vier Wänden waren die gewesen, die er hier mit Nina erlebt hatte.« (Kramp, *Der neunte Tod*)

+++   Krimi-Telegramm   +++

Im ersten Feldmann-Krimi *Spinner* wird auf einem freien Feld vor den Toren der Stadt E., zwischen **Funkkaserne** und **A 1**, unter der »**Soda-Brücke**« ein Fernfahrer aufgehängt gefunden: die zweite Leiche des Serienmörders »Der Motzer«. Die »Soda-Brücke« heißt so, weil sie einfach nur »so da« steht. Ursprünglich sollte sie einmal eine wichtige Rolle bei der Verbindung der Städte Düren und Bonn spielen. +++ Der ermordete Landstreicher Mick hat zusammen mit seiner Freundin Ricarda in E. gewohnt: »Bei dem Haus Nummer 95 auf der Peter-Simons-Straße handelte es sich um einen weißgrauen Mehrfamilienwohnklotz, der von außen nichts versprach und beim Betrachten des Treppenhauses noch weniger hielt.« (Kramp, *Der neunte Tod*) +++ »Nach Vaters Tod, im Jahre 1899, zogen wir nach Euskirchen zu Tante Clara. Sie besaß in der **Kölner Straße** ein großes Haus, das sich mit fein gearbeiteten Stuckgirlanden über den hohen Fenstern, mit einem kleinen Treppenportal und einem geschmiedeten Gartenzaun ein wenig aufmüpfig in die Endlosreihe wilhelminischer Fassaden eingliederte«, beginnt der historische Kriminalroman *Im Höllenturm* von Maria Kastellitz. +++ In Ralf Kramps Roman *Tief unterm Laub* findet sich im E.er Redaktionsbüro des »Kölner Stadt-Anzeiger« wertvolles Archivmaterial zum Bau einer Lagerhalle im Eifeldorf »Buchscheid«, mit dem Spuren der blutigen Nazi-Vergangenheit beseitigt werden sollten. Es ist ein trister Tag in E., als ein freier Mitarbeiter der Zeitung im Archiv recherchiert: »Das vornehmlich in profanes Grau gegossene Zentrum der Kreisstadt Euskirchen bot an diesem Morgen eine ungemütliche Kulisse. Es regnete, Regenschirme samt ihren Trägern hüpften eilig über Pfützen.« +++ Das **Polizeipräsidium** ist beteiligt an der Aufklärung einer mysteriösen Mordserie in der Eifel, in deren Verlauf telepathisch gesteuerte Wölfe Ökosünder töten (Görden, *Schattenwölfe*), und von hier aus operieren in Ralf Kramps Kriminalromanen *Spinner* und *Der neunte Tod* Kriminalhauptkommissar Baldus und sein Assistent Zettelmeyer aus Bonn. +++ **Procter und Gamble** ist ein großer Arbeitgeber in E.: »Er sah zu mir hinauf, und in seinen Augen blitzten Tränen auf. ›Ich bin der einzige, der noch keinen anderen Job hat. Die anderen gehen nach Euskirchen, zu Procter und Gamble, verpacken Windeln. Viele sind bei der Telekom. Das will ich alles nicht. Ich bin doch Landwirt. Bauer. So schwer es auch wird‹«, klagt Bauer Theo in Kramps Krimi *Still und starr*. +++ Gegen Ende des Romans *Das Doppelding* liegt Lokalreporter und Detektiv Jupp Schmitz im **Marienhospital:** »Jupp lag in einem Dreibettzimmer des Euskirchener Marienhospitals und guckte gelangweilt auf den Fernseher. Sein Fuß war operiert und eingegipst worden.« Ein Zuhälter des neuen Dörresheimer Bordells hat ihm in den Fuß geschossen. +++ In der Krimi-Erzählung *Geil* von Axel Kuffner schlägt sich die Kripo E. mit seltsamen Todesfällen in Bad Münstereifel, Schleiden und Kall herum. (Kramp, *Der Tod tritt ein*) +++ Am McDrive im Industriegebiet machen ein Kölner Taxifahrer und sein Fahrgast, ein stark alkoholisierter Baulöwe, Station auf dem Weg in ein Bordell nach Bad Münstereifel. Die nächtliche Fahrt in Alex Kuffners Kurzkrimi *Mistkäfer* nimmt allerdings schon hinter dem **Rheder** eine tödliche Wendung. (Kramp, Hrsg., *Frühling, Sommer, Herbst und Mord*) +++ Am selben McDrive gelingt es Herbie Feldmann im Zuge einer rasanten Hetzjagd, seine Verfolger abzuschütteln. (Kramp, *Der neunte Tod*)

Hammerhütte

(NRW/Kreis Euskirchen, Gemeinde Dahlem) **Idyllische Siedlung bei Kronenburg**, früher Eisenhütte mit Hammerwerk.

Auf seinem Weg zum provisorischen Winterquartier unter der Brücke der **Bundesstraße 51** lauern zwei »Gorillas« dem Trierer Landstreicher Harald Horn, genannt »Harry«, auf. »Harry versuchte, an ihm vorbei in den kleinen Ort zurückzulaufen, aber der massige Kerl machte nur eine müde Bewegung zur Seite und versperrte ihm den Weg. Er beschloss, es über das Feld zu versuchen.« Wenige Schritte weiter im Schnee findet Harry sein kaltes Grab. Polizeiliches Kompetenzgerangel ist vorprogrammiert: »Zuerst sah es so aus, als sei das Prümer Gebiet hier«, erläutert ein Fahnder vom Kommissariat Euskirchen: »Wissen Sie, hier verläuft die Grenze irgendwo. Aber es war dann doch noch im Kreis Euskirchen. Hier NRW und da hinten irgendwo Rheinland-Pfalz. Wie das wohl mit den Schulkindern hier ist. Ich meine, die einen aus Stadtkyll, die haben doch ganz andere Ferien ...« Der Mord an Harry ist Auftakt des Krimis *Der neunte Tod* von Ralf Kramp.

Heidgen

(NRW/Kreis Aachen; Ortsteil von Monschau)

In H. findet die Polizei das Auto des Bundestagsabgeordneten Driesch, der in Monschau ermordet worden ist. Siggi Baumeister lässt sich den Weg beschreiben: »Du kommst von **Schleiden**, fährst durch **Höfen**. Dieses Bundesgolddorf 1987, das mit den haushohen Buchenhecken. Du bist auf der B 258. Unmittelbar hinter Höfen teilt sich die Straße. Nach links geht es weiter auf die Um-

Der Penner Harry findet bei Hammerhütte ein kaltes Grab im Schnee

Ideales Versteck: Buchenhecken in Höfen

gehungsstraße, die rund um **Monschau** führt. Die B 258 biegt aber nach rechts ab und geht steil ins Tal. Landet unten am **Aukloster**. (...) An der Stelle, wo die Umgehungsstraße beginnt und später zur B 399 wird, geht es in eine Siedlung. Kleine Neubauten. Das ist Heidgen. Die Hauptstraße dieser Siedlung heißt ebenfalls Heidgen, führt dann auf das Sträßchen **Am Grindel**. Und das liegt praktisch im Himmel von Monschau, also steil über der Stadt.« (Berndorf, *Eifel-Sturm*)

Heimbach

(NRW/Kreis Düren; 4500 EW.) Staatlich anerkannter Luftkurort im Deutsch-Belgischen Naturpark, waldreich im Tal der Rur gelegen. Wahrzeichen der Stadt ist die Burg Hengebach aus dem 11. Jahrhundert. Sie wurde 1904 restauriert, nachdem sie 1687 durch Brand zerstört worden war. Die Trappistenabtei Mariawald ist nur 4 km entfernt.

An einem Seitenarm der **Rurtalsperre** bei **H.-Hasenfeld** wartet auf Privatde-

tektiv Bär ein konspirativer Treff. »Der **Heimbacher Stausee**, wie dieser Nebenarm heißt, schlängelt sich in zwei länglichen Kurven durch ein bewaldetes Tal. Ab und zu öffnet sich das Gehölz, und ich konnte jenseits des ruhigen, dunklen Wassers die Waldhänge auf der anderen Uferseite sehen. Im fahlen Zwielicht der Morgendämmerung nahm ich sie allerdings nur als eine schemenhafte schwarze Wand wahr.« Bei einer Grillhütte fallen Pistolenschüsse: Mord Nummer zwei des Krimis *Tod eines Kunsthändlers* (Jürgen Raap) – und das in einer Gegend, in der »höchstwahrscheinlich *noch* nie ein Mord passiert« ist. Die Kreispolizei **Düren** schaltet sich ein.

Hellenthal

(NRW/Kreis Euskirchen; 8700 EW.) Erholungs- und Wintersportgemeinde im Deutsch-Belgischen Naturpark. Weithin bekannt ist das Wildgehede Hellenthal mit überwiegend einheimischen Wildarten. Sehenswert in der Nähe: die **Oleftalsperre** mit malerischem Olefsee.

In Berndorfs Krimi *Eifel-Sturm* wird in H. die 27 Jahre alte Annette von Hülsdonk, Tochter eines Hotel- und Kneipenbetreibers, erschossen: »Ein direkter Schuss aus geringer Entfernung. 80-Gramm-Rehposten, also ziemlich schwerer Schrot. Ihr Gesicht ist so gut wie nicht mehr vorhanden. Sie war sofort tot.« Siggi Baumeister vermutet einen Zusammenhang mit dem Tod des

Abgeordneten Driesch in **Monschau** und einem Windenergieprojekt in **Hollerath**. Auf dem Weg zum Tatort begeistert ihn die Landschaft: »Von der anschließenden Fahrt von **Stadtkyll** nach Hellenthal weiß ich nicht mehr viel. (...) Es ist zweifellos einer der schönsten Strecken im Naturpark Nordeifel, aber ich hatte genug damit zu tun, die sowieso schnellen Kleinlaster von Handwerkern und die obligaten Steinlaster zu überholen. (...) Oberhalb von Hellenthal schossen wir auf die B 265 und etwas quietschte, weil ich zu schnell war.« – In der Nähe von H. soll sich auch der Mörder verschanzt haben: »Du musst durch Hellenthal in Richtung **Wildpark**. Auf der rechten Seite geht von einem Parkplatz aus ein Waldweg hoch. Du erreichst ein Plateau. Da steht ein kleines Haus«, erfährt Baumeister von der Kripo. – In Hubert vom Venns historischem Eifelkrimi *Die Hand im Moor* wird in einem alten Hellenthaler Fachwerkhaus ein lateinisches Manuskript »über ein Kloster Richwinstein von einem Stephan Horrichem« gefunden. Der Roman *Die Hand im Moor* gibt sich als Übertragung dieses Urtextes. Der Roman spielt im 17. Jahrhundert, zur Zeit der Inquisition. – »In dem neuen Umschlag war ein Zettel mit einem einzigen Satz: Der Mann wird morgen 14.00 Uhr in Hellenthal aus dem **Pumpenhaus auf der Staumauer der Oleftalsperre** kommen. Sauberer Laserdrucker, Courier 12 Punkt, fett. (...) Ich saß im Hotelfoyer und sah mir die Gäste an. Nichts ungewöhnliches. Jemand spielte hier Katz und Maus mit mir. Jemand, der mich verdammt gut kannte. Zuerst **Aachen** und jetzt **Hellenthal**. Ich kannte das Dorf. Und jeden Meter der verdammten **Sperrmauer**. Schließlich stamme ich aus dem verdammten Eifelkaff.« Das ist ein Auszug aus der Mordgeschichte *Wie üblich* von Karr & Wehner, Traumpaar des deutschen Krimis. Abgedruckt in der Sammlung *Jürgen würgen*, herausgegeben von Jacques Berndorf. Der Erzähler bricht mit Gewehr und Zielfernrohr nach Hellenthal auf ... wie üblich. – Der verrückte Ich-Erzähler des Krimis *Der verliebte Tod* von Roland Stephan möchte ein bei Gemünd gelegenes Eifeldörfchen seiner verstorbenen Geliebten Sabine mit BSE-verseuchtem Trinkwasser aus der Talsperre ausrotten. Die Realisierung ist detailgenau geplant und weggenau notiert.

Hohes Venn

Einsame Hochmoore beiderseits der deutsch-belgischen Grenze in der Nordeifel. Verzeichnet ist hier das deutsche Randgebiet des Venn.

In einem Moorweiher im Hohen Venn bei Mützenich wird die Landtagsabgeordnete der Grünen Wilma Bruns ermordet aufgefunden. Mit dem Bundestagsabgeordneten Driesch, Mitstreiter in Sachen Windenergie, war sie eine lebensgefährliche Liaison eingegangen. (Berndorf, *Eifel-Sturm*) Baumeister sucht den Leichenfundort auf: »Ich parkte den Wagen, überquerte die Straße und war auf dem Pfad, der zu einer hölzernen Aussichtsplattform für Wanderer führt. Tafeln erklären, wie dieses Moor entstanden, dass es abgrundtief und lebensgefährlich ist. Der Pfad ist nur durch senkrecht stehende und quer gelegte dünne Fichtenstämme, die als Geländer dienen sollen, abgesichert. Er führt um das erste Loch herum, das vielleicht einen Durchmesser von dreihundert Metern hat. Hier blühen im Frühling millionenfach gelbe Narzissen, ein unglaublicher Anblick, eine richtige Detonation in Gelb. Später im Jahr überzieht ein weißer Schimmer das Land, das Wollgras breitet sich aus. Wer sich die Mühe macht und sich bückt, sieht den Sonnentau, das winzige Fleisch fressende Ungeheuer. Ich starrte auf die Wasserfläche, die absolut ungefährlich, ja harmlos wirkte, und erinnerte mich an eine alte Frau, die einmal neben mir gestanden hatte, als gerade die Narzissen das Land erobert hatten. Die Frau hatte geweint und gesagt:

›Das hat der Herrgott schön eingerichtet.‹« (Berndorf, *Eifel-Sturm*) – Die einsame Moorlandschaft des Hohen Venn ist Schauplatz des historischen Eifelkrimis *Die Hand im Moor* von Hubert vom Venn. Nahe der »**Gastwirtschaft auf Hattlich**« im Hohen Venn, zwischen der heutigen Verbindungsstraße Monschau-Eupen und dem Flusstal der Hill gelegen, stehen der Wirt Peter l'Allemagne und der Jude Johan Moyses, Maler aus Montjoie. – Mitten im Hohen Venn hat sich der Köhler Hubert Schriver niedergelassen in Hubert vom Venns historischem Kriminalroman *Die Hand im Moor*: »Im Moor gibt es wahre **Inseln**, auf denen der verirrte Wanderer Zuflucht suchen

Ein Platz zum Sterben schön: das geheimnisvolle Hohe Venn

kann, wenn er im morastigen Untergrund kaum noch Halt findet. Eine dieser Inseln befand sich dort, wo das Venn seinen **höchsten Punkt** hat. **Drei wuchtige Eichen**, die schon von weitem auszumachen waren, bildeten den Mittelpunkt dieser Zufluchtsstätte. In ihrem Schutz stand zu der Zeit, zu der sich unsere Geschichte zutrug, eine kleine vermooste **Holzhütte**. Die Menschen, die in den Dörfern ums Moor lebten, mieden diesen Ort: Sie fürchteten sich nämlich vor dem Bewohner der Hütte, dem Köhler Hubert Schriver.« Im Hohen Venn sehen der Wirt Peter l'Allemagne und sein jüdischer Freund eines Nachts eine Hand im Moor versinken. Bald darauf finden sich fremde Soldaten im einsam gelegenen Kloster Richwein, mit ihnen eine geheimnisvolle Kutsche ... (vom Venn, *Die Hand im Moor*) – »Liebe, gnädige Frau ...«, beginnt der *Brief an eine ganz frische Witwe* von Jacques Berndorf, in der ein anonymer Mörder minutiös den Mord an ihrem Ehemann inmitten der Einsamkeit des Venn schildert. (Kramp, *Der Tod klopft an*) – *Zwei, drei Tote im Venn* heißt die Kriminalerzählung von Hubert vom Venn in Ralf Kramps Anthologie *Der Tod klopft an*. Eine aus Westen kommende Cessna fliegt tief schon über den Fußballplatz der **AS Eupen** und über das **Funkhaus** des Belgischen Rundfunks, bevor es über dem H.V. verschwindet: »... im wahrsten Sinne des Wortes, da die Maschine den Winzflughafen Elsenborn, auf Karten ›Aerodrome‹ genannt, nicht mehr erreichte und dort, wo die **Moorlandschaft** unheimlich und einsam ist, abstürzte und in Flammen aufging. Der Pilot hatte noch einen Notruf absetzen

können, dann war der Kontakt nach **Elsenborn** abgerissen.« Merkwürdig nur: Als die »**Feuerwehrkaserne Eupen-Frankendelle** und die freiwillige Wehr aus **Sourbrodt**« im Wallonischen Venn eintreffen, finden sie drei Leichen – obwohl nachweislich nur zwei Personen im Flugzeug gesessen haben. Die Polizei Eupen recherchiert. – Die Schülerin Sabine arbeitet in den Sommerferien »**im Restaurant Relais Königsberg**«, um sich Reisegeld für eine Italienfahrt zu verdienen. Ein Mercedesfahrer mit Düsseldorfer Nummer lädt sie wiederholt zu einer Fahrt ins Venn ein, nahe der **Himmelsleiter**. Eine Fahrt wird tragisch enden. Das Venn inspiriert beide: »Schön ist es hier. (...) Wild und gefährlich. Ich bin einmal im Hohen Venn gewesen. Vor Jahren. Da habe ich gemerkt, wie wenig man im Griff hat. Man glaubt, man sei der Herr seines Lebens und dann spaziert man durch diese endlos weite Landschaft, ein Gewitter kommt auf und plötzlich ist man wieder ein kleiner, hilfloser Junge«, denkt der Mann. Und Sabine: Sie ist »immer wieder erstaunt, wie eng die Natur mit ihren Gedanken verbunden schien. Als wären die Pflanzungen ein Spiegelbild ihres Bewusstseins. Vor allem die Hecken, aus denen hin und wieder Bäume aufschossen, wie jähe, unvermutete Gedanken. Man konnte erschrecken, wenn man nicht achtgab.« Davon erzählt Hermann-Josef Schüren in seiner Kriminalerzählung *Himmelsleiter, abwärts* in Kramps Buch *Der Tod klopft an*. – Auch Gisbert Haefs' Krimi *Begradigung* spielt im Hohen Venn. Die beiden Nachbarn Keuper und Mooritz (»passender Name, so nah am Venn, dachte Keuper«) interessieren sich auffallend für Leichen im Moor. (in: Kramp, *Der Tod klopft an*) – In Günter Kriegers historischem Kriminalroman *Gertrudisnacht* kommt der Novize Bernhard vom Kreuzherrenkloster Lüttich ins **Hohe Venn**: »Gedankenverloren betrachtete er die Moorlandschaft um sich herum. Eine schwache Mittagssonne durchbrach die Wolkenbänder am Himmel, ließ den Dunst über den feuchten Gräsern in einem bizarren Licht erscheinen. In einem Buschwerk zeterten Krähen. Aus den Sümpfen drangen Geräusche, wie sie auch in der Hölle zu hören sein mochten – zumindest glaubten das die Fremden, die es hierher verschlug. Bernhard aber war in dieser kaum besiedelten Gegend aufgewachsen. Der Anblick von Weite und Einsamkeit war ihm vertraut und alles andere unheimlich. Die Lichter der Nacht, die über den Sümpfen flackerten, waren für ihn keine armen Seelen, sondern Fingerzeige Gottes. Jedes Licht in der Dunkelheit musste von Gott ausgehen, nicht von den Verdammten, die sich in den Klauen Satans befanden.« Bernhards Leben ist bestimmt von dem Traum eines Klosters mitten in der Einsamkeit der Natur. In dem Roman *Gertrudisnacht* versucht der Graf von Jülich, die Kaiserstadt **Aachen** gewaltsam seinem Territorium einzuverleiben. – »... immerhin gut konserviert für die Ewigkeit«, sagt die Aachener Mitbewohnerin Rebecca zum Journalisten Stoppek bei einem Ausflug zu **Kaiser Karls Bettstatt**. Der legendenumwobene Waldschrat Peter Ley führt sie durchs Venn. (Berg, *Die Printen-Connection*)

Hollerath

(NRW/Gemeinde Hellenthal; 570 EW.) Bekanntes Wintersportgebiet mit modernem Skilift und Sprungschanze. Gleich hinter H. wird die B 265 zur Grenze zwischen der Bundesrepublik (links) und Belgien (rechts).

Eine geplante Windkraftanlage in Hollerath an der B 265, kurz vor dem **Weißen Stein**, sorgt für mörderische Unruhe in Berndorfs Krimi *Eifel-Sturm*. 111 Windräder sind vorgesehen: »Es handelt sich um ein Volumen von ungefähr 150 Millionen Mark. Ich rechne mit etwa sechs Jahren Verlusten, dann werde ich voraussichtlich schwarze Zahlen schreiben. Und ich werde den Strom ins deutsche Netz einspeisen«, erfahren Baumeister und Rodenstock vom Unternehmer Quint, der in Faymonville wohnt. Quint hatte enge geschäftliche Beziehungen zu dem in Monschau ermordeten Bundestagsabgeordneten Jakob Driesch. Gegenwind kommt allerdings von Naturschützern: »Auch hier gibt es Naturschützer. Aber ich denke, ich kann mich mit ihnen einigen. Ich werde den Windpark zum Naturschutzgebiet erklären lassen und darüber hinaus alle möglichen Einrichtungen subventionieren, damit dort Biologen arbeiten können. Wir wollen Fauna und Flora erhalten. Und da Vögel und Glockenblumen nicht unter den Windgeräuschen der Räder leiden, wird das Ganze ein echter Naturpark werden.« Der Plan des ermordeten Bundestagsabgeordneten Driesch war: »Wir bauen keine kleinen Anlagen auf, sondern weitab von jeder Siedlung Großanlagen mit mehr als einhundert Einheiten. Es ist richtig, dass dabei Wald und Fläche verloren gehen, aber die kann man zu Ökoinseln machen. Hollerath könnte den Großraum Aachen mit Strom versorgen. Und das ist ein Angriff auf die Stromkonzerne.« Sind hier Drieschs Mörder zu suchen? (Berndorf, *Eifel-Sturm*)

Huppenbroich

(NRW/Kreis Aachen; Gemeinde Simmerath, 400 EW.) Am Rande des Hohen Venn im Deutsch-Belgischen Naturpark gelegen.
In den Eifelkrimis von Kurt Lehmkuhl fährt der Aachener Kommissar Böhnke häufiger nach H. zu seiner Freundin, die in einem umgebauten Hühnerstall wohnt. H. ist ein idyllisches Dörfchen zwischen **Monschau** und **Simmerath**. Auch die Fahndung nach rechtsradikalen Attentätern bei der Karlspreis-Verleihung in Aachen führt nach H. Mehr als die Hälfte der Einwohner wohnen nur wochenends hier. Die »Ureinwohner« sind inzwischen in der Minderzahl. Ein **Buchenheckendorf**: »Über die Größe des Dorfes war ich erstaunt, ebenso wie über die von Rolläden verschlossenen Fenstern in Einfamilienhäusern, die hinter schmucken Vorgärten lagen. Viele Bäume, viel Grün und fast nicht befahrene Straßen fielen mir auf und vor allem immer wieder Buchen und Buchenhecken.« In einer abgebrannten Scheune wird eine Leiche gefunden, ermordet. »Und so etwas ausgerechnet hier in Huppenbroich, am Ende der Welt (...), am schönen Ende der Welt«. (Lehmkuhl, *Blut klebt am Karlspreis*) – Auch in Lehmkuhls Eifelkrimi *Mörde-*

rische *Kaiser-Route* und *Der Grenzgänger* fährt Tobias immer wieder nach H. zu Kommissar Böhnke, dem »Geheimagenten aus Huppenbroich«.

Iversheim

(NRW/Kreis Euskirchen; Ortsteil von Bad Münstereifel; 1489 EW.) Vor allem bekannt durch die römische Kalkbrennerei, die seit 1968 komplett ausgegraben ist. Umfasste insgesamt sechs Kalköfen mit einem Durchmesser von 3 Metern.
In I. ist der Krimi-Schriftsteller Andreas Izquierdo (Pseudonym) aufgewachsen. Auch für seinen Detektiv, den Lokalreporter Jupp Schmitz vom »Dörresheimer Wochenblatt«, ist I. der Ort seiner Kindheit und Jugend. In Andreas Izquierdos erstem Kriminalroman *Der Saumord* durchfährt Jupp hier »die wahrscheinlich engste Kurve der ganzen Eifel, zumindest war der unglückliche Besitzer des Eckhauses, vor dem die Kurve einen scharfen Linksknick machte, dieser Meinung. Es hatte Zeiten gegeben, da beinahe jährlich ein LKW-Fahrer mitsamt seinem LKW in dem Wohnzimmer stand. Jupp versuchte sich das Gesicht des Mannes vorzustellen, der auf die Vorderreifen des Brummis starrte, wo eben noch sein neues Color-TV-Gerät gestanden hatte, und statt in das Gesicht Thomas Gottschalks in das Gesicht des LKW-Fahrers blickte, der aus der Fahrerkanzel entschuldigend mit den Schultern zuckte. (...) Jetzt aber hatte Iversheim endlich seine Umgehungsstraße und Hauswand und Hausbesitzer ihre Ruhe.« – Izquierdos zweiter Krimi *Das Doppelding* beginnt mit einem Unfall auf der B 51 zwi-

schen I. und Bad Münstereifel, kurz vor I.: Ein Radler, der auf dem Standstreifen gefahren ist, stirbt dabei. Er erweist sich als krimineller Münzkurier auf der Flucht vor Verfolgern. Um die geheimnisvolle antike Elis-Münze von doppeltem Gewicht (»Doppelstater«), die Lokalreporter Jupp Schmitz am Unfallort im Gras findet, dreht sich die Krimihandlung. Die Münze ist gestohlen – und heiß begehrt. Der reiche Bauer und Kunstliebhaber Klante agiert verdächtig ... – Selbst das Filmteam einer kanadischen Daily-Soap-Opera findet den Weg nach I. zu Dreharbeiten. (Izquierdo, *Jede Menge Seife*) Gedreht werden sollen Geschichten um »Unser Heim«. Dabei verschwinden die Darsteller Jackie und Steve. Man vermutet eine Entführung. Nicht nur die Dreharbeiten stehen damit auf dem Spiel. – Im

I. des Jahres 893 spielt Harald Bongarts Kriminalerzählung *Ein fauler Apfel im Garten des Apfels.* (in: Krieger, *Ein Schnitter namens Tod*) Fromme Mönche betrügen wacker bei der Abwicklung von Geld- und Naturalabgaben sowie Dienstleistungen. – In I. entsorgt der Ich-Erzähler aus Uwe Rhiems Kurzgeschichte *Oma muss weg* die ungeliebte Schwiegermutter samt Rollstuhl: »Dieser Platz schien mir ideal für meinen Plan. Der Parkplatz grenzte an eine mindestens zehn Meter tiefe Böschung, an deren unterem Ende die **Bahnlinie Bad Münstereifel-Euskirchen** verläuft. Nach nur wenigen Minuten – ich hatte Oma gerade in den Rollstuhl manövriert – hörte ich aus Richtung Euskirchen schon einen Zug herannahen. Jetzt musste alles sehr schnell gehen.« (Kramp, Hrsg., *Der Tod tritt ein*)

Saumord in Iversheim – der Metzger wartet schon

Kall

(NRW/Kreis Euskirchen; 11000 EW.) Waldreiche Mittelpunktgemeinde im Naturpark Nordeifel, mit zahlreichen Behörden und den Berufsbildenden Schulen des Kreises Euskirchen. Schon von den Kelten besiedelt.

Vor dem **Kaller Rathaus** wird der Gemeindebeamte Thilo Freihoff erschlagen aufgefunden, kopfüber in den Gemeindemüllkorb gezwängt: »Der Körper hatte eine nahezu kniende Haltung inne, wobei die Knie mehrere Zentimeter über dem Boden schwebten, da Kopf und Hals grotesk verrenkt und in einen Gemeindemüllkorb gezwängt waren.« Die Schädeldecke ist zertrümmert. Leiche drei des Serienmörders »Der Motzer« in Kramps Krimi *Spinner*. – »Im Industriegebiet oberhalb des Brucker-Imperiums« hat eine kleine Sprengfirma ihren Sitz, bei der zwei ermordete Landstreicher einmal gearbeitet haben. (Kramp, *Der neunte Tod*) – »Da hat sich in Kall einer mit dem Fahrrad zerlegt – ist ohne einen Hinweis auf Fahrerflucht eines PKW oder ähnlichem einfach gegen den Bordstein gebrettert, aufs Pflaster geknallt und war tot.« Einer der merkwürdigen Todesfälle, mit denen sich die Kripo Euskirchen in Axel Kuffners Erzählung *Geil* herumschlagen muss. (in: Kramp, *Der Tod tritt ein*)

Kalterherberg

(NRW/Monschau; Stadtteil, 2600 EW.) Der Künstler Niklas Krauser »war vor zehn Jahren aus Aachen nach Kalterherberg gezogen, um intensiver malen zu können. In Aachen hatte er sich kein Atelier leisten können, in Kalterherberg war Platz genug in dem alten Fachwerkhaus mit Scheune, das bereits einmal als Pension genutzt wurde.« Im rauen Klima des Hohen Venn führt er ein bescheidenes und einfaches Leben. »Wissen Sie, diese Randlage hier am Ende der Zivilisation, wo kilometerweit Wald und Venn alles beherrschen, ist die reinste Inspirationsquelle für kreative Menschen. Hier wird jeder, der sich noch ein bisschen selber spürt, auf sich selbst zurückgeworfen. Dann kommt ein Thema, das existentiell und ehrlich ist. Damit kann man dann arbeiten«, erklärt er zwei Journalisten. Er plant eine gemeinsame Kunstaktion der Orte Monschau, Eupen und Bütgenbach, eine Aktion, die Menschen an ihre Grenzen führen soll. Bald mehren sich in Ingrid Peinhard-Frankes Geschichte *Dünner Boden unter den Füßen* die Leichen, die künstlerisch verarbeitet werden. (in: Kramp, *Der Tod tritt ein*) – In Hubert vom Venns Kriminalroman *Die Hand im Moor* sucht der Köhler Schriver »im Venndorf Kalderherberich (...) immer das Haus des Pfarrers auf. Dieser berichtete neugierigen Fragern unwirsch, daß er dem armen Teufel was zu essen geben würde – nicht wenige hatten aber gesehen, daß der ›schwarze Mann‹ immer einige Bücher unter dem Arm trug, wenn er das Pfarrhaus betrat und verließ. Sollte der Pfarrer etwa mit dem schwarzen Teufel aus dem Venn unter einer Decke stecken?« Der Köhler ist dem überwiegenden Teil der Vennbewohner unheimlich. Man hängt ihm an, auf einem Spieß womöglich ein Kleinkind zu grillen.

Kolvenbach

(NRW/Bad Münstereifel; Stadtteil, 68 EW.)
Im kleinen Örtchen K. befindet sich das Firmengelände des Holzhändlers Wassong. Werner Wassong ist der Vater von Ricarda, der Lebensgefährtin des ermordeten Landstreichers Mikesch. In seinem luxuriösen Privathaus am Rande des Dorfes kommt es am Ende des Kramp-Krimis *Der neunte Tod* zu einer letzten, dramatischen Auseinandersetzung zwischen Vater und Tochter, die beinahe einen tödlichen Ausgang nimmt.

Kommern

(NRW/Kreis Euskirchen; Gemeinde Mechernich; insgesamt 25000 EW.) Im Deutsch-Belgischen Naturpark gelegen. Ortsteil von Mechernich. Alter Dorfkern mit liebevoll restaurierten historischen Fachwerkbauten. Das Rheinische Freilichtmuseum ist ganzjährig geöffnet.
Auf der Suche nach einem Serienmörder in der Nordeifel parken Herbie und Nina auf dem Parkplatz beim **Kommerner See:** »Das künstliche Gewässer lag lauwarm und tiefschwarz auf der rechten Seite der Fahrbahn. Die Hitze hatte seinen Wasserspiegel sinken lassen, und es schien ihm Mühe zu bereiten, die hellen Lichter der angrenzenden Pizzeria einigermaßen strahlend zu reflektieren.« Während sie telefonieren, werden an ihrem Mercedes gefährliche Manipulationen vorgenommen ... (Kramp, *Spinner*) – Auf dem »Parkplatz des **Kommerner Mühlenparks**« verwischt in Ralf Kramps Kriminalerzählung *Unter allen Wipfeln ist Ruh'* der

Mörder Spuren, indem er das Auto seines Opfers verschwinden lässt, welches er vorher »inmitten der Abgeschiedenheit des riesigen winterlichen Kermeters« getötet hat. Mit einer Axt fällt Andres seinen Nebenbuhler Esser: »Dann schleifte er den Körper zum lichtlosen Spalt, der sich etwa einen Meter breit zwischen dem gewaltigen Wurzelwerk der Fichte und dem Waldboden auftat, und schob ihn hinein. Essers Leiche rollte ganz mühelos in die Schwärze der Vertiefung hinein und war für immer verschwunden.« (in: Kramp, *Kurz vor Schluss*) – »Als er auf der engen, von alten Fachwerkhäusern gesäumten **Hauptstraße** Kommerns fuhr, fiel ihm plötzlich ein, dass Frank Grommel eigentlich auch wissen könnte, wer Locke wirklich war.« Polizist Klaus Klein aus Mechernich ist Tatverdächtigen des mutmaßlichen Mordes auf der **Autobahntalbrücke Zingsheim** auf der Spur. (Rhiem, *Fallobst*)

Kornelimünster

(NRW/Aachen; Stadtteil, 3700 EW.) Wallfahrts- und Fremdenverkehrsort. Hervorgegangen aus einer Klostergründung durch den hl. Benedikt von Aniane am Indebach im Jahre 814. Historischer Ortskern mit denkmalswerten Häusern.
Kurt Lehmkuhls Krimi *Mörderische Kaiser-Route* führt von Paderborn nach Aachen, dabei auch nach Langerwehe, Schevenhütte, Vicht, Breinig und K.: »Mein Vorschlag, in Kornelimünster, der idyllischen Zugabe der Karolinger zur Aachener Zentrale, die letzte Übernachtung einzulegen«, wird wegen der Nähe zu Aachen abgelehnt.

Blutspur – Das Krimi-wochenende in der Eifel

Als die ersten Hobby-Ermittler im Jahr 1996 an einem Krimiwochende der Agentur Blutspur im Burgdörfchen Kronenburg teilnahmen, ahnte niemand, wie erfolgreich sich dieses kriminalistische Freizeitvergnügen im Laufe der Jahre entwickeln würde. Seither legen die Veranstalter Wilhelm Schäfer und Ralf Kramp mehrmals im Jahr dekorative Leichen in die Landschaft und präsentieren ihren Gästen knifflige Kriminalfälle, die es von Freitagabend bis Sonntagmittag zu lösen gilt. Im »Ermittlungszentrum« des Hotels laufen die Fäden zusammen. Hier werden Fahndungsakten studiert und Verdächtige verhört. Falsche Fährten führen durch die Eifellandschaft, windige Zeugen gilt es zu befragen, und eine Verhaftung zum Abschluss krönt die erfolgreiche Ermittlungsarbeit. Der Fall und auch der Schauplatz wechseln jährlich, so dass auch die »Wiederholungstäter« stets etwas Neues erwartet.

Agentur Blutspur
Blankenheimer Straße 46, 50937 Köln
Tel.: 0221/941 94 79, Fax: 0221/941 94 83
www.blutspur.de

Kronenburg

(NRW/Kreis Euskirchen; Ortsteil der Gemeinde Dahlem; 460 EW.) Anerkannter Erholungsort mit Stausee, Ferienpark und malerischem Burgdorf auf einer Bergkuppe über dem Tal der Kyll. Professor Peiner gründete hier Anfang der 30er Jahre seine berühmte »Meisterschule der Malerei« (1938–1945). Der Burgbering stammt aus dem 13./14. Jahrhundert.

Herbie Feldmann fährt von Bad Münstereifel nach K. Der am **Holzmaar** ermordete Maler Hermann Delamot hatte hier einst die Malerschule besucht. Herbie findet ein Dorf mit strittiger Vergangenheit vor: »Kronenburg war ein zweigeteiltes Dorf: Der eine Teil lag unten im **Kylltal** und wurde flankiert von einem großen **Stausee**. Der ältere Teil befand sich innerhalb des alten **Burgberings** und an dessen Außenseite auf dem **Bergrücken** hoch über dem Tal. Als idyllischer Malerwinkel war der kleine Ort weit über die Grenzen der Region bekannt. Und in diesem Zusammenhang hatte er am Rande auch durchaus traurige Berühmtheit erlangt: Im Dritten Reich hatte Professor Werner Peiner die Ausbildungsstätte für Monumentalmalerei aus Düsseldorf hierher verlagert, in die stille Abgeschiedenheit der Eifel. Hermann Göring war von Peiners Blut- und Boden-Malerei derart angetan, dass die Schule nach einem persönlichen Besuch das Prädikat ›**Reichs-Malerschule Hermann Göring**‹ erhielt. Herbie hielt die Zeitung in der Hand und plauderte munter drauflos, als er durch das **steinerne Tor** spazierte. Kein Mensch war weit und breit zu sehen. Nur ein paar holländische Touristen machten Kaffeepause auf einem Treppenabsatz.« Im Burgbering besucht Herbie die schöne, rotmähnige Deborah Delamot, die letzte Frau des ermordeten Malers. (Kramp, *Malerische Morde*) – »Sie mußte nachdenken und das konnte sie am besten an ihrem Lieblingsplatz am Kronenburger See. (...) Sie liebte diesen Platz. Die Natur hier war wie die Menschen in der Eifel: robust, im Winter verschlossen und im Sommer sich von der besten Seite zeigend.« Die 35 Jahre alte Paula pflegt in einem alten Fachwerkhaus mit Turmzimmer den Kunsthistoriker Prof. Richard Grünwald und bekommt dabei seltsame Mordphantasien – in der Kriminalerzählung *Heimat verpflichtet* von Karin Tränkner. (in: Berndorf, *Jürgen würgen*) Inspiriert wurde Tränkner zu dieser Geschichte anlässlich ihres Besuchs eines **Blutspur**-Wochenendes, das hier in Kronenburg im Jahr 1996 zum allerersten Mal durchgeführt wurde.

Mahlberg

(NRW/Kreis Euskirchen; Stadtteil von Bad Münstereifel; 645 EW.) Liegt am Westabhang des Michelsbergs. Wintersportgebiet.
In M. bemerken die Mitglieder der Gruppe »Schwarzes Kleeblatt«, die mit ihren Fahrrädern unterwegs sind, dass sie von Steves Motorradgang verfolgt werden. Sie sind auf dem Weg zum **Michelsberg** (»Obendrauf gibt es eine Kapelle, von deren Turm man rundum über die Eifel gucken kann«), wo sich in einem alten Bauwagen der frühere Bankräuber »Goldfinger« versteckt hält. (Kramp, *Wenn Goldfinger rauskommt*)

Mechernich

(NRW/Kreis Euskirchen; 25000 EW.; 44 Ortsteile) Im Deutsch-Belgischen Naturpark gelegen. Zentralort und Garnisonsstadt mit einem Kreiskrankenhaus. Die Stadt ist keltisch-römischen Ursprungs. 1308 erstmals urkundlich erwähnt. Die Stadtgeschichte ist geprägt vom jahrhundertelangen Bergbau am und im Mechernicher Bleiberg. Mechernich erhielt 1975 Stadtrechte.
In Mechernich-Glehn wohnte lange Jahre der Eifelkrimi-Autor Ralf Kramp. Sein erster Herbie-Feldmann-Krimi *Spinner* beginnt in M. In einem alten Fabrikgebäude »in der Nähe des Mechernicherer **Bahnhofs**« wird ein Künstler tot an einem Kreuz aufgefunden, im ersten Stock, »hinter der halb geschlossenen Stahltür mit der Aufschrift ›Halle 2‹«. Eine grausige Tat des Serienmörder »Der Motzer«, der auf einem Zettel fordert: »Ans Kreuz mit den modernen Künstlern!« – Um Leute, die auf Telefonapparate schießen, geht es in Ulrich Mehlers krimineller Geschichte *Telekom oder Schießen Sie bitte nicht auf die Apparate*. Scharf geschossen wird auch in M. und im Nachbarort **Bleibuir**. Hier lebt Ulrich Mehler. Im Ortsteil **Lückerath** wohnt Manfred Lang mit seiner Familie. (in: Kramp, *Der Tod tritt ein*) – Der »Dorfpolizist« Klaus Klein lebt und arbeitet in M. Er hilft maßgeblich, den Fall der mysteriösen Leiche unter der **Autobahntalbrücke Zingsheim** aufzuklären. In M. betreibt Irene Nachtheim eine Imbissbude. Vormittags arbeitet sie im Rathaus. Sie kennt die »Täter« und Beteiligten der nächtlichen Brückenaffäre. (Rhiem, *Fallobst*)

Sechs Gewehrschüsse - im tiefen Bett der Rur stirbt Jakob Driesch durch Mörderhand

Monschau

(Kreis Aachen; 13400 EW.; mit den Stadtteilen Höfen, Imgenbroich, Kalterherberg,
Konzen, Mützenich und Rohren) Maleri-
sches Städtchen im Tal der Rur, am Rande des Hohen Venn gelegen. Historischer
Stadtkern mit schieferverkleideten Fachwerkhäusern. 1198 erstmals urkundlich
erwähnt. Sehenswert: die katholische
Pfarrkirche St. Mariä Geburt aus dem Jahre 1649/50; die alten Häuser in der Kirchstraße, u.a. mit dem »Roten Haus« (1756
von dem Begründer des Monschauer Fein-
tuchgewerbes Scheibler erbaut); die Burg,
der Hallerturm auf dem Felsvorsprung des
Rahmenbergs, die historische Senfmühle,
das Brauerei-Museum, das römische Glas-
museum, Sommerbobbahn, Fotographica
und Filmmuseum.

Krimi-Steckbrief:
Rot, blutrot ist Monschaus
Scheiblerhaus, das herausragen-
de Wahrzeichen der malerischen
Tuchmacherstadt. Rot, blutrot
ist zuweilen auch das Wasser
der Rur, die sich in engem Fel-
sental windet, vorbei an alten
Fachwerkhäusern und Brücken, an
Ecken und Winkeln, an Treppen
und Steigen und Höfen und Gärt-
chen. Wenn Schüsse an den Tal-
wänden hallen, wenn Verfolgte durch den Fluss um ihr Leben
rennen, auf geheime Gänge zu
... Dann fallen blutige Schatten auf die malerischsten Tal-
idyllen. Und vom alten Burgring
schaut man in die Ferne auf
eine schaurige Hand im Moor ...

Die Rur

»Wie war Driesch in den Fluss gekommen?«, heißt es im ersten Satz von Berndorfs Krimi *Eifel-Sturm*. Gemeint ist die Rur, die durch Monschau fließt: »Egal, er war im Wasser, er hetzte flussabwärts durch die Schlucht, die **die alten Monschauer Handwerkerhäuser** bildeten. Nur wenige Stunden zuvor waren noch Tausende von Touristen über die **beiden Brücken** geschlendert, die dicht nebeneinander das Wasser der Rur überspannten – links, wenn man vom Markplatz kam, die **Straßenbrücke**, rechts die **Fußgängerbrücke**, die zur **evangelischen Kirche** führte. Jetzt, in der Dunkelheit, war Driesch mutterseelenallein. Nein, nicht ganz allein. Denn da lief hinter ihm sein Mörder, dicht hinter ihm.« In jener Nacht wird der Bundestagsabgeordnete Jakob Driesch, Experte für Landwirtschaft und Windenergie, mit sechs Schüssen in der Rur erschossen. Ein Mord, der für Siggi Baumeister eine Lawine von Fragen auslöst: »Wie ist er in den Fluss gekommen? Und vor allem, warum? (...) Es gibt Hunderte Winkel und Ecken, die Stadt ist uralt. Innenhöfe, Hauseingänge, Durchlässe, schmale Steigen, Treppen; immer wieder kleine Gärten im Steilhang. Er hatte tausend Möglichkeiten, der Beschießung auszuweichen. Warum also flüchtete er in den Fluss? Der Fluss liegt drei Meter tiefer als die Stadt, an manchen Stellen mehr. Der Fluss ist der schlechteste aller Fluchtwege.« Den Tatort sucht Baumeister auch einmal in der Nacht auf: »Die Nacht war hereingefallen, die kleine Stadt wirkte sehr friedlich. Der **Markplatz** war fast leer, nur zwei, drei kleine Gruppen von Jugendlichen standen zusammen und unterhielten sich. Wir erreichten die Windung der schmalen **Rurstraße**, etwa hundert Meter vor den Brücken. (...) Zwischen der **evangelischen Kirche** und dem nächsten Gebäude war eine ganz schmale, uralte kleine Gasse. Dort befand sich ein **dreieckiges Gebäude**, an dessen einer Seite der **Laufenbach** in die Rur mündete. Dann kam der Bach, dann das **Rote Haus**. Offensichtlich war unser Ziel **das dreieckige Gebäude**, dessen Spitze wie ein Messer auf den Lauf der Rur deutete. Das Gelände drum herum war abgesperrt und die wenigen Passanten wurden gebeten, einen anderen Weg zu benutzen, der oberhalb am Hang verlief.« Baumeister sieht sich das Haus genau an: »Das Haus war dreistöckig und das Erdgeschoss erschien von außen so, als wohne niemand darin. Aber oben an den Fenstern hingen Gardinen. Ich schlenderte zu der offen stehenden Haustür. Es gab eine Klingel, aber keine Namensschilder. Das Gebäude wirkte baufällig und die Grundfläche sehr klein. Möglicherweise befanden sich auf jeder Ebene zwei Räume, vielleicht zusätzlich eine Küchenecke, eine Toilette. Viel mehr konnte nicht hineinpassen. Der Gedanke, dass es einen Zusammenhang zwischen Jakob Driesch und diesem Haus gab, schien grotesk. Eher konnte man sich vorstellen, dass hier Jugendliche, die sich ein paar Joints beim örtlichen Dealer besorgt hatten, in einem der Räume bei Kerzenlicht hockten und sich ihren Träumen überließen.« Auch Kommissar Kischketwitz meint: »Da drin würde nicht mal ein Penner freiwillig den Winter verbringen.« Baumeister betritt das Haus: »Die Haustür war aus Eiche, offensichtlich sehr alt, und wies im oberen Teil einige kunstvolle Schnitzereien auf.« An der pilzbefallenen Außenwand zum Laufenbach steht ein himmelblaues Wasserbett. Links neben den Wasserbetten öffnet sich eine schmale Tür zu einem geheimen Abstieg zur Rur: »Das Wasser schäumte grellweiß über die Steine, es lagen einige alte Bierdosen und Colaflaschen herum, dazu die obligaten Reste von Papiertaschentüchern, Plastikumhüllungen von Erfrischungstüchern, Bonbonpapiere. Touristen sind in der Regel arglos, sie schmeißen weg, was sie nicht mehr brauchen, und sie schmeißen es dort weg, wo es ihnen in den Kram passt. Von meinem Standpunkt bis hinunter auf die Ebene des Laufenbachs waren es gut anderthalb Meter. Aber direkt unterhalb der **Tür** waren **drei Stufen** aus schiefrigem Basalt gebaut, die einen bequemen Abstieg ermöglichten. Jakob Driesch konnte hier herausgesprungen sein. Und wahrscheinlich war dieser Zugang sein Ziel gewesen, als er durch den Fluss rannte, um dem Killer zu entkommen. Viel hatte nicht gefehlt, dreißig Meter noch und er wäre in Sicherheit gewesen.« Das Haus hatten Driesch und Annette von Hülsdonk als Liebesnest benutzt.

Was findet sich im »dreieckigen« Haus?

+++ Krimi-Telegramm +++
Die Zyankali-Mörderin Jessica Born in Berndorfs Krimi *Eifel-Rallye* ist in M. geboren: »Unser Blondchen ist eine richtige Räuberbraut. Vater unbekannt, Mutter Alkoholikerin. Jessica wurde 1965 in **Monschau** geboren. Die Mutter starb in einem Alkoholdelirium, als das Kind zwölf war. Sie kam in ein Kinderheim im Westerwald.« +++ Im M.er **Café Kaulard** ringt Siggi Baumeister mit Emma und Rodenstock um Lösungsmöglichkeiten für den vertrackten Mordfall Driesch, Befürworter einer großen Windkraftanlage in Hollerath. (Berndorf, *Eifel-Sturm*) +++ Im **Saal des Auklosters** findet eine Anhörung zum Mordfall Driesch statt. (Berndorf, *Eifel-Sturm*) +++ Der Mann, der in der niedergebrannten Scheune von Huppenbroich ermordet aufgefunden wird, ist von Rechtsradikalen in M. umgebracht worden (Lehmkuhl, *Blut klebt am Karlspreis*) +++ In ihrem Elternhaus in M. vergiftet der »Valentinstagmörder« am 14. Februar 1998 Maria Wolfert. Die Schriftstellerin Saskia Mont aus Aachen ermittelt. Dabei trifft sie sich zu einem Hintergrundgespräch in der »Alten Herrlichkeit« in M. und sucht wiederholt den Tatort auf. Der Maler Carlo Römer wohnt jetzt in dem Haus der Maria Wolfert. In Wirklichkeit heißt er Karl Eckmann, stammt aus Heidelberg und ist der Bruder von

Dieter Eckmann alias »Dieter Ecker«, dem lang gesuchten »Valentinstagmörder« und Kinderschänder, der sich in diesem M.er Haus versteckt hält. (Kieffer, *Der Valentinstagmörder*) +++ In Hubert vom Venns historischem Eifelkrimi *Die Hand im Moor* wird das **Kloster Richwinstein** bei M., »das über viele Jahre im Tal der Roer im süßen Schlaf gelegen hatte, (...) plötzlich zum Mittelpunkt der großen Politik und des Weltgeschehens«. Eine französische Edeldame, die von den Männern nur ehrerbietend als »Königin« angesprochen wird, taucht dort anonym unter. Bei dem »Kloster Richwinstein« handelt es sich um ein ehemaliges Prämonstratenserkloster, das von 1137 bis 1802 bestand. Das heutige »Gut Reichenstein« geht auf dieses Kloster zurück. +++ Der jüdische Maler Johan Moyses aus M. zieht sich zur Zeit der Inquisition aus Sicherheitsgründen in das Hohe Venn zurück: »No, ich sage Euch auch ganz offen, warum ich eine Zeit hier oben im Venn leben möchte: Ihr wißt, ich bin Jude. Zwar läßt sich in Montjoie kaum einer etwas anmerken, aber die Kinder rufen mir auf der Straße oft unschöne Worte hinterher.« (Hubert vom Venn, *Die Hand im Moor*) +++ Die Handlung der zweifelhaften Jacques-Berndorf-Verfilmung *Brennendes Geheimnis*, basierend auf *Eifel-Schnee*, wurde aus der Vulkaneifel nach M. und Umgebung transportiert. +++ Ein gänzlich anderes M. schildert Hubert vom Venn in seinem komödiantischen Kurzkrimi *Auf der Suche nach dem verlorenen Koch*, in dem sich die Privatdetektivin Fox im Auftrag des Marquese di Bardolino auf die Suche nach einem verschollenen Luxuskoch macht: »Wie Sie wissen, hat sich Monschau in den letzten Jahren zum gesellschaftlichen Mittelpunkt der Schönen und Reichen entwickelt. Direkt nach den Filmfestspielen von Cannes eilt die Szene in die Eifel. In der diskreten Mittelgebirgs-Metropole treffen sich die Millionäre (...), um ungestört die Seelen baumeln und die Kreditkarten qualmen zu lassen: Tom Hanks und Henry Kissinger zieht es ins Hohe Venn, Ron Sommer und Gunilla von Bismarck spielen Mini-Golf im Zentrum der Stadt, Jane Fonda donnert auf der Easy-Rider-Maschine ihres Bruders Peter die Serpentinen runter, während Rudi Assauer, Mel Gibson und Bruno Banani mehrmals täglich eine ›Clubmaster‹ in dem örtlichen Luxus-Tabakladen ordern ... Wie Sie den Wartezimmer-Publikationen Ihres Arztes und Nebenwirkungsberaters entnehmen konnten, kann man in den zahlreichen Monschauer Bars Schöne wie Anna Kournikova, Laetitia Casta, Penelope Cruz, Monica Bellucci oder Adriana Karembeu vor Pommery, Bollinger, Eifeler Landbier, Tattinger Brut oder einem Daiquiri sitzen sehen. Die Monschauer Luxushotels wie das ›Friz‹, das ›Negeresko‹ und das ›Castor‹ sind im Sommer immer ausgebucht, bequemerweise haben sich einige Jet-Setter bereits vor Jahren einen der zahlreichen Luxus-Palazzi an der Rur gekauft. Auf dem kleinen Flughafen ›Airport Hautes-Fagnes‹ in Mützenich landen im Sommer die Privatmaschinen, aus denen taftwetterfeste Schöne nur einen kurzen Weg zum bereit stehenden Rolls Royce haben.« (in: Kramp, *Frühling, Sommer, Herbst und Mord*)

Mützenich

(NRW/Kreis Aachen; Ortsteil von Monschau; 2100 EW.) Venndorf am Rande des Hohen Venn. Zweimal als »Golddorf« im Wettbewerb »Unser Dorf soll schöner werden« ausgezeichnet.

Die Landtagsabgeordnete der Grünen, Wilma Bruns, findet man tot in einem Moorweiher im Hohen Venn bei Mützenich. Baumeister eilt zum Leichenfundort, von Rodenstock dirigiert: »Du fährst durch Mützenich durch weiter auf der Straße nach Eupen. Kurz nach dem Ortsausgang ist rechter Hand ein Parkplatz. Dort parkst du und überquerst die Straße. Du kommst auf einen schmalen Pfad. Dann siehst du uns schon. Es sind belgische Kollegen da.« (Berndorf, *Eifel-Sturm*) – Der historische Kriminalroman *Die Hand im Moor* spielt im Hohen Venn nahe M. Hubert vom Venn, Autor dieses Romans und Kabarettist, lädt immer wieder erlebnishungrige Touristen zu inszenierten Vennwanderungen ein, in denen er Schauriges aus seinen Romanen und aus der Historie der Grenzlandschaft zum Besten gibt.

Stets bewaffnet: Hubert vom Venn

Nettersheim

(NRW/Kreis Euskirchen; Gesamtgemeinde 7500 EW.) Im Deutsch-Belgischen Naturpark gelegen. Verwaltungssitz der Gemeinde ist Zingsheim. Der Ortsteil Nettersheim (1513 EW.) ist ein Erholungsort mit vielen Fachwerkhäusern. Sehenswert: das Naturschutzzentrum mit Informationshaus »Alte Schmiede«.

Von N. gehen Herbie und Nina zu Fuß zu einer (fiktiven) Wassermühle, der **Heydsmühle**. Dabei passieren sie eine alte **Kalkbrennerei** und die einsamen Winkel der **Urftaue**. N. wird beschrieben als eine Gemeinde, »der eine idyllische Lage und eine liebevolle Restaurierung des alten Ortskerns einen altertümlichen Charme verliehen, der Menschen von nah und fern anzog. Ein auf zwei Bergrücken verteiltes, riesenhaftes Neubaugebiet zeigte, daß es viele nicht nur auf einem Spaziergang entlang der alten römischen Wasserleitung von Trier nach Köln hierherführte, sondern daß Autobahnnähe und reizende Umgebung sie längst dazu bewogen hatte, ganz hierherzuziehen, und fortan Köln nur noch als Berufspendler zu besuchen.« – Mit dem Bau eines Puffs, gegen den die Bevölkerung Sturm läuft, engagiert sich die Kölner Unterwelt im N.er Neubaugebiet: »Die Straße führte geradewegs zu einem großen Neubaugebiet, das in den letzten Jahren Felder und Äcker verschlungen und sich den gesamten Berghang einverleibt hatte. Legoland hieß es bei den Einheimischen, weil die Häuser, keines wie das andere, kunterbunt zusammengewürfelt, stilistisch fernab der historischen Bausubstanz des Kernorts dorthin ge setzt worden waren.« Hier oben wollen Kölner Investoren aus dem Rotlichtmilieu einen »Landpuff« etablieren. Als Herbie versucht, sie auszuspionieren, gerät er in arge Bedrängnis. (Kramp, *Der neunte Tod*) – Die Försterstochter Anna Hontheim, Tierpräparatorin von Beruf, arbeitet auch für das **Naturkundezentrum** in N. In der Tiefkühltruhe ihres Forsthauses findet der Ich-Erzähler einen ermordeten Griechen, in Plastikfolie gehüllt, inmitten tiefgefrorener Tierkadaver. Leiche Nummer drei im nicht näher genannten Eifeldorf nahe Schleiden. (Kramp, *Still und starr*)

Nideggen

(NRW/Kreis Düren; 9400 EW.) Stadt im oberen Rurtal, mit den Stadtteilen Abenden, Brück, Nideggen, Rath und Schmidt. Gelegen im Naturpark Nordeifel und im Deutsch-Belgischen Naturpark. Der Stadtteil Nideggen beherbergt das Burgenmuseum der Eifel.

Günter Kriegers Mordgeschichte *Finsternis* spielt auf der Burg Nideggen im Jahre 1355. (in: Krieger, *Ein Schnitter namens Tod*) Erzähler ist Dietrich, Stallmeister auf Burg Merode. Ein Posten, dem er dem Dorfherrn Mathäus verdankt, einem bekannten »Verbrechensaufklärer«. Als er mit einer Schriftrolle nach N. reiten soll, wird er Zeuge eines Mordes ...

Nöthen

(NRW/Kreis Euskirchen; Ortsteil von Bad Münstereifel, 800 EW.)
In N. lauert Holzgroßhändler Wassong dem Freund seiner Tochter, »Mick«,

auf. Hier belauscht auch Herbie einen Gangster der Kölner Unterwelt, der von einer alten Bruchsteinscheune aus telefoniert, und in eben dieser Scheune findet Herbie auch die gestohlenen Möbel seiner Tante Hetti aus Bad Münstereifel. Kommissar Baldus' nervtötender Assistent Zettelmeyer wird kurze Zeit später gewaltsam gezwungen, hier eine kalte Winternacht in Gefangenschaft zu verbringen. (Kramp, *Der neunte Tod*).

Nonnenbach

(NRW/Kreis Euskirchen; Ortsteil der Gemeinde Blankenheim)
In einer Kurve bei N. wird die Boutiquenbesitzerin Marita Heims aus Blankenheim Opfer eines Unfalls, der sich als Mordversuch herausstellt. Ihr Freund war kurz zuvor im Bundeswehrdepot Hohbach erschossen aufgefunden worden. Marita Heims überlebt schwer verletzt. Sie wird in die Klinik in Blankenheim gebracht. Bauer Alfred birgt mit Unimog und Tieflader das Autowrack und bringt es in seine große Scheune nach Berndorf. (Berndorf, *Eifel-Blues*)

Reetz

(NRW/Kreis Euskirchen; Gemeinde Blankenheim; 381 EW.)
Die Eifelgemeinde »Hohbach«, im Berndorf-Krimi *Eifel-Blues* acht Kilometer vom Vulkaneifel-Dorf Berndorf entfernt angesiedelt, ist frei erfunden. Das **Munitionsdepot** »Hohbach« steht im Mittelpunkt dieses ersten Eifel-Krimis von Jacques Berndorf. Als Vorbild diente die ehemalige Raketenabwehrstation

Schafe und Scharfschützen tummeln sich im verlassenen Munitionsdepot bei Reetz

bei R., heute eine Ruine aus den Zeiten des Kalten Krieges. Ein Dreifachmord rückt das Depot in den Blickpunkt der Öffentlichkeit. In einem Bundeswehrjeep sitzen tot ein Bundeswehrleutnant und eine junge, hübsche Frau – beide erschossen. Im nahen Farnkraut liegt tot eine Dame aus dem Kölner Rotlichtmilieu. Im Munitionsdepot soll es laut Dorf-Gerüchten unterirdische Tanks für Gas geben oder »Rucksack-Atombomben«. Die Bezeichnung »Säuferkompanie« ist fest eingebürgert: »Ein Depot am Arsch der Welt. Die Männer langweilen sich zu Tode. Ich habe da mal mitten in der Woche Holz hingefahren. Die waren alle besoffen. Das ist doch ein Scheißjob ist das«, ereifert sich Bauer Alfred in der Wirtschaft von Manni Kappes. Der Tatort wird von Baumeister präzise beschrieben: »Aus dem Depot heraus führt eine schmale Asphaltstraße zur Bundesstra-

ße. Ungefähr zweitausend Meter lang, würde ich schätzen. Sie steigt langsam an. Etwa dreihundert Meter vom Tor des Depots entfernt führt nach links ein Waldweg in ein Gehölz. Buchen, sehr hohe Stämme rechts, Ginster, Birken und Erlen links. Dieser Weg ist der Tatort. Und zwar ziemlich genau hundert Meter von der Straße entfernt.« Die Eifelgemeinde »Hohbach« hat laut Krimi rund 600 Einwohner, das Depot zählt rund 100 Bundeswehrsoldaten. Vor allem nachts fällt auf, was am Tag vielen Menschen verborgen bleibt: »Ich sah das Bundeswehrdepot hellerleuchtet in den dunkelbraunen und grünen Hügeln liegen. Die Luft war feucht und die starken Scheinwerfer tauchten die Wachtürme und den Zaun in ein gespenstisches Licht, in dem sanft blauer Nebel waberte. Es war ein Bild wie aus einem Horrofilm. (...) Tagsüber fuhren die meisten Menschen achtlos vorbei, sie sahen es nicht. Nachts mußten sie es sehen, es wirkte wie die gewaltige Bühne eines Freilichttheaters.« In der Nähe des Tatorts hat sich ein LKW aus der DDR verdächtig gemacht – ein Hinweis auf die schon historisch gewordene Entstehungssituation des ersten Eifel-Krimis von Jacques Berndorf. *Eifel-Blues* ist bis heute Berndorfs auflagenstärkster Kriminalroman (25 Auflagen, rund 130.000 Exemplare). – Herbie Feldmann weiß nicht, wohin ihn die finsteren Gestalten fahren, die ihn in Nettersheim in den Mercedes geladen haben und nun mit ihm durch die winterliche Eifel kurven. »Als die Straße einen Schlenker machte, bogen sie nicht links ab, um weiter in Richtung Reetz zu fahren, sondern sie lenkten den Wagen geradeaus weiter. Und dann tauchte plötzlich ein stählernes Geripp aus der Finsternis auf. Der Wachturm der ehemaligen Raketenabwehrstation zeichnete sich stählern und kalt gegen die Finsternis ab. In diesem Moment wusste Herbie, wo sie sich befanden. Diese Anlage war auf keiner Karte verzeichnet. Über fünfundzwanzig Jahre lang hatten hier dreiundzwanzig Bodenabwehrraketen darauf gewartet, dass irgendwann einmal Flugzeuge des Warschauer Pakts vorbeigedüst kommen würden.« Was Herbie nun auf dem verwaisten Gelände erlebt, ist ein Albtraum. Nackt bis auf die Unterhose wird er von seinen Peinigern durch die winterlichen Ruinen gehetzt. »Ein Schuss peitschte zu seinen Füßen auf den Asphalt, und Her-

bie erkannte, dass die Diskussion beendet war. Langsam zog er seine Jacke aus und hielt sie weit weg vom Körper in der Rechten. Der Affe nahm sie und schleuderte sie, ohne eine Miene zu verziehen, hinter sich ins Dunkel. An der Wand einer Baracke konnte Herbie ein Graffiti entziffern: ›No one gets out here alive!‹« (Kramp, *Der neunte Tod*) Herbie stolpert frierend zwischen Trümmern und Schafen umher, die hier ihr Winterquartier gefunden hatten. Ganz in der Nähe, in den Parkbuchten entlang der Bundesstraße findet sich seit ein paar Jahren eine stetig wachsende Anzahl von **Wohnmobilen**, in denen aus Wittlich stammende Prostituierte ihre durchreisenden Freier empfangen. Bei einer von ihnen findet Herbie schließlich nach der frostigen Hetzjagd Wärme und Geborgenheit.

Reifferscheid

(NRW/Kreis Euskirchen; Ortsteil der Gemeinde Hellenthal; 600 EW.) Im Deutsch-Belgischen Naturpark gelegen. Wahrzeichen: die mittelalterliche Burg Reifferscheid mit Bergfried und Kirche.

Herbies Rettung: das horizontale Gewerbe

77

Der Bergfried der Ruine Reifferscheid

Im historischen Euskirchen-Roman *Im Höllenturm* von Maria Kastellitz unternimmt die junge Helena mit ihrem Mann eine Zugfahrt nach Reifferscheid: »›Warst du schon mal in Reifferscheid?‹ fragte er mich. ›Nein.‹ ›Ein verschlafenes kleines Nest auf einem Fels, an dem die schmucken Fachwerkhäuschen geradezu zu kleben scheinen. Eine Burgruine gibt es da auch. Was meinst du? Wollen wir dort hinfahren?‹ Ich wollte! Wollte alles! (...) Am Mittag erreichten wir das verschlafene Nest. Hans hatte nicht zu viel versprochen. Ein Fachwerkhaus pappte neben dem anderen an einem Fels zusammen zu einem Mauerring, der sich um das Örtchen zog. Eine **enge Gasse** wand sich hinauf zur alten **Burgruine**, die uns verspielte Abenteurer mit ihren Mauern, Türmen und Treppen zu einer Kletterpartie einlud. Es gab nur ein winziges **Gasthaus** im Ort, in das wir einkehrten. Überrascht stellte ich fest, daß wir die einzigen Gäste waren. Wir ließen uns an einem Tisch nahe dem Ofen nieder und

genossen die Wärme, die dieser abgab.« (Kastellitz, *Im Höllenturm*)

Roetgen

(Kreis Aachen; 7800 EW.; Gemeindeteile Mulartshütte, Roetgen und Rott) Erholungsort im Deutsch-Belgischen Naturpark, am Luvabhang des Hohen Venn. Umgeben von einem der größten zusammenhängenden Waldgebiete des Landes Nordrhein-Westfalen. Dauerhaft besiedelt erst seit dem Hoch- und Spätmittelalter. Sehenswert: Dreilägertalsperre, am Ortsausgang Richtung Stolberg gelegen (fasst 4,3 Mio. Kubikmeter Wasser).

In R. residiert »in einem Haus, das wie eine Mischung aus Tegernseer Landhaus und Gelsenkirchener Barock wirkte«, Dr. Ludger Bensen. Er soll für den in Monschau ermordeten Abgeordneten Jakob Driesch in den Bundestag einziehen. Baumeister und Rodenstock suchen ihn auf. (Berndorf, *Eifel-Sturm*) – Die Polizeistation R. ist 15 km Luftlinie von dem fiktiven Ort »Kappenscheidt« entfernt, Hauptschauplatz der »Tatort Grenzland«-Krimis von Brigitte Commichau. – In R. lebt **Hubert vom Venn**, Autor und Kabarettist, mit seiner Familie. Seine Ehefrau **Ingrid Peinhard-Franke** ist journalistisch tätig und auch aus ihrer Feder fließen von Zeit zu Zeit Kurzkrimis. – Im Kurzkrimi *Und dann gibt es kein Zurück* lässt Autor Stamos Papas einen Patriarchen seine letzte Reise in R. antreten: »Bei der Beerdigung war das halbe Dorf versammelt. Der Stammtisch, der Schützenverein, der Karnevalsverein. Ihr Chef, Dr. Meyer, hat ihr auch kondoliert. Ach ja, kurz nach Hamburg hat sie in der

Apotheke an der Vennbahn gearbeitet. In der Apotheke wurde nie etwas vermisst. ›Tyrannenmord‹ war in der Antike nicht moralisch verwerflich, schon gar nicht strafbar, dachte sie. ›Es war die Pflicht eines jeden Bürgers.‹« (in: Kramp, *Frühling, Sommer, Herbst und Mord*)

Rursee

Der Rursee zählt mit Obersee und Urftsee zur Rurtalsperre Schwammenauel (Fassungsvermögen 205 Mio. m³ Wasser) und wurde in einer ersten Bauphase von 1934 bis 1938, in einer zweiten von 1955 bis 1959 erbaut. Wassersportmöglichkeit.

In einem alten Fachwerkhaus »in einer höchst malerischen Umgebung in der Nähe des Rursees« trifft die Aachener Schriftstellerin Saskia Mont auf ihre mörderische ehemalige Klassenkameradin Irmgard. Wenig später nimmt sich die Mörderin das Leben: Sie schneidet sich die Pulsadern auf. (Kieffer, *Tödliches Klassentreffen*) – »Klaus-Dieter hatte sich jenen Freitag freigenommen und war mit Sohnemann Carsten zum Fischen auf die Liebesinsel im Rursee gefahren«, heißt es zu Beginn der Erzählung *Lotto* von Gisela Blümmert (in: Kramp, *Der Tod tritt ein*). In dieser Zeit wird in ihrem Haus in einem Voreifeldorf ein Computer mit einem System zur Berechnung von Lottozahlen gestohlen. – Der Kriminalroman *Wohin mit dem Kopf* von Heinz Küpper spielt an einer Talsperre im Raum Aachen, im Dreiländereck. Vorbild ist ganz offensichtlich die Rurtalsperre. Hier finden im Sommer 1957, als der Wasserspiegel stark gesunken ist, spielende Kinder Knochen und Schädel inmitten der Überreste eines versunkenen Dorfes und kommen einem Mörder auf die Spur. Ein alter Kleriker

Tief und unergründlich: der Rursee birgt so manches Geheimnis

wird zum Detektiv, und mit der Historie des Dorfes, das der Stauseeflutung zum Opfer gefallen ist, enthüllt sich die Geschichte eines heimgekehrten Nazis. Tatsächlich finden sich bei **Krummenauel** und bei **Pleushütte** die Überreste gefluteter Gehöfte auf dem Grund des Sees. Wenn man sich im Winter auf den zugefrorenen Obersee begibt, kann man sie in der Tiefe unter dem Eis entdecken. – Bei dem Krimi *Aus der Tiefe*, den Ralf Kramp anlässlich der NRW-Länderwoche der EXPO 2000 im Internet fortschreiben ließ, lockt ein anonymer Anruf den Hauptdarsteller Felser an das Ufer des R., an eine ihm wohlbekannte Stelle, in der sich in der Vergangenheit Schreckliches zugetragen hat.

Schleiden

(NRW/Kreis Euskirchen; Stadt Schleiden; 14500 EW.) Luftkurort im Deutsch-Belgischen Naturpark mit den Stadtteilen Dreiborn, Gemünd und Schleiden (6314 EW.), jeweils mit weiteren Ortsteilen. Der Stadtteil Schleiden ist der Sitz der Stadtverwaltung und Nebenstelle der Kreisverwaltung Euskirchen. Sehenswert: Schloss Schleiden mit ältesten Teilen aus dem 12. Jahrhundert.

Bei einem Banküberfall in S. werden 180000 DM erbeutet. Als Täterin stellt sich »die wilde Mathilde« aus **Pitscheid** heraus, Komplizin des berüchtigten Bankräubers »Goldfinger«. (Kramp, *Wenn Goldfinger rauskommt*) – In der Nähe von S. ist Ralf Kramps fünfter KBV-Krimi *Still und starr* angesiedelt. Der aus Köln zurückgekehrte Ich-Erzähler hat seine Mutter einst im **Krankenhaus** in S. besucht und ist auf

das **Gymnasium** in S. gegangen. – Um Leute, die auf Telefonapparate schießen, geht es in Ulrich Mehlers krimineller Geschichte *Telekom oder: Schießen Sie bitte nicht auf die Apparate* (in: Kramp, *Der Tod tritt ein*). Die Geschichte spielt auch in S. – In Axel Kuffners Erzählung *Geil* (in: Kramp, *Der Tod tritt ein*) tappt die S.er Kripo gleich in mehreren merkwürdigen Todesfällen im Dunkeln. Bis in die Nacht grübeln die Kripoleute »in der Kleinstadt an der Olef« über Akten, Fotos und Obduktionsberichten, zunächst ohne Erfolg. – Die Kripo Schleiden ermittelt im Falle der Leiche, die unter der Autobahntalbrücke Zingsheim gefunden wurde. Der ermittelnde »Dorfpolizist« Klaus Klein freut sich nicht sonderlich auf die wöchentliche Dienstbesprechung in S. (Rhiem, *Fallobst*) – In Raphaela Kehrens Kurzgeschichte *Kein Licht am Ende des Tunnels*, geht es um einen verschwundenen polnischen Arbeiter, der in einem Wohncontainer an seiner Arbeitsstelle am Schleidener Schloss gehaust hat. (in: Kramp, *Der Tod tritt ein*)

Steckenborn

(NRW/Kreis Aachen; Gemeinde Simmerath)

Vor der Kulisse einer »Sweat Lodge«, einer okkultisch angehauchten indianischen Schwitzhütte, entspinnt sich in Stamos Papas' Kurzgeschichte *Indianer in Steckenborn* ein finsteres Beziehungsdrama, das bei einem Reliquienraub im nahen Belgien einen überraschenden und leider tödlichen Ausgang nimmt. (Kramp, *Der Tod tritt ein*)

Zingsheim

(NRW/Kreis Euskirchen; Gemeinde Nettersheim; 850 EW.; In waldreicher Umgebung gelegen; Verwaltungssitz der Gemeinde Nettersheim.

Bei ihren Recherche-Fahrten durch die
Eifel fahren Herbie und Nina auch unter der Autobahnbrücke in der Nähe
von Z. durch, »die sich in zig Metern
Höhe monumental und bedrohlich
über das friedfertige Tal spannte. Ihr
Anblick rang Nina immer wieder ein
tiefes Gefühl der Bewunderung ab. Was
Menschen doch zu vollbringen imstande waren! Wenn sie nicht gerade andere Menschen umbrachten. Als sie
die gewaltigen Brückenpfeiler passierten, kamen sie sich klein und schutzlos
vor.« (Kramp, *Spinner*). Von dieser Autobahnbrücke will Ingrid Braubach in
der Heiligen Nacht ihren erschlagenen
Lebensgefährten hinunterstürzen, um
es als Selbstmord zu tarnen. So schildert es Ralf Kramp in seiner allerersten Kurzgeschichte *Totenstille Nacht.*
(Kramp, *Kurz vor Schluß*) – Auf der Suche nach dem Serienmörder »Der Motzer« statten Herbie und seine Cousine
Nina Herbies altem Freund Köbes einen Besuch ab. Köbes führt ein chao-
tisches Dasein inmitten seines Schrott-
platzes am Waldrand. Laute Filmmusik
dröhnt den ganzen Tag über das trost-
lose Terrain. Seine Frau Ulrike lebt nur
von Zeit zu Zeit an der Seite des trink-
freudigen, zotteligen Lebenskünstlers.
In Kramps Herbie-Feldmann-Krimis
ist er zumeist mit von der Partie. – Bei
Z. stürzt der Reporter Karl-Heinz Voß
in den Tod. Eine tückische Mordfalle
der alternden Schauspieler-Diva Eva

Bartholdy, die in der Eifel abgetaucht
ist, um Ruhe zu finden: »Eva Bartholdy überlegte, wann sie zum letzten Mal
dort gewesen war. Die ›**Donnermaar**‹ im
Wald versteckt zwischen Zingsheim
und **Keldenich**. Ein grandioses Schau-
spiel, wenn man am Fuß dieser schroffen
fen Felswand stand, ein beängstigender
Ausblick, wenn man sich in der Höhe
bis an den Rand des unversehens aus
dem Waldboden auftauchenden Ab-
grundes heranwagte.« (Ralf Kramps Ti-
telgeschichte *Kurz vor Schluß* in seiner
gleichnamiger Sammlung von Krimi-
nalerzählungen) – Unter der **Autobahntalbrücke** Z. wird der vierunddreißig
Jahre alte Kriminelle Alfred Pohl aus
Köln tot aufgefunden. »Die Leiche wurde in der Nacht vom vorletzten Samstag
auf Sonntag in einem gelben VW-Bus
älterer Bauart (ehemaliges Postfahr-
zeug) mit Euskirchener Kennzeichen
auf die Autobahnbrücke transportiert
und von dort ins Tal geworfen.« Der
»Dorfpolizist« Klaus Klein ermittelt im
Wettlauf mit Kripobeamten aus Schleiden, Euskirchen und Bonn. (Rhiem,
Fallobst)

Zweifall

(NRW/Kreis Aachen; Stadtteil von Stolberg; 2100 EW.) Im Talkessel am Zusam-
menfluss von Vichtbach und Hasselbach
gelegen.

Bei Z. liegt der »Bienenpark« des ermordeten Hobby-Imkers Alois Gärt-
ner. Außerdem befindet sich in Z. ein
alter Steinbruch, in dem ein entführ-
tes Unternehmerkind gefangen gehalten wird. (Commichau, *Bienenmörder
– Mörderbienen*)

Ahreifel

Krimi-Steckbrief: Ahreifel

Weinrote Blutspuren an der Ahr

Ein Touristenmagnet ist seit jeher das paradiesische
Ahrtal mit seinen alten Winzerflecken, Weinbergen, Burgen
und Felsenpanoramen. Der Nürburgring liegt hier, der
Welt bekannteste Rennstrecke rund um die Nürburg. Der
höchste Berg der Eifel, die Hohe Acht, ragt hier bei
Adenau. Und in den Tiefen der Ahrberge bei Marienthal
und Dernau schlummert das labyrinthische Stollensystem
des „Regierungsbunkers", 20 Kilometer von der früheren
Bundeshauptstadt Bonn entfernt. Und überall die steilen
Weinbergterrassen mit grandiosen Panoramablicken
ins Tal der Ahr, die geschmeidig wie bedächtig alte
Fachwerkhäuschen umfließt. Aber auch ein Rebstock kann
zur Mordwaffe werden. Auch in Maischebottichen von
Kelterhallen können blutrot die Leichen schwimmen ...
Und in Betonlabyrinthen unter Ahrweinbergen können dunkle
Mächte wimmeln, wie auch im dröhnenden Vergnügen auf dem
legendären „Ring". Die Eifelkrimis von der Ahr beweisen
dies, von Berndorf bis Raap, von Haefs bis Kramp.

SACHDIENLICHE LESETIPPS:
=========================

BERNDORF, Jacques: Eifel-Schnee, 1996
      – Eifel-Feuer, 1997
      – Eifel-Rallye, 1997
HAEFS, Gisbert: Matzbachs Nabel, 1993
HENN, Carsten Sebastian: In vino veritas, 2002
KOCH, Angelika: Jemand wie Ginsterblum, 1997
KRAMP, Ralf: Tief unterm Laub, 1996
      – Rabenschwarz, 1998
      – Wenn Goldfinger rauskommt, 2000
KRISTAN, Georg R.: Anschlag auf Bonn, 1990
KROELL, Erika: Fürchte deinen Nächsten, 2000
PFANNER, Thomas: Glaube, Liebe, Mord, 2001
RAAP, Jürgen: Tod eines Kunsthändlers, 2000

Adenau

(RLP/Kreis Ahrweiler; VG Adenau; 3000 EW.) In waldreicher Umgebung zwischen Basaltkuppen gelegen, nahe dem weltbekannten Nürburgring. 992 erstmals urkundlich erwähnt. Sehenswert: Romanische Pfarrkirche aus dem 10./11. Jahrhundert; der historische Marktplatz mit zahlreichen Fachwerkhäuser vor allem aus dem 17. Jahrhundert.

In A. kehrt Jacques Berndorfs »Siggi Baumeister« gelegentlich in der **Kneipe** »Periferia« ein. Kein Weg ist ihm dafür zu weit: »Bald darauf fegten wir über Kerpen, Niederehe, Heyroth und Brück Richtung Kelberg und wendeten uns dann nach links auf die Schnellstraße nach Adenau. Wir waren nicht länger als vierzig Minuten unterwegs und fielen in die wunderbare Kneipe ein, als hätten wir eine Wüstendurchquerung hinter uns.« (Berndorf, *Eifel-Schnee*) – In Berndorfs *Eifel-Feuer* wird General Otmar Ravenstein, »einer der mächtigsten Soldaten der Welt«, in einer (erfundenen) **Jagdhütte** bei A. erschossen, an einem idyllischen Eifelort: »Hier, oberhalb Adenaus, hatte der General Otmar Ravenstein seine Jagdhütte in den Dom achtzigjähriger Buchen gesetzt. Es war ein kaum glaublicher Ort, einer, der selbst Atheisten ganz stumm machte. Das Haus war ein zwölf Meter langer und acht Meter breiter Bau, mit dem Giebel zur Straße hingesetzt, vollkommen aus Holz. Die Leute in der Gegend erzählten voll Hochachtung, der General habe unnachgiebig darauf bestanden, wegen des Baus keinen einzigen Baum zu fällen (...). Das Ergebnis war ein unaufdringliches Haus mit einem ganz eigenen Charakter. Es wirkte so, als sei es direkt aus dem Boden gewachsen. Sein Garten war der Wald, und wenn ich je eine Idylle beschreiben müßte, würde es dieses Haus sein«, schwärmt Siggi Baumeister. Nahe der Jagdhütte des Generals finden sich bald schon zwei weitere Leichen: der Küster Mattes aus **Kaltenborn** und ein »Carlo«, der in einem verlassenen **Bundeswehrdepot** in den Wäldern lebte, »Hochacht« genannt. – Der 32 Jahre alte Motorjournalist Harro Simoneit aus A. wird in Berndorfs Krimi *Eifel-Rallye* ermordet. Baumeister besucht seine Ehefrau Petra im Wohnhaus an der Straße zum **Freibad**.

Im Wein liegt die Wahrheit ... und der Tod

Ahrtal

Touristen schätzen am Ahrtal nicht zuletzt die paradiesische Landschaft: »Julius blickte zum Seitenfenster hinaus, zu den Pfeilern der Autobahnbrücke, die das **Ahrtal** überspannte. Die A 61 toste darüber, oben in der Ferne. Kein Anblick, den Ahrschwärmer schätzten. Wer ins Tal kam, der wollte sich der Illusion unberührter Landschaft hingeben. Idealerweise ohne Strom und fließend Wasser – außer natürlich in den Ausflugslokalen«, denkt Julius Eichendorff, der kulinarische Ahr-Detektiv, in einem **Waldstück** bei Heppingen, nahe der A 61. Hier sucht er Ruhe – und findet stattdessen eine Leiche ... (Henn, *In vino veritas*) – Der berühmte Detektiv Balthasar Matzbach gibt sich bei einem Gang entlang der Ahr komplizierten Denkoperationen hin: »Vorschriftswidrig ging Matzbach auf der rechten Seite der Bundesstraße, wo er schritthalten konnte mit dem Fließen der Ahr, ihre Wasser wägen und ihrem Rauschen lauschen. Im Gehen wob er ein wirres Netz ebenso unzufälliger wie unüberzeugender Gedanken und wunderte sich bisweilen zerstreut, daß von **Altenahr** nach **Neuenahr** oder weiter zum Rhein fahrende Wagen sich nicht in diesem Netz verhedderten. Während er so ging und dachte, in der Hoffnung, die grell verschiedenen Stränge des Denkens zu einmütigem Zopf zu flechten, dachte etwas in ihm über das Denken, daß es nur Dunk sei, und über die Stränge, daß jeder Strang ein Strunk sei, vor der Blüte gerissen auf ruchtloser Scholle, unbiegsam knotig und nicht zum Verflechten geeignet. Humpeldipumpeldipum tara-rah, die Flanken des Ahrtals zu Flächen verflacht. Er lehnte sich an ein Straßenschild – die Kilometerangabe für **Heimersheim** war durch ein fettes Hakenkreuz unlesbar – und zündete sich eine Zigarre an.« (Haefs, *Matzbachs Nabel*) – Die 43-jährige, schwer kranke Barbara Damian nutzt die letzten Monate ihres Lebens, um Kinderschänder zu töten und brutal zu verstümmeln. Ferienwochen verbringt sie in einem kleinen Holzhaus am See, von Bonn aus »**B 9 Richtung Remagen** und dann durch das **Ahrtal**«. In dieser selbst gewählten Einsamkeit genießt sie das Landleben, schreibt angeblich an einem Roman – und fischt aus dem Internet die Namen potentieller Mordopfer vor allem im Bonner Raum. Tagebuchartige Begleitnotizen spiegeln den Zustand der Mörderin. Auf dem Weg zu einem Kinderschänder aus **Bad Neuenahr, Heerstraße 327** verunglückt Barbara. Sie verstirbt auf einer Nilkreuzfahrt am 8. Oktober 1998 in Kairo. Nach ihrem Tod findet die Polizei in einem **Holzschuppen am Seeufer** ein markantes Leichenteil des ermordeten Kinderschänders Martin Gerolstein in einem größeren Glas. Das Vorbild für diese Hütte allerdings findet sich in weiter Ferne: in der Nähe von Obermendig. (Kroell, *Fürchte deinen Nächsten*) – Der »gefährlichste Bombenleger der Nation«, der Kirchenhasser Auschner aus Köln, flieht aus der Vulkaneifel in eine Hütte auf einem nicht näher lokalisierten **Campingplatz** an der Ahr: »Die Ahr wand sich zwischen eng stehenden und sehr steilen Hügeln an zahlreichen Wohnwagen und Blockhütten entlang.« (Pfanner, *Glaube, Liebe, Mord*)

Altenahr

(RLP/Kreis Ahrweiler; VG Altenahr; 1960 EW.) 1000-jähriger Weinort im engen Tal der mittleren Ahr, in großartiger Felslandschaft. Entstanden im Anschluss an den Bau der Burg Are um 1100. Sehenswert: Romanische Pfarrkirche aus dem 12. Jahrhundert; Burg Are mit altem Torturm und Resten vom Palas. Von hier hat man eine herrliche Aussicht über das Ahrtal.

Fast 25 Kilometer fährt Koch-Detektiv Julius Eichendorff von seinem Renommier-Restaurant in Heppingen zu »eine der westlichsten Lagen des Tals: **das Altenahrer Eck**«. Unterwegs glitzert es in den Weinbergen: »Durch die tief stehende Sonne wirkte der Tau wie Diamanten, die ein verschwenderischer Milliardär über die Hänge verstreut hatte. **Schieferlay, Kirchtürmchen, Forstberg, Rosenthal, Trotzenberg, Burggarten**, alle glitten an Julius vorbei. Sie lagen fast ausnahmslos rechter Hand, nach Süden gerichtet. Die besten von ihnen waren steiler als Rampen beim Skisprung.« Bei seiner Spurensuche genießt er für Momente »den wunderschönen Blick, den man über die **Burg Are** mit der Doppelkapelle hatte, das **weiße Kreuz**, hoch auf dem blanken Felsen, und die **Ahr**, die geschmeidig zwischen Engelsley und Krähhardt hindurchfloss. Ein Zug fuhr friedlich über die **Eisenbahnbrücke** und in den Fels hinein, Richtung Altenahr. Es war, als wollte das Ahrtal seine Nerven beruhigen, ihm versichern, dass das Leben weiter seinen ruhigen Gang ging, auch wenn Blutspritzer an den Schuhen hafteten.« Julius sucht die Tatwaffe der Winzermorde von **Dernau** und wird schon bald wieder von einem fremden Wanderer mit roten Socken verfolgt ... (Henn, *In vino veritas*)

Ein Blick von der Burg Are in die Tiefe: der Weinort Altenahr im Ahrtal

Bad Bodendorf

(RLP/Kreis Ahrweiler; Ortsteil von Sinzig) Am Eingang des Ahrtals gelegen. Empfohlen u.a. bei Stoffwechselkrankheiten und Herz- und Kreislauferkrankungen. Thermalquelle St.-Josephs-Sprudel.

Auf einer verregneten Fahrt ins östliche Ahrtal, nach Bad Bodendorf, erlebt Meisterkoch Julius Eichendorff eine eher düstere Landschaft: »Alle Farben waren aus dem **Ahrtal** verschwunden. Aber ähnlich einem Schwarzweißfoto ließen sich jetzt die wunderbaren Formen und Strukturen erkennen, wirkte die Ahr, die Natur, wilder und ursprünglicher. Der **Mühlenberg** lag faul, wie ein fernes Gebirge, am Horizont. Die Ahr war nur noch ein Spiel aus Hell und Dunkel. Es war, als umgäben sie Mythen und Geheimnisse, als würde sie erst jetzt, vom Regen geschützt, ihr wahres Alter preisgeben, ihre dunkle, ungezähmte Seele, die sie im Sonnenschein vor den Besuchern zu verbergen suchte.« (Henn, *In vino veritas*) – Im »Golfclub-Restaurant am Remagener Weg, fast genau in der **Mitte zwischen Kirchdaun und Bad Bodendorf** gelegen«, im Roman der »Miltsteinhof«, testet die Restaurateurs-Riege die Kochkünste eines neuen Pächters. »Julius machte sonst einen weiten Bogen um das Mekka der besseren Gesellschaft. Bei der Mitgliederaufnahme des Clubs gab es eine Warteliste bis nach Köln – aber Julius war sowieso nicht erpicht darauf, einen kleinen, unschuldigen Ball über eine große Wiese zu prügeln, um ihn schließlich in ein winziges kleines Loch kullern zu lassen.« (Henn, *In vino veritas*)

Bad Neuenahr-Ahrweiler

(RLP/Kreis Ahrweiler; 27000 EW.) Kur- und Rotweinstadt, bekannt als »Mineralheilbad im Rotweintal«. Sitz zahlreicher Landesbehörden und Schulen. Die bis dahin selbstständigen Städte Ahrweiler (8000 EW.) und Bad Neuenahr (12500 EW.) wurden 1969 im Zuge der rheinland-pfälzischen Verwaltungsreform zusammengelegt.

Auf dem Weg zu einem Kinderschänder in B.N.-A., Heerstraße 327, verunglückt die Massenmörderin Barbara Damian aus Bonn. (Kroell, *Fürchte deinen Nächsten*) – Gisbert Haefs Eifelkrimi *Matzbachs Nabel* führt wiederholt nach Ahrweiler: »Nachmittags gondelten Matzbach und Jorinde durchs Ahrtal. Es war nicht ganz einfach, für den Volvo einen **Parkplatz in Ahrweiler** zu finden, weil sich dort neben motorisierten Touristen auch ein paar dreiste Einwohner aufhielten.« Den nächsten Parkplatz findet Detektiv Matzbach »in der Nähe des **Steigenberger in Bad Neuenahr**«. – In der Heerstraße in B.N.-A. hängt der kulinarische Detektiv Julius Eichendorff aus Heppingen ein selbst kopiertes Fahndungsplakat auf. Im **Kurpark** von B.N.-A. führt er mit der Kripo-Beamtin von Reuschenberg ein längeres Gespräch über die mysteriöse Mordserie im Ahrtal. Treffpunkt ist der »Eingang an der **Kurgartenbrücke**, der so viel Charme versprühte wie eine Kaufhallen-Fassade«. Nach dem Treffen treibt die adventliche Stimmung Julius in die **Rosenkranzkirche**, eines der letzten Werke des Baumeisters August Menken (1858–1903): »Julius mochte diese

Kirche, sie war eine einzige optische Täuschung. In großem Maßstab. Ein architektonischer Bluff, der dem eiligen Besucher verborgen blieb. So fiel das schlicht-moderne äußere Mauerwerk durch die kleinen Flankentürmchen nicht auf. Im Inneren taten Konsolen mit Figurenplastiken, Kapitelle mit Fröschen und Greifvögeln oder die prachtvollen Rosenkranzbilder am Altar alles, um den Besucher nicht merken zu lassen, dass er sich in einer neuromanischen Kirche aus dem 20. Jahrhundert befand. Es wurde langsam dunkel. Die Fenster wurden kaum noch durch das dämmrige Abendlicht erhellt und wirkten wie Augen, die ihren Glanz verloren hatten.« Die Pastoralreferentin, die die Gemeindemitteilungen verliest, entlarvt Julius als anonyme Anruferin, die in dem Mordfall Schultze-Nögel in Dernau verstrickt ist ... Wenig später wird Julius »auf dem **Vorplatz der Kirche**« in einen schwarzen Mercedes gezerrt und vom Ordensmeister der Ahrtaler Weinbruderschaft verschleppt. Eine nächtliche Fahrt mit unbekanntem Ausgang beginnt: »Rechter Hand tauchte das **Kloster Calvarienberg** auf, wenig später war zu erkennen, dass der Mercedes durchs **Hungertal** fuhr. Dann ging es ab von den offiziellen Straßen, auf die **Wanderwege**, durch den Wald, alle Schranken waren geöffnet. Diese Fahrt war bis ins Letzte geplant. Plötzlich wurde der Wagen langsamer, fuhr fast behäbig an der einsam gelegenen **Antoniuskapelle** vorbei. (...) Der **Ahrweiler Stadtwald** wirkte nun undurchdringlich, wie aus einem Märchen, in dem sich Kinder verliefen und Hexen Häuser aus Nürnberger Gebäckspezialitäten bauten. Es war unheimlich.« Bei einem **alten Basaltlavakreuz aus dem Jahre 1682** bekommt die Spürnase Julius einen »Denkzettel« verpasst. (Henn, *In vino veritas*)

Blütenpracht und Wasserspiele im Kurpark von Bad Neuenahr

Verfallene Pracht: die Ruine der Burg Olbrück hoch über dem Brohltal

Burg Olbrück

(RLP/Kreis Ahrweiler; VG Brohltal; Gemeinde Niederzissen) Um 1100 von den Grafen von Wied erbaut. Im 14. Jahrhundert von den Kölner Lehnensträgern von Eich bewohnt und erweitert. 1689 von den Franzosen zerstört. 2001 nach Renovierung wiedereröffnet.

»An einer **Rastbank** auf halber Strecke des Anstiegs zur Burgruine von Ohlbrück in der Vulkaneifel« soll Privatdetektiv Bär auf einen toten Briefkasten stoßen. (Raap, *Tod eines Kunsthändlers*) Die **Burgruine** sieht Bär schon von der Autobahn aus: »der **Bergfried** thronte auf einem mächtigen Phonolitkegel. (...) Die Reste der einstigen Residenz der Grafen von Wied liegen in einem Vulkanpark. Von hier aus hatten sie seinerzeit das gesamte Brohltal beherrscht.« Beim Anstieg zur Burg fallen allerdings Schüsse – auf die erste Leiche des Krimis ... Die Burgruine, vor der im Roman noch ein großes Schild wegen

Einsturzgefahr warnt, wurde 2001 nach Renovierung wiedereröffnet und zur Besichtigung freigegeben. Von hier hat man einen herrlichen Blick in das **Brohltal** und in die Vulkaneifel.

Dernau

(RLP/Kreis Ahrweiler; VG Altenahr; 2000 EW.) Wein- und Fremdenverkehrsort. Im »Prümer Urbar« 893 erstmals urkundlich erwähnt. Sehenswert: die katholische Pfarrkirche, 1205 erstmals erwähnt; der Aussichtsturm auf dem Krausberg.

In D. beginnt für Detektiv Matzbach eine Reihe mysteriöser Hundemorde: »In Dernau, wo Jorinde unbedingt das **Ahrufer** suchen mußte und schließlich auch fand, entdeckten sie einen erhängten Hund mit aufgeschlitztem Bauch. Das Tier – Schäferhund – baumelte vom Ast eines ufernahen Baumes, die Knoten an Hals und Ast waren kunstvoll und kompliziert. In der **Kneipe**, die sie anschließend betraten, herrschte Einigkeit darüber, daß es zu viele Ausländer in Deutschland gebe, speziell Asylanten.« (Haefs, *Matzbachs Nabel*) – Bei einem Spaziergang an der rauschenden Ahr denkt Matzbach an den verstorbenen Ahr-Dichter Osiris K., »der von der Mündung des Adelbachs ahraufwärts jodelnd bis **Dernau** alle Einzelheiten verheert hatte: die kiepensteilen Weingehänge mit theatralischer Terrassierung (Rang, Loge, Sperrsitz, Riesling, Parkett), das Zwangsjackenufer der gurgelnden **Ahr**, die Gasthausdiäten für ambulante Patienten, die Ritte der rutigen Ratten in rettenden Wohnmobilrotten (...) und all dies erschauderliche Zeug durchfurcht von streunenden Touristen, ob welcher in ungemessenen Abständen das Phantom des Poeten, ans Gelände über dem Adelbach gehetet, der Statue des Heiligen und Brückenhüters zuwisperte: nur Nepp, o Muck.« (Haefs, *Matzbachs Nabel*) – Julius Eichendorff findet den »berühmtesten Winzer der Ahr«, Siegfried Schultze-Nögel, auf seinem **Weingut** in D. ermordet vor: Der »Rotweinmagier« liegt zerquetscht in einem hölzernen Maischebottich. Auf dem Fass steht in altdeutschen Lettern »Verräter!« Julius schaudert: »Dies war nicht das friedliche, beschauliche Ahrtal, das er liebte.« Wenige Tage später wird der Winzer unter großer Anteilnahme der Bevölkerung begraben: »Die letzte Ruhestätte der Dernauer war so voll, als würde das Winzerfest in diesem Jahr dort stattfinden.« Julius setzt alles daran, den »Mord in der Kelterhalle« aufzuklären. Und findet wenige Tage später das zweite Mordopfer: den Kellermeister Markus Brück. (Henn, *In vino veritas*)

Heppingen

(RLP/Kreis Ahrweiler; Ortsteil von Bad Neuenahr-Ahrweiler; 900 EW.) Am Rotwein-Wanderweg an der Westseite der Landskrone gelegen. Lange Weinbautradition. »Heppinger Brunnen« am Ortsrand. Schöne Aussicht vom Basaltkegel »Landskrone«, mit mächtigen Burgresten.

Im Eifelkrimi *In vino veritas* von Carsten Sebastian Henn steht in H. das **Renommier-Restaurant »Zur Alten Eiche«** des Nobelkochs Julius Eichendorff. Als das Radio den Tod des berühmtesten Winzers der Ahr, Siegfried Schultze-Nögel, mitteilt, eilt Julius von H. nach Dernau zum Weingut Schultze-Nögel: »Noch in voller Kochmontur schwang er sich in seinen Audi A 4 und brauste auf die **Landskroner Straße Richtung Dernau**. Schaltete in den vierten, in den fünften, fuhr achtzig und damit zehn mehr als erlaubt und kam mit quietschenden Bremsen wenige Zentimeter hinter der Stoßstange einer Euskirchener Familienkutsche zum Stehen. Julius konnte erkennen, dass vor diesem weitere Euskirchener, Bergheimer, Bonner und Kölner standen. Stange an Stange, in ihren faradyischen Käfigen die wunderbare **Natur des Ahrtals** genießend. Denn es war Sonntag. Sonntagmittag. und der Weg von Heppingen bis Dernau war verstopft mit unternehmungslustigen ›Ahrschwärmern‹, die ihr Wochenende in Strömen von Federweißem ersäufen wollten. Und für Zwiebelkuchen, der an diesen Tagen den Höhepunkt der abendländischen Kochkultur darstellte. Es gab keinen Schleichweg, keine Abkürzung und auch keinen Feldweg, der sich zweckentfremden ließ. Das Ahrtal war einfach zu eng, um mehrere Durchgangsstraßen zu beherbergen. (...) Julius wollte, um sich zu entspannen, auf die **Weinberge** blicken, die sich jetzt im Oktober so wundervoll verfärbten. Manchmal jede Reihe in einem anderen Ton, so dass sie wie große Papiergirlanden wirkten, die ein gut gelaunter Riese über die Rebgärten gehängt hatte. Heute aber waren sie vor lauter Touristen kaum zu sehen. Wie Heuschrecken waren sie ins Tal eingefallen, ihre Goretex-Jacken um die Hüften geschwungen und gefräßig die reifen Trauben vom Wegesrand essend, die bunten Blätter von den Rebstöcken reißend, um einen Strauß zu sammeln.« Mordturbulenzen in einer Zeit, in der das ganze Ahrtal vor dem Michelin-Tester zittert ... Am Ende des Kriminalromans überführt der kulinarische Detektiv den Mörder mit »fünf mörderischen Kostbarkeiten« – mit einem Festmahl, das Gang für Gang den Mörder aus der Reserve locken will: »Die Speisen sollten die Indizien enthalten, die Tatwaffen, die Beweise. In essbarer Form. Würde der Mörder sie sehen, würde er wissen, dass Julius ihm auf die Schliche gekommen war. Dann würde er Stellung beziehen müssen.« Das »Mörder-Menü« führt über Cremesuppe, Lachs, gebratene Kaninchen, Riso-Eis und Marzipan-Baumkuchen in Blutorangensauce zum Erfolg: Im Hof seines Restaurants stellt sich der Mörder dem Koch-Detektiv entgegen. Er hat eine Pistole dabei ... Die Presse wird später vermelden: »Kulinarischer Detektiv fasst Rote Bestie!« Und: »Julius Eichendorff – Der klügste Koch Deutschlands kommt aus dem Ahrtal«. (Henn, *In vino veritas*)

Maria Laach

(RLP/Kreis Ahrweiler; VG Brohltal; Ortsteil Gemeinde Glees; 598 EW.) Weltbekannte Benediktinerabtei, 1093 gestiftet. Gelegen am Laacher See, einem Doppelkrater einstiger Vulkane.

In M.L. recherchieren Baumeister und die Polizeibeamtin Vera beim Kaufmann und Unternehmer Hans Becker. Er wohnt im (fiktiven) alten **Forsthaus** jenseits der Straße, die nach Bell hinaufführt und arbeitet beratend für das **Benediktinerkloster**. Hinter seinem Haus wird das Auto der ermordeten Natalie Cölln gefunden. (Berndorf, *Eifel-Müll*) Von dem schwärmt Vera: »Das vollkommenste Bauwerk der deutschen Romanik«. Auch Baumeister mag das Kloster am Laacher See: »Ich bin oft da, ich streune herum, denke darüber nach, warum sie das Kloster dort gründeten und nicht einen Kilometer weiter südlich oder westlich. Es ist ein geheimnisvoller Ort.« Die **Basilika** mit ihren Türmen gegen den grauen Himmel belebt die Erinnerung an die Geschichte: »Hier rieche ich immer Geschichte, hier fingen im Jahre 1093 Handwerker an, das Kloster zu errichten. Das ist jetzt tausend Jahre her. Und du musst dir vorstellen, dass es erst rund 12.000 Jahre her ist, dass der **Laacher See** entstand. Ein Vulkan ist explodiert. Er explodierte so gewaltig, dass Staub aus Laach noch in Nordafrika gefunden wurde. Die Vulkanasche bedeckte alle Täler von hier bis zum Rhein und erstickte den Urwald, den es damals hier gegeben hat.« Für Baumeister »Geschichte zum Anfassen«. Weniger begeistern ihn fromme Klosterbesucher:

»Und die Arschlöcher, die hier aufkreuzen, um fromme Bibelbetrachtungen in Buchform zu kaufen und sich in honigsüßem Katholizismus zu wälzen, haben davon meist keine Ahnung.« – Nach einem mörderischen Klassentreffen liest die Schriftstellerin Saskia Mont Tagebucheintragungen zu Schüler-Exerzitien in M.L. Vor allem die morgendlichen Gesänge in der **Klosterkirche** hatten es ihr angetan. (Kieffer, *Tödliches Klassentreffen*) – Auch Ulrike Marx kommt bei ihren Recherchen zum mysteriösen Tod ihrer Freundin Aischa Ginsterblum zum **Laacher See**: »Die Luft über dem Laacher See schimmerte in diffusem Blau, und das **Kloster am Ufer** sah aus, als wüchse es direkt aus den grünen Weiden. Zottelige braune Galloways lagen im Gras, dösten und bewegten ab und zu ihre mächtigen Kiefer. Wenige

unerschrockene Touristen schlurften durch die Hitze, ein Schwabe in durchgeschwitztem Hemd kommandierte seine verhärmte Ehefrau vor blühende Rosensträucher, um sie dergestalt für die Ewigkeit des Heimvideos zu konservieren, und aus der Klostergärtnerei kam eine ungemein dicke Frau, die (…) einen Korb mit Tränenden Herzen in ihren Mercedes wuchtete.« (Koch, *Jemand wie Ginsterblum*)

Marienthal

(RLP/Kreis Ahrweiler; Stadtteil von Bad Neuenahr-Ahrweiler; 60 EW.) Mauerreste erinnern an das ehemalige Augustinerinnenkloster aus dem 12. Jahrhundert. Tunnelportal zum langjährigen »Regierungsbunker« nahe der damaligen Bundeshauptstadt Bonn.

Frommes Schweigen hinter den Klostermauern von Maria Laach – tödliche Stille davor

In den Rebhängen am Trotzenberg, oberhalb von Marienthal, findet Koch und Detektiv Julius Unterstützung bei seinen Ermittlungen zum Winzer-Mord in Dernau: Markus Brück, Kellermeister des ermordeten Schultze-Nögel, hilft ihm weiter. Wenige Tage später wird er in einer mittelalterlich anmutenden nächtlichen Zeremonie in der **Ruine des Augustinerinnenklosters** feierlich in die Ahrtaler Weinbruderschaft aufgenommen: »Die Uhren in Marienthal waren zurückgedreht worden, bis Stunden, Tage, Wochen, Jahre und Jahrzehnte vergangen, oder besser, niemals geschehen waren. Bis zu einer Zeit, als Menschen noch an Pocken starben und glaubten, am Rand der Welt fiele man herunter. Die Marienthaler Klosterruine war in die Zeit der Gilden und Zünfte zurücktransportiert worden. Die Fackeln an den kahlen, teils mit Moos bewachsenen Steinwänden kündeten von einer Versammlung unter dem dunklen Sternenhimmel. Das Dach des ehemaligen Gotteshauses war von der Zeit abgetragen worden, bis die Wände nur noch das dunkle Firmament stützten. Der Wind zog kalt durch das Gemäuer, ruhelos wie ein alter Bär auf der Suche nach einer Höhle für den Winterschlaf. (...) Am Platz, wo vor Jahrhunderten der Altar gestanden hatte, war nun ein großer Tisch, über den dunkler Stoff zum Boden hing. Dahinter standen die Hohepriester der heutigen Nacht, die Diener des Weines. Die obersten drei der Ahrtaler Weinbruderschaft von 1682 A.G., in würdevolle blaurote Roben gekleidet und mit Kopfbedeckungen, die aussahen wie brokatverzierte Kis-

sen.« (Henn, *In vino veritas*) – Detektiv Matzbach interessiert im Ahrtal vor allem der **Regierungsbunker** (»Dienststelle Marienthal«): »In **Ahrweiler** nahmen sie ein kleines Mittagsmahl zu sich; dann steuerte Matzbach einen Parkplatz in der Nähe des Wanderwegs über die **Ahrhöhen** an. Auch für Fußgänger ist natürlich der Bunker selbst unzugänglich; man kommt aber nahe genug heran, um die vielerlei betonierten **Haupt-, Neben- und Hinterausgänge** und ihre Einpassung in die romantische Umgebung bewundern zu können sowie die gelegentliche Wachsamkeit der Domestiken und den mächtigen Antennendschungel.« Matzbach spürt dem geheimnisvollen Tod von Leuten nach, die alle mit dem Regierungsbunker zu tun gehabt haben. Die Recherchen führen bis in die Frühgeschichte der Bunkeranlagen: »Zu der Zeit, als unsere werten Vorfahren an ihrer strategischen Bahn gebastelt und die Gegend hier untertunnelt haben. Ein Teil der **alten Tunnelanlagen** wurde, wie bekannt, in den Komplex **Regierungsbunker** integriert. Einzige Ausnahme ist die olle Kapolle; die ist älter, war aber zu Beginn des Jahrhunderts kaum mehr als eine Ruine und ist damals restauriert worden.« Matzbach steigt schließlich in die labyrinthische »Unterwelt« dieser Ahrberge und entdeckt unter dem Regierungsbunker ein riesiges Saalsystem mit zahllosen prominenten Polit-Doppelgängern: »Zwei Engholms, ein Lafontaine und eine Breuel hatten bei einem Kartenspiel gesessen. Ein Helmut Schmidt stand vor einem Regal und stellte ruhig ein Buch zurück. Ein Ludwig Erhardt ohne Zigarre legte den neuen *Spiegel* weg und faßte sich ans Kinn. Ein zweiter Lafontaine, die eine Hand am Hummer, die andere im Schritt der nackten Kellnerin, schien im Kauen gefroren. Ein dritter Engholm, Pfeife in der einen, Feuerzeug und Stopfer in der anderen Hand, blickte irritiert (...) zu den Eingdringlingen hin. Ein Genscher (...) deutete scheinbar fassungslos auf Matzbach und wackelte mit den Ohren.« Perfekte Doubles austauschbarer Politiker in den Händen eines geheimen Machtapparats – dank kosmetischer Chirurgie einer benachbarten Ahr-Klinik. Der langjährige Regierungsbunker, nur 20 Kilometer von der früheren Bundeshauptstadt Bonn entfernt, wurde vor allem in den Jahren 1960 bis 1972 ausgebaut. Mit den Planungen begonnen hatte man mit dem Eintritt der Bundesrepublik in die NATO 1955 vor dem Hintergrund des Kalten Krieges, des sich verschärfenden Ost-West-Konflikts und des atomaren Wettrüstens. Zeitweilig arbeiteten über tausend Arbeiter auf dieser Großbaustelle. Dabei konnte man auf alte Tunnelanlagen zurückgreifen, die vor dem 1. Weltkrieg für eine »Strategische Eisenbahn« gebaut worden waren. Die geplante Eisenbahnlinie von Liblar über Rheinbach ins Ahrtal wurde allerdings nie fertiggestellt. Im 2. Weltkrieg mussten hier in einem Außenlager des Konzentrationslagers Buchenwald auch KZ-Häftlinge in Produktionsstätten der Rüstungsindustrie (V2-Montage) arbeiten. Das »Regierungsbunker«-Projekt, über 40 Jahre amtlich geheimgehalten, dürfte Milliarden gekostet haben. In dem insgesamt 30 Kilometer fassenden Labyrinth von Röhren und Räumen hätten insgesamt rund 3000 Menschen Schutz finden können. Er war für die Verfassungsorgane des Bundes im befürchteten Verteidigungsfall gedacht. Der Hauptstollen weist auf 12.600 qm rund 900 Büro- und Konferenzräume auf. Selbst für die höchsten Repräsentanten des Staates standen nur spartanische Feldbetten zur Verfügung. 2001 begann der Rückbau dieser gigantischen Schutzanlage aus den Zeiten des »Kalten Krieges«. Die Recherchen zum Regierungsbunker im Auftrag des »Spiegel« führten den Journalisten Michael Preute 1984 von München in die Eifel. Sie wurde ihm zur neuen Heimat nicht zuletzt auch für seine berühmten Eifelkrimis, die er seit 1989 unter dem Pseudonym »Jacques Berndorf« veröffentlicht. Preutes Buch über den Bunker der Bundesregierung (*Der Bunker. Eine Reise in die Bonner Unterwelt.* Dortmund, 1989) ist leider schon lange vergriffen.

Mayschoß

(RLP/Kreis Ahrweiler; VG Altenahr; 1080 EW.) Alter Winzerort in romantischer Felslandschaft. Beherbergt den ältesten Winzerverein Deutschlands. Sehenswert: die Pfarrkirche mit dem Sarkophag der Gräfin Katharin von der Mark († 1646); die Saffenburg, die älteste Burg an der Ahr.
Bei der Aufklärung des Winzermords in Dernau kommt Nobel-Koch Julius Eichendorff auch zur **Porzermühle** in Mayschoß: Gleich neben dem Eingangstor des weiß getünchten Chateaus genießt Julius »die herrliche Aussicht auf den gut dreihundertfünfzig Meter hohen und mit unzähligen Reben bestockten **Mönchsberg**, zu dessen Füßen, einem antiken Amphitheater gleich, die

Passendes Mordwerkzeug: die Traubenpresse

Porzermühle lag.« Auch hier wird Julius wieder von einem Unbekannten aus der Ferne beobachtet: ein Fernglas blitzt auf in der Sonne ... Wenig später findet Julius in einem Waldstück bei Heppingen, nahe der A 61, das dritte Opfer der geheimnisvollen Mordserie im Ahrtal: Bernard Noblet, Praktikant beim Weingut Porzermühle. (Henn, *In vino veritas*)

Nürburg und der Nürburgring

(RLP/Kreis Ahrweiler; VG Adenau; 195 EW.) Luftkurort mit Burg Nürburg, die auf einem der höchsten Eifelberge liegt. Haupt- und Vorburg stammen aus dem 11. Jahrhundert. Sie überragt die bekannteste Rennstrecke der Welt, den Nürburgring. Er

wurde zwischen 1925 und 1927 angelegt. Seither mehrfach umgebaut, so 1984 die Grand-Prix-Strecke für die Formel-1-Weltmeisterschaft. »Rock am Ring« ist jährlich das größte Open-Air-Festival Europas.

Der riesige Geldrummel am Nürburgring rund um die Formel 1 verführt, nach Siggi Baumeister, zu undurchsichtigen Geldgeschäften: »Wenn ich lese, daß allein zum Großen Preis von Luxemburg in einem winzigen Ort wie Nürburg 47 Bierzelte aufgestellt werden, hat so eine Veranstaltung gigantische Ausmaße. Die Betreibergesellschaft rechnet bei diesem einen Rennen mit 250.000 Zuschauern, die runde 70 Millionen Mark in die Region bringen werden. Das sind Ausmaße, die niemand mehr durchschaut.« (Berndorf, *Eifel-Rallye*) – Auf dem **Parkplatz des Dorint-Hotels** am Nürburgring wird in Berndorfs *Eifel-Rallye* der Motorsportjournalist Harro Simoneit ermordet: »Es ist ein Parkplatz, auf dem die Autos auf Grasstreifen stehen. Die Wege dazwischen sind nicht asphaltiert, sondern einfach festgefahrene Erde. Vom **Hotel** aus gesehen, liegt der Parkplatz auf der linken Hälfte frei, auf der rechten zur Hälfte unter sehr alten, schönen Buchen. Dort lag er, und er lag nicht im Gras, sondern auf der festgefahrenen Erde, auf der die Fahrzeuge ankommen und wegfahren. Der Körper war gekrümmt, das rechte Bein stark angewinkelt, das linke gestreckt. Und in der Verlängerung des Schuhs auf der rechten Seite waren starke Kratzer im Boden. Es hat ihn also wie ein Schlag erwischt, wie ein Ruck. Er muß versucht haben, wieder hochzukommen, er hatte aber keine Chance.« Aufgefunden hat den Toten ein Hotelgast auf einem mitternächtlichen Spaziergang. Die zunächst angenommene Todesursache Herzinfarkt muss nach eingehender Obduktion der Leiche korrigiert werden: Dem Opfer wurde mit einer Sprayflasche Zyankali in den Mund gesprüht. Winzige Verätzungen »im unteren Bereich der Speiseröhre und im Magen« sind der medizinische Beleg. Mögliches Tatmotiv: Die brisanten Autorecherchen des Journalisten hätten eine riesige Rückrufaktion zur Folge gehabt ... Baumeister beginnt seine Recherchen vor Ort auf dem Nürburgring: »Ich fuhr über **Quiddelbach** zum Ring hoch, und als ich links das Dorint vor mit hatte, davor die Baustelle, das Rennsportmuseum, dann rechts die Einfahrt zu dem Parkplatz, hielt ich erst einmal auf der Nebenspur an. Es war wenig Verkehr, nur die obligaten Motorradfahrer glitten über die Bahn, hin und wieder ein Laster oder ein Pkw, Holländer meist oder Belgier, die hier ihren Urlaub verbrachten. Harro war also einige Minuten vor zwanzig Uhr an diesem Punkt gewesen, an dem ich jetzt stand. Dann war er nach links zum Hotel eingebogen und hatte den Wagen da geparkt, wo Platz war. Seit der Neubau des **Freizeitzentrums** in Angriff genommen worden war, mußte man sich einen Parkplatz suchen und dabei hoffen, nicht abgeschleppt zu werden, weil man irgendeinem Bagger im Weg war oder einem Lastzug, der Maschinen und Zubehör brachte. Harro hatte den Wagen also geparkt und war in das Hotel gegangen. Dann war er vier Stunden verschwunden, buchstäblich irgendwohin verschwunden, bis er gefunden worden war. Auf dem Parkplatz rech-

ter Hand unter den Buchen.« – »Gegenüber der legendären **Tankstelle Döttinger Höhe**« ist ein Motorradfahrer aus Daun mit einer Schrotflinte erschossen worden: Mord Nummer zwei in Berndorfs *Eifel-Rallye*. Baumeister hält auf dem Parkplatz der Döttinger Höhe und überquert die Bundesstraße, um zum abgesperrten Tatort zu gelangen: »Sirls Harley befand sich dreißig Meter weiter links mitten auf der Fahrbahn und war nur noch ein Knäuel Blech. Die Maschine qualmte. Walter selbst lag auf unserer Seite der Strecke auf dem Rücken,

Nürburgring – tödliche Schüsse beim Rennen

Die »Bunte Kuh«, markanter Fels des Ahrtals

seltsam abgewinkelt in den Hüften.«
An der Tankstelle, an der man »billiger tankt als oben am Ring«, hat niemand etwas vom Mord bemerkt. – Im Gasthaus »Monoposto« am Nürburgring quartiert sich Kommissar Freiberg mit Mitarbeiterin Sabine Heyden ein. Getarnt als Journalisten, die für eine Reportage über den Ring recherchieren. In Wirklichkeit, um »Haus Waldfrieden« als vermutetes Gangsternest zu beobachten. Am »Gasthaus Monoposto« vorbei führt auch der von den Erpressern vorgeschriebene Rundkurs eines R4 durch die Eifel zwecks Geldübergabe. (Kristan, *Anschlag auf Bonn*)

Pitscheid

(RLP/Kreis Ahrweiler; VG Adenau; 62 EW.)
In einem alten, stillgelegten **Steinbruch** im (fiktiven) Scheebenbachtal in Richtung P. wird die Leiche von Rosi Kley gefunden. Was wie ein Unfall aussieht, entpuppt sich als Mord. (Kramp, *Rabenschwarz*) – In P. wohnt auch die »wilde Mathilde«, Komplizin von »Goldfinger«, eines frisch aus dem Gefängnis entlassenen Bankräubers. Die jüngsten Banküberfälle in **Bad Münstereifel**, **Schleiden** und **Blankenheim** gehen auf ihr Konto. Sie hatte den Verdacht auf Goldfinger lenken wollen. Auch Olli, jüngster Sohn der Bauernfamilie Ohlert und Freund von Steffi aus dem (fiktiven) **Buchscheid**, wohnt in P. Auf dem Speicher befindet sich die technische Einsatzzentrale des »Schwarzen Kleeblatts«. Von der Dachluke aus kann man Mathilde Dürrs Haus observieren. (Kramp, *Wenn Goldfinger rauskommt*)

Quiddelbach

(RLP/Kreis Ahrweiler; VG Adenau; 332 EW.)
In unmittelbarer Nähe des Nürburgrings gelegen.
In Berndorfs Krimi *Eifel-Rallye* unterhält eine Prostituierte namens »Irmchen« in Q. einen Privatclub. Irmchen ist auch in die Schwarzgeldaffären rund um den Nürburgring verstrickt. Man findet sie ermordet auf ihrer Hollywood-Schaukel im Garten. Der Mörder muss durch den Garten gekommen sein, hinter dem ein Waldsaum beginnt: »Hinter der Wiese lag ein Streifen Eichen, vielleicht sieben oder acht Jahre alt. Dazwischen standen Vogel-

beerbäume, der Waldsaum war dicht besetzt mit hohem Farn.« Dahinter beginnt ein Waldweg. Auch bei diesem Mord ist versprühtes Zyankali im Spiel. – 600 Meter nordwestlich des Dorfes Q. findet sich der vierte Tote des Nürburgring-Krimis *Eifel-Rallye*, Jonny. Er musste sein Wissen um die Schwarzgeldgeschäfte am Nürburgring mit dem Leben bezahlen. Auch hier war wieder Zyankali im Spiel.

Walporzheim

(RLP/Kreis Ahrweiler; Stadtteil von Bad Neuenahr-Ahrweiler; 700 EW.) Stadtteil mit jahrhundertelanger Weinbautradition und dem ältesten Weinhaus an der Ahr, dem »St. Peter«.
Auch in W. wird Detektiv Balthasar Matzbach von einem Hundemord geschockt: »In einem Lokal am Straßenrand, kurz vor Walporzheim, fanden sie einen Teil der Gäste über einen er hängten, aufgeschlitzten Dackel gebeugt, den jemand auf einen Tisch gelegt hatte. Matzbach bestellte Kaffee und lobte die Qualität der Knoten«. (Haefs, *Matzbachs Nabel*) – Mit einer »Mischung aus Ehrfurcht und Neid« betritt Koch-Detektiv Julius Eichendorff in W. »die geheiligten Hallen des **historischen Gasthauses** ›**Sanct Paul**‹«, die »gute Stube des Tals«. Das 1246 errichtete Gebäude atmet auf Schritt und Tritt Geschichte. Die Inhaber sind »zu einem der größten Weinversender Deutschlands« heran-

gewachsen. Wenig später verfolgt er schnaufend einen verdächtigen Unbekannten »den **Rotweinwanderweg** bergauf«, bis zur überdachten »**Felsenkanzel** ›**Bunte Kuh**‹« und beschlagnahmt seinen Film.

Wershofen

(RLP/Kreis Ahrweiler, VG Adenau, 900 EW.) Auf einem Höhenrücken zwischen Bad Münstereifel und Adenau gelegen.
In einem **alten Forsthaus** an der Straße nach W. wohnt die Familie Schott. Es entpuppt sich als Rückzugsort eines alten Nazis aus Buchscheid (fiktiv), der jeden umzubringen versucht, der seine blutige Vergangenheit im Dritten Reich aufklären möchte. (Kramp, *Tief unterm Laub*). – In W., Nachbarort von Buchscheid (fiktiv), hat sich im **Landgasthof Pfahl** »Goldfinger« einquartiert, Spezialist für Banküberfälle. Pfahl, der Chef des Hauses, ist ein Freund vom »ollen Birkenbusch«. (Kramp, *Wenn Goldfinger rauskommt*)

Unterschlupf für den Bankräuber: Gasthof Pfahl

Vulkaneifel

Krimi-Steckbrief: Vulkaneifel

Hoch explosiv und brandgefährlich

„Hier herrschten Vulkane, hier war feuriges Land,
es herrschte ständig Lebensgefahr."
(Jacques Berndorf, „Eifel-Wasser")

Die Vulkaneifel war und ist untergründig noch immer das
Land der brodelnden Gegensätze, das Land von Feuer und
Wasser, der Mineralquellen und der trügerisch schlafenden
Vulkane. Erschlossen durch Geopfade, Vulkangärten und
Vulkanmuseen. Vor allem aber, spannend und unterhaltsam,
durch die legendären Eifelkrimis. Allen voran von Jacques
Berndorf alias Michael Preute, dem auflagenstarken „Vater"
bzw. „Guru des Eifelkrimis" (DIE ZEIT). Von „Eifel-Blues"
(1989) und „Eifel-Gold" (1993) über „Eifel-Rallye" (1997)
und „Eifel-Jagd" (1998) bis hin zu „Eifel-Wasser" (2001)
und „Eifel-Liebe" (2002) sind sie alle an Schreibtischen in
der Vulkaneifel entstanden und haben wesentlich auch diesen
Landstrich zum Schauplatz. Der Name des kleinen, stillen
Ortes Berndorf bei Hillesheim, wohin er Mitte der 80er
Jahre, aus München kommend, zog, ist sogar sein Autorenname
geworden. Mit seiner „Eifel"-Krimireihe stürmte er
wiederholt die Taschenbuch-Bestsellerlisten und wurde mit
rund 2 Millionen verkauften Exemplaren zum auflagenstärksten
Krimiautor Deutschlands. Längst hat mit Berndorf eine
Heerschar von Krimiautoren die Vulkaneifel mit Tatorten
überzogen. Drogenhandel, Schwarzgeldaffären, Müllschieberei
oder vergiftete Mineralquellen bringen Fahndungshektik
in einen ansonsten stillen Landstrich. Sie rücken auch
die entlegensten Eifeldörfer in das Zentrum nationaler
und internationaler Aufmerksamkeit. Sie geben Zeugnis vom
Abgründigen im Menschen, das sich immer wieder eruptiv Bahn
bricht – wie einst und vielleicht irgendwann wieder die
Vulkane dieser doppelgesichtigen Landschaft.

SACHDIENLICHE LESETIPPS:
=========================

ASSION, Peter: Mord am Funkemariechen, 1991
BERNDORF, Jacques: Eifel-Blues, 1989
- Eifel-Gold, 1993
- Eifel-Filz, 1995
- Eifel-Schnee, 1996
- Eifel-Feuer, 1997
- Eifel-Rallye, 1997
- Eifel-Jagd, 1998
- Eifel-Sturm, 1999
- Der Bär, 1999
- Eifel-Müll, 2000
- Eifel-Wasser, 2001
- Eifel-Liebe, 2002
BERNDORF, Jacques: Jürgen würgen (Hrsg.), 1999
KLEIN, Edwin: Kampf der Götzen, 1997
KOCH, Angelika: Der Retter, 1997
- Jemand wie Ginsterblum, 1997
- Das Wasser, 1998
KRAMP, Ralf: Spinner, 1997
- Still und starr, 2000
- Malerische Morde, 2002
PESTUM, Jo: Lange Schatten in der Nacht, 1985
- Das Rätsel der Bananenfresser, 1985
PFANNER, Thomas: Glaube, Liebe, Mord, 2001
WENZ, Richard: Das Irrlicht auf dem Eifelmaar, 1940

Kein trübes Wässerchen – Bad Bertrich, Schauplatz in »Eifel-Wasser«

Bad Bertrich

(RLP/Kreis Cochem-Zell; VG Ulmen; 1200 EW) Kurort im Uesshachtal, zwischen Eifel und Mosel gelegen. Einzige Glaubersalztherme Deutschlands.

In B.B. hat die (fiktive) Firma »Water Blue« ihren Sitz, die in Berndorfs *Eifel-Wasser* wegen illegaler Bohrpraktiken in Verdacht gerät. – Die Krankenschwester Elvira Klein, in der Nähe von Meerfeld erstochen aufgefunden, hat in der Kurklinik Bad Bertrich gearbeitet (Berndorf, *Eifel-Liebe*).

Bausendorf

(RLP/Kreis Bernkastel-Wittlich; VG Kröv-Bausendorf; 1300 EW.) Ferienort am Fuße des Kondelwaldes im Alfbachtal.

In die romantisch anmutende »Kraulsmühle« bei B. führen die Recher-

chen des Gerechtigkeitsfanatikers Kilian. Hier kommt er einem mysteriösen Doppelleben auf die Spur. (Klein, *Kampf der Götzen*)

Berndorf

(RLP/Kreis Daun; VG Hillesheim; 500 EW.) Gehört zu den ältesten Dörfern im Kreis Daun. Erste urkundliche Erwähnung in fränkischer Zeit als »Berendorp« (1121). Bereits von keltischen Treverern besiedelt, dann rund 500 Jahre von Römern. Sehenswert sind die alte Wehrkirche (1513–1515) und zahlreiche alte Wegekreuze in der Umgebung.

Jacques Berndorfs erstes Eifeldomizil

Den Namen des kleinen Vulkaneifel-Dorfes bei Hillesheim hat sich der Schriftsteller Michael Preute als Autorenpseudonym für seine Krimis zuge-

legt. 1984 bezog er hier, nahe Hillesheim, seine erste Wohnung in der Eifel. »Etwas spürte ich sofort: Ich konnte im stillen Berndorf, im stillen, uralten Bauernhaus konzentriert schreiben, sehr gut nachdenken. Die Eifel hatte mich eingefangen«, schrieb Michael Preute im Rückblick anläßlich seines 65. Geburtstags. (*Eifel-Täter*) Von *Eifel-Blues* (1989) bis *Eifel-Schnee* (1996) bildet der alte Bauernhof des Journalisten Siggi Baumeister an der **Beulerstraße** die Rahmensituation der legendären Eifel-Krimis: Mit den Katzen Krümel, Momo und Paul, sowie mit Bauer Alfred in der Nachbarschaft.– Bei gutem Wetter schlägt die journalistische Spürnase Siggi Baumeister im Garten Holz, bepflanzt die Natursteinmauer oder putzt die Pflaumenbäume aus:»Das alles in fast frischer Luft«. (Berndorf, *Eifel-Blues*) Auf einem verrosteten Antennenmast hockt an jedem Sommerabend eine Amsel »und erzählt dem Dorf, wie schön der Tag war«. (Berndorf, *Eifel-Blues*) – Auch der **Dorfbrunnen**, der **Sportplatz** und die **Feldwege** rund um das Dorf haben Eingang gefunden in die Eifelkrimi-Welt.»Der Brunnen entpuppte sich als unförmiger Kloß in der Mitte einer schmalen Straße, ein Verkehrshindernis allererster Güte, aber zu Fuß störte einen eher das missglückte bildhauerische Dekor des Klotzes.« (Koch, *Der Retter*).
Zur Handlungszeit des ersten Berndorf-Krimis *Eifel-Blues* (1989) lebt Baumeister bereits seit fünf Jahren »hier in der Eifel«. Zuweilen schlendert er durch das Dorf zum **Hof von Alfred** und findet ihn schon mal »jenseits der Straße nach **Kerpen** auf der großen **Koppel**. Sein Tre-

cker ratterte und trieb die Melkmaschine an, die Kühe standen in Reih und Glied.« Oder Baumeister spaziert durch das Dorf hinunter zum **Haus des Bürgermeisters**, wo gelegentlich der halbe Gemeinderat auf der Terrasse hockt und Flaschenbier trinkt. (Berndorf, *Eifel-Gold*) – Im Auftaktroman der Eifelkrimi-Reihe *Eifel-Blues* ist Journalist Siggi Baumeister mit der Pressefotografin Elsa liiert. Seit *Eifel-Filz* sieht man an seiner Seite die Soziologin Dinah Marcus, eine Beziehung, die in *Eifel-Feuer* (1997) kriselt. In *Eifel-Schnee* taucht erstmals die hohe Polizeioffizierin und stellvertretende Polizeipräsidentin Emma aus Hertogenbosch auf, Rodenstocks spätere Ehefrau. Acht Kilometer von Berndorf entfernt, im fiktiven Hohbach, passiert ein Doppelmord – das erste Verbrechen im ersten Eifel-Krimi *Eifel-Blues* von Jacques Berndorf. Gemeinsam mit Siggi Baumeister ermittelt hier noch Pressefotografin Elsa. Beide sind privat ein Paar. Auch Kriminalrat a. D. Rodenstock aus Trier hilft Siggi Baumeister vom Start weg. Er hat insbesondere bei nachdenklichen Gesprächen ein Faible für »Kaffee, einen Kognak und einen Riegel bittere Schokolade«. Dazu für eine »beachtlich dicke Brasil«, die er einem Lederetui entnimmt und mit einem kleinen Taschenmesser behutsam abschneidet, »als sei das eine lebensbestimmende Operation. Die Zigarre legte er auf einen Aschenbecher, ohne sie anzuzünden«. (Berndorf, *Eifel-Blues*) Die Nachbarschaft ist in den Baumeister-Krimis zumeist authentisch. Bauer Alfred ist in B. fester Bestandteil der Story, ebenso wie die Familie Latten oder die Ixfelds an anderen

Stationen seines Lebens. »Alfreds Trecker mit dem Heuanhänger stand vor Manni Kappes' Wirtschaft und tuckerte vor sich hin. Das hieß, daß Alfred bestenfalls drei bis sechs Bier trinken würde.« (Berndorf, *Eifel-Blues*)

Der Golfplatz

Im dritten Baumeister-Krimi *Eifel-Filz* geht es zunächst um einen Doppelmord auf dem Golfplatz bei Berndorf, Bahn 16: ein Mann und eine Frau, erschossen. Die tückische Tatwaffe: eine Armbrust mit vergiftetem Pfeil. Eine schrille Dissonanz im ländlichen Morgenidyll: »Der Tag hatte noch nicht begonnen, das Dorf war still, aus den Schornsteinen kräuselte Rauch und gab den Dächern das Aussehen von Spielzeug. Als ich die Kölner Straße hochzog, querte ein Habicht schnell wie ein Geschoß meinen Weg, und fegte mit einem hellen Schrei hinter die Haselbüsche. Wen auch immer es traf, requiescat in pace. Im Osten bekam der grünblaue Himmel einen rosafarbenen Schimmer, links in den beiden Pappeln räkelten sich Krähen. Dann das Golfclub-

haus mit den roten Dächern, die sich in eine Senke duckten, rechts Alwins großer Teich, seine Herde Böcke und Rehe, dann der Fischweiher, dann die Bundesstraße. Ich schoß geradeaus über die graue Asphaltbahn in den Wald. Dann zog ich rechts ran, ließ mir kaum Zeit, den Schlüssel zu drehen, und kletterte über den Zaun. Ich rannte mit kurzen Schritten die Wiese hinauf und war erstaunt, daß ich das mühelos schaffte, obwohl ich in der letzten Zeit ziemlich viel rauchte. (...) Die beiden Menschen lagen in zwanzig Metern Entfernung. Es hatte den Anschein, als habe eine furchbare Gewalt sie einfach zu Boden geworfen und jede weitere Bewegung blockiert.« (Berndorf, *Eifel-Filz*) Spuren finden sich nicht auf der Bahn. In einem fünf Meter vom Abschlagpunkt beginnenden dichten »Gebüsch von alten Krüppeleichen« sind sich die beiden ermordeten Golfer erotisch nähergekommen. Die tragische Liebesgeschichte weitet sich aus zu einer Korruptionsgeschichte rund um den Hotel- und Badekomplex »Kyllheim« (reales Vorbild: Stadtkyll und das dortige »Vulkamar«-Schwimmbad). Dabei ist viel Schwarzgeld im Spiel. Bei den Toten handelt es sich um den lebenslustigen Banker Pierre Kinn und seine Freundin Heidelinde Kutschera. Die Mitglieder des eher elitären Golfclubs kommen aus »Köln, Düsseldorf, Aachen, Koblenz, Brüssel, ein bißchen die ganze Welt. Manche haben sich sogar eine Zweitwohnung hier gekauft oder ein altes Bauernhaus umgebaut.« – Nahe dem

Mord auf dem Golfplatz – Rotes Blut auf sattem Grün

Golfplatz wird auch die unbequeme Ermittlerin Ulrike Marx in einen provozierten nächtlichen Beinahe-Unfall verwickelt. Dunkle Gestalten mit Messern bedeuten ihr, die Nachforschungen besser einzustellen. (Koch, *Der Retter*) In Berndorf lernt Ulrike Marx dann auch den Journalisten Michael Herzen kennen, in dessen Gestalt deutlich Autor Berndorf selbst zu erkennen ist, der damalige Lebensgefährte der Autorin.

Alte Wehrkirche

Nicht allzu weit von der alten Wehrkirche in B. landet am Ende des Drogen-Krimis *Eifel-Schnee* der international tätige Drogendealer Jörn van Straaten mit einem Hubschrauber am **Schwalbenhof**, dem Aussiedlerhof der Familie Adolphi mit Gästehaus. Baumeister hat van Straaten hier an einer strategisch günstigen Stelle in die Falle gelockt, und ein mörderischer Showdown nimmt seinen Lauf. (Berndorf, *Eifel-Schnee*)

Bettenfeld

(RLP/Kreis Bernkastel-Wittlich; VG Manderscheid; 900 EW.) Staatlich anerkannte Fremdenverkehrsgemeinde inmitten einer einzigartigen Kraterlandschaft. In der Nähe liegt, mit dem Windsbornkrater und dem Hinkelsmaar, der Mosenberg (519 m), der letzte aktiv gewesene Eifelvulkan. Der Windsbornkratersee gilt als einziger Bergkratersee nördlich der Alpen.
B. ist Schauplatz des elften Eifel-Krimis von Jacques Berndorf, *Eifel-Liebe*. Gernot Meyer, seltsames Mitglied der geheimnisvollen Meerfelder Clique, wohnt hier in einem Neubaugebiet. Ein Haus wie eine Burg: »Rechts ein Türmchen, links ein Türmchen. In der Mitte eine nach vorn abgeknickte Dachpartie, die aussah, als habe jemand gegen den Regen die Kappe tief ins Gesicht gezogen.«

Birgel

(RLP/Kreis Daun; VG Obere Kyll; 545 EW.) Kleiner, ruhiger Ort im Kylltal. 1222 erstmals urkundlich erwähnt. Sehenswert ist hier vor allem die St.-Hubertus-Kapelle aus dem 16. Jahrhundert und ein Wassermühlenzentrum mit gastronomischem Betrieb und handwerklichen Schauräumen.
Von Narben-Ottos Bauwagen im Salmwald führt eine Spur zu der fiktiven **Firma Scholzen** in Birgel. (Berndorf, *Eifel-Jagd*) Der Gestank von Narben-Otto kommt Baumeister nämlich verdächtig groß vor. Grund genug, dem Herstelleretikett »Anlagen und Tankbau Adolf Scholzen, Birgel« einmal nachzugehen: »Die Firma Scholzen in Birgel fabrizierte in einer Halle und hatte einen ziemlich großen Parkplatz davor eingerichtet, der so sauber und adrett unter der Sonne lag wie ein frischgescheuerter Eßtisch. Eine Doppeltür der Halle stand weit offen, und ein Mann schweißte auf einem langen Holzbock an einem kreisförmigen Stahlblech.« Die Birgeler Firma ist von Berndorf frei erfunden. – In Angelika Kochs Krimi *Jemand wie Ginsterblum* lebt in B. der Neonazi Stein, ein Mitglied der »Helleder-Sekte«: »Das waren offenbar keine x-beliebigen Anhänger schwülstig-nordischer Esoterik, sondern ihrem Selbstverständnis nach die verstorbenen Heroen der Göttin Hel, aus deren Namen die Worte Hölle, Höhle und heilig entstanden und die in

der Märchenfigur der Frau Holle weiterlebte. Hel war die Göttin der Unterwelt, des Feuers und des Todes, zu der alle Menschen zurückkehren – kurz, die eigentliche Herrscherin der Welt. Ihr zu Hause war in der Vorstellung derjenigen, die an sie glaubten, tief in den Vulkanen, den heiligen, feuerspeienden Bergen der Menschheit.« (Koch, *Jemand wie Ginsterblum*)

Bleckhausen

(RLP/Kreis Daun; VG Daun; 341 EW.) Höhenort zwischen kleiner Kyll und Lieser.

In Berndorfs *Eifel-Rallye* erfährt Siggi Baumeister, dass der ermordete Motorradfahrer Sirl seine Harley-Davidson »in Bleckhausen, Richtung Daun-Manderscheid« gekauft hat. Dort ist eine Werkstatt auf Harley-Davidson spezialisiert. – Die ermordete Aischa Ginsterblum ist wenige Stunden vor ihrem Tod noch in der B.er Mühle gesehen worden: »Die Mühle war zum Bersten voll am Samstag. (...) Es war so viel los, daß die Autos sogar bis in den Wald standen.« (Koch, *Jemand wie Ginsterblum*)

Bongard

(RLP/Kreis Daun; VG Kelberg; 291 EW.) Liegt am Fuße des 600 m hohen Barsberges. Sehenswert sind die Überreste eines frühgeschichtlichen Ringwalls auf dem Barsberg aus der Zeit um 500 vor Christus. B. war in der Römerzeit Beobachtungsposten.

Die bei Mannebach ermordete junge Natalie Cölln ist in Berndorfs *Eifel-Müll* in einem alten **Forsthaus** (fiktiv) in B. zu Hause. Ihre Mutter betreibt hier einen Privatclub, in dem die Müllmafia verkehrt. Zuweilen amüsieren sich die Herren auch mit der jungen Natalie. Eine präzise Wegbeschreibung führt Baumeister zum Forsthaus: »Du fährst links ins Dorf rein, Richtung Nohn. Dann geht es rechter Hand in die Bodendorfer Straße. Die musst du hoch. Wenn das Dorf zu Ende ist, musst du noch ein paar hundert Meter fahren. Dann kommt ein Wirtschaftsweg. An der Abzweigung steht eine kleine **Kapelle**, oben drauf ein Eisenkreuz. Den Weg rein, dann ist da nach zweihundert Metern rechts das alte Forsthaus.« Bei der Kapelle hält Siggi Baumeister an: »Neben dem kleinen Bethaus war eine weiß lackierte Bank, um die herum das Gras sorgfältig gemäht worden war. In dem Bethaus brannten viele kleine Grableuchten. Hinter einem Gitter erkannte ich eine kleine **Statuette der Heiligen Jungfrau** und links daneben ein einfaches Holzkreuz mit der Inschrift ›Maria hat geholfen‹. Ich blieb eine Weile auf der Bank sitzen.« Bei B. fasziniert Baumeister die Schönheit der Eifellandschaft: »Das schmale Band der uralten Landstraße zwischen Brück und Bongard ist rund dreitausend Meter landschaftliche Schönheit vom Feinsten. Wiesen, in denen Bäche gluckern, tiefe Fichtenwälder, weite Ausblicke. Auf der Höhe oberhalb von Bongard erkennt man die Dreiteilung dieses Dorfes: in der Mitte der alte Kern rund um die **Kirche** mit ihrem seltsam abgestuften Turm. Rechts und links davon kleine Neubaugebiete, die an den Hängen kleben.« Das Forsthaus geht allerdings dann wenig später in Flammen auf. (Berndorf, *Eifel-Müll*)

Büscheich

(RLP/Kreis Daun; Stadt Gerolstein; Ortsteil, 528 EW.) Stadtteil von Gerolstein, südlich gelegen. Sehenswert ist hier der Aussichtsturm »Dietzenley« (618m) mit einem ehemaligen keltischen Ringwall.

In einer Hütte bei B. vermutet Ulrike Marx ihre Freundin Almut in der Gewalt zweier Entführer. Mit Freund Rolf fährt sie dorthin: »Der Opel ließ sich Zeit. Mit normalem Tempo ging es den Berg hoch Richtung Büscheich, dann hinter dem **Apart-Hotel** links in den Wald. Ich schaltete das Licht aus. Ich hatte Glück, es ging bald wieder leicht bergab, und so konnte ich leise im Leerlauf über den asphaltierten Weg rollen. Rechts war die einsame **Waldkapelle**, in der immer Hunderte von Kerzen brannten. Eine richtige katholische Idylle. Ich liebte das, ungläubig, wie ich bin.« Im dichtesten Salmwald wartet schließlich eine unangenehme Begegnung auf Ulrike. (Koch, *Der Retter*)

Darscheid

(RLP/Kreis Daun; VG Daun; 788 EW.) Erholungsort in waldreicher Umgebung. Schon früh von Kelten besiedelt, wie Hügelgräber im Lehnwald sowie die Reste eines Ringwalls auf der Steineberger Ley belegen. 1354 erstmals urkundlich erwähnt. Liegt an der B 257, zwischen Daun und Kelberg. In Berndorfs *Eifel-Müll* verunglückt bei D. Sven Hardbeck, der Sohn eines Müll-Millionärs, tödlich: »Kennst du die schmale Straße von Darscheid nach Steiningen? Die führt unter der A 48 Koblenz-Trier her. Da ist Sven mit seinem Golf gegen die Brückenwand

geknallt ... Er hat nicht gebremst, keinen Zentimeter gebremst. Dabei hat er schon mal Rallyes gefahren und eigentlich ... Vielleicht war er betrunken. Gerochen haben wir nichts.« Sven Hardbeck war liiert mit der jungen Natalie Cölln, die in Mannebach neben einer wilden Müllkippe erschossen aufgefunden wurde. – In der D.er **Turnhalle** trifft sich in Kochs *Jemand wie Ginsterblum* regelmäßig eine Damensportgruppe, der auch die ermordete Aischa Ginsterblum angehört hatte. (Koch, *Jemand wie Ginsterblum*)

Daun

(RLP/Kreis Daun; VG Daun; 8200 EW.; Ortsteile: Boverath, Gemünden, Neunkirchen, Pützborn, Rengen, Steinborn, Waldkönigen und Weiersbach) Schon in keltischer Zeit besiedelt (der Ortsname ist abgeleitet vom keltischen »Duron«, was »Wall mit Holzpfählen« bedeutet) Der Dauner Burgberg über dem Tal der Lieser war für Kelten, wie später für die Römer und das mittelalterliche Dynastengeschlecht derer von Daun strategisch interessant. Heilklimatischer Kur- und Kneippkurort, Mittelzentrum und Sitz von Kreisverwaltung und Verbandsgemeindeverwaltung. Zahlreiche Behörden, allgemeinbildende Schulen, Handel und Gewerbe, Fremdenverkehr, Mineralwasserindustrie; Industriegebiet Daun-Rengen. Sehenswert sind der Burgbering mit Amtshaus und Resten der alten Befestigungsanlagen und die katholische Pfarrkirche aus dem 10. Jahrhundert. Sie zählt zu den ältesten der Eifel. In der Kreisverwaltung hängen Gemälde des berühmten Eifelmalers Fritz von Wille. In der Nähe gelegen: der Hirsch- und Saupark

Daun, die »Hauptstadt des Verbrechens«

Daun der »Deutschen Wildstraße« und die drei Dauner Maare (Gemündener Maar, Weinfelder Maar und Schalkenmehrener Maar). Zahlreiche Wandermöglichkeiten.

Krimi-Steckbrief:

„Eifelmetropole Daun" - Kapitale des literarischen Verbrechens in der Vulkaneifel? Zyankaliduft umweht das alte Burggemäuer. Ein monumentales Ölgemälde verschwindet aus der Kreisverwaltung. Ein mörderischer Sektenguru flaniert durch die Fußgängerzone, ein schizophrener Ermittler huscht durch die Nacht zum nahen Totenmaar. Und bei der Suchtklinik parkt ein Mörderauto ... Es riecht nach Schwarzgeldaffäre und Korruption, nach Bilderfälschung, Prostitution und Mord, nach Drogengeschäften und Nazisekten, die in Maaren und Vulkanen ihre Heimat sehen, in heiligen, Feuer speienden Bergen der Menschheit und in erloschenen Kratergeem ...

Während sich Spürnase Siggi Baumeister in der Konditorei eine Torte von der kriminellen Sorte gönnt, und Ermittlerin Ulrike Marx ein Erdbeereis, sind die Verfolger schon ganz nah!

Der Burgberg

Im Hotel »**Kurfürstliches Amtshaus**« auf dem Burgberg in D. trifft Siggi Baumeister mit Jessica Born zusammen. Sie ist die lang gesuchte Mörderin des Motorsportjournalisten Harro Simoneit. (Berndorf, *Eifel-Rallye*) Die Begegnung endet mit dem Selbstmord von Jessica, wie gewohnt per Zyankali aus der Spraydose. Die frühere Prostituier-

te war in eine umfangreiche Schwarzgeldaffäre rund um den Nürburgring
und die Formel 1 verstrickt und hatte
mehrere unliebsame Mitwisser brutal
beseitigt. – In D. verabredet sich Baumeister auch späterhin gerne auf dem
Burgberg: »Auf der Dauner Burg war
auch die junge Natalie Cölln kurz vor
ihrem Tod in aller Heimlichkeit mit
Oberstudienrat Fiedler aus Pützborn
zusammengetroffen. (Berndorf, *Eifel-
Müll*)

Innenstadt und Fußgängerzone

Siggi Baumeister spaziert gerne durch
die D.er Innenstadt:»Ich marschierte
durch die Fußgängerzone der Kreisstadt den Berg hinunter und erleb-
te nach vielen Tagen endlich mal wieder ein Stück blauen Himmels und eine
Spur der bleichsüchtigen Sonne. Es
gab sie also noch. Ich erwischte mich,
wie ich ein Lied pfiff. Dann kaufte ich
zwei Kilo Weintrauben.« (Berndorf,
Eifel-Schnee) – In der **Konditorei Schuler** in D. gönnt sich Baumeister »zwei
Stücke Torte von der ganz kriminellen Sorte (...) mit Schokolade und Sah-
ne – zusammen wahrscheinlich sechs-
tausend Kalorien. Dann marschierte
ich weiter ins **Buchlädchen** und kaufte
mir ›Nachricht von einer Entführung‹
von Marquez«. (Berndorf, *Eifel-Feuer*) – Neben der »**Kleinen Kneipe**« in der
Abt-Richard-Straße kommt der 20-jäh-
rige Holger Schwed zu Tode. Ein Auto,
wahrscheinlich ein Jeep, hat ihn gegen
eine Betonwand gequetscht. Schwed
war der beste Freund des Sohnes von
Franz-Josef Breidenbach, der im Steinbruch bei Kerpen ermordet aufgefunden worden ist. »Das ist eine Kultknei-

Tipp

Tatort Eifel

Ulrike Folkerts, Hannelore Hoger, Ingrid Noll, Felix Huby und viele andere
Prominente der Krimiszene gaben sich
beim ersten Festival »Tatort Eifel« ein
Stelldichein. Das Forum, das alle zwei
Jahre stattfindet, bietet sowohl Krimiautoren als auch Film- und Fern-
sehproduzenten eine Möglichkeit des
regen Austauschs. Workshops, Vorträ-
ge und Podiumsdiskussionen rund um
das Thema »Fernseh-Krimi« schaffen
Begegnungen zwischen den beiden un-
terschiedlichen Medien Buch und Fern-
sehen. Im Rahmen einer »Krimi-Stoff-
börse« bekommen Nachwuchsautoren
die Möglichkeit, den Redakteuren und
Produzenten ihre Filmideen zu präsentieren. Über das umfangreiche Fach-
programm hinaus locken zahlreiche
Autorenlesungen und auch die glanz-
volle Abendgala mit der Verleihung des
»Deutschen Kurzkrimi-Preises« zahlreiche Krimifans nach Daun. Hier haben sie endlich einmal Gelegenheit,
bekannte Fernsehkommissare hautnah
zu erleben.
Die Termine der jeweiligen Veranstaltungen sind aktuell im Internet unter
www.tatort-eifel.de abrufbar.

Tipp

Schloss-Hotel Kurfürstliches Amtshaus

Wenn Siggi Baumeister sich in Daun auf den Burgberg mit seinen Informanten verabredet, weiß er schon, »daß der unermüdliche Probst, Herrscher über kostbare und skurrile Antiquitäten, für uns gesorgt hatte. (...) Ehe ich in das Hotel ging, sah ich hinunter auf Daun und die ersten herbstlichen Nebelschwaden, die um die Schornsteine zogen.« (Berndorf, Eifel-Rallye) Ein Michelin-Stern ziert das altehrwürdige Haus hoch oben über dem Kreisstädtchen. Ob festliches Tafeln im kostbar dekorierten, antiken Restaurant oder deftiges Schlemmen in der »Grafenschänke«, ein Abend bei den Eheleuten Günter und Christa Probst mit ihrer weithin bekannten »Edelküche« ist ein unvergesslicher Genuss. Auch als Hotelgast wird man hier oben auf dem Burgberg bestens umsorgt. Romantische Himmelbetten und das Felsenschwimmbad, tief eingemeißelt in die Schlot-Lava, sind eine echte Besonderheit.
Dauner Burg, 54550 Daun
Tel.: 065 92 / 925-0, Fax: -255
www.amtshaus-daun.burg-hotel.de

pe, eine Kneipe mit vielen witzigen Geschichten.« Baumeister fährt nach D., parkt »um die Ecke der **Marien-Apotheke**« und geht zu Fuß zur **Kleinen Kneipe**: Sie »wirkte sehr einladend und ich wusste, dass die wichtigsten Lokalpolitiker hier mehr zu Hause waren als auf Parteiversammlungen.« Die Wirtin Tina erzählt von Holgers schrecklichem Tod. Sie vermutet einen kaltblütigen Mord. In Tinas Kneipe trifft sich Siggi Baumeister u.a. mit Heidi Weidenbach, der Ex-Sekretärin des ermordeten Lebensmittelchemikers Breidenbach. (Berndorf, *Eifel-Wasser*)

Kreisverwaltung

In Kramps Eifelkrimi *Malerische Morde* wird in der Kreisverwaltung Daun eines der wertvollen **Gemälde des berühmten Eifelmalers Fritz von Wille** gestohlen: »›Hillesheim ist weg!‹ Heinz-Peter Hoffmann, Pressesprecher des Landkreises Daun, wollte gerade losdonnern, als er das nackte Entsetzen im Gesicht der hereinstürmenden Sekretärin erkannte. (...) Hoffmanns Gesichtsfarbe veränderte sich augenblicklich um einige Schattierungen ins Pastellfarbene. Der Landkreis Daun war stolzer Besitzer einer Reihe von sieben kostbaren Ölgemälden, die einer seiner prominentesten Bürger, der Künstler Fritz von Wille, im Jahre 1911 für den Sitzungssaal des früheren Kreishauses angefertigt hatte. Große Gemälde von überwältigender Schönheit und hohem künstlerischen Wert. Als Erstes war damals ein monumentales Werk fertiggestellt worden, das die Stadt Hillesheim inmitten ihrer trutzigen Mauerumwehrung darstellte. Kein Geringerer als Kaiser Wilhelm Zwo war anlässlich seines Besuches in Daun einer der Ersten gewesen, die das riesige Bild in Augenschein genommen hatten. (...) Hoffmann ließ den Kopf herumgehen. Das alte Daun ... Gerolstein ... alles hing an seinem Platz. Wo war Hillesheim? ›Das muss man sich mal vorstellen!‹, tobte Landrat Heinz Onnertz und ruderte wie wild mit den Armen.«

Das Forum Daun

Beim Bummeln in der Dauner Innenstadt kommt Privatermittlerin Ulrike Marx auch am Forum-Platz vorbei: »Der **Platz vor dem Forum**, einem bizarr konstruierten Gebäude, das als Kulturzentrum und Touristeninformation dienen sollte und von den Daunern selbst meist boykottiert wurde, weil es irgendwie unpassend erschien, war zugestellt mit schweren Motorrädern. Eine ganze Gang aus Neuss hatte sich auf der Terrasse der Pizzeria nebenan breitgemacht und studierte die Speisekarte.« (Koch, *Jemand wie Ginsterblum*)

Hotel Panorama

Das »Hotel Panorama« liegt am Waldrand, hoch über dem Tal an der Rosenbergstraße 26, und führt seinen Namen dank der herrlichen Aussicht auf die Kurstadt D. Hier findet Tina Cölln Unterkunft, nachdem ihr Forsthaus in Bongard abgebrannt ist. Baumeister besucht sie hier: »Ich machte mich auf den Weg den Berg hinauf in den stillen Teil der Stadt. Es tat gut, zu Fuß zu gehen, hier und da ein bekanntes Gesicht zu grüßen und stehen zu bleiben, wenn ein Vorgarten besonders hübsch gelungen war.« (Berndorf, *Eifel-Müll*)

– Ingrid Delamot, erste Frau des am **Holzmaar** ermordeten Malers Hermann Delamot, wohnt ebenfalls vorübergehend hier oben. Herbie Feldmann besucht sie dort und erhält Einblicke in das Leben des verstorbenen Künstlers. (Kramp, *Malerische Morde*)

In der Umgebung von Daun: Fernmeldebataillon der Bundeswehr

In Berndorfs *Eifel-Feuer* schwärmt Baumeister von den Fähigkeiten des **Fernmeldebataillons** der Bundeswehr, das in Daun stationiert ist: »Man nennt dieses Fernmeldebataillon auch die musikalischste Truppe in Deutschland. Das ist ein höchst elitärer Zirkel, und alle Angehörigen dieses Zirkels verfügen über das absolute Gehör. (...) Das Antennenfeld dieser Fernmeldeeinheit ist das mit Sicherheit modernste, was man in dieser Technik auf der Erde kaufen kann. Die wirklichen Kosten der sechs Masten sind nicht bekannt, sie wurden erst 1996 vollkommen erneuert (...). Also, diese Einrichtung verbuchte 1968 für sich den Erfolg, als erste Abhöranlage des Westens den Einmarsch des Ostblocks in die Tschechoslowakei eindeutig zu verifizieren. Und derartige Erfolge setzten sich systematisch fort. Die Anlage war auch aktiv im Spiel, als die Amerikaner den Golfkrieg führten und die Logistik im wesentlichen aus Deutschland kam.« Weiter erfährt der Leser, dass die Bundeswehr in der Vulkaneifel auch für Auftraggeber wie NATO oder BND arbeitet. Eindrucksvoll die technische Leistung: »Die Anlage in Daun kann jedes Gespräch zwischen zwei Panzerkommandanten abhören, jedes Gespräch zwischen zwei

Artillerieeinheiten, jedes Gespräch, das streckenweise drahtlos läuft – also auch Morsegespräche. Technisch ist das ein Höchstleistungszentrum. (...) Selbstverständlich habt ihr in der Eifel keine Ahnung, was da auf dem Berg nördlich von Daun läuft. Und das ist auch durchaus beabsichtigt.« Der bei **Adenau** ermordete General Ravenstein soll sehr oft in Daun gewesen sein. (Berndorf, *Eifel-Feuer*)

Von Daun über **Manderscheid** und **Großlittgen** führt eine Strecke, die Baumeister zu den schönsten der Eifel zählt: »ein Eintauchen in endlose Wälder«. Auf dieser Straße fährt er zur **Alten Mühle in Plein**, um sich an der Lieser zu entspannen. (Berndorf, *Eifel-Wasser*)

Suchtklinik Altburg:

Ulrike, die Frau des mordverdächtigen Köbes, arbeitet in der Nähe von D. in der **Suchtklinik** Altburg: »Sie liegt oben auf dem Berg. Ist eine richtige alte, kleine Burg, umgeben von dichtem Wald, und ringsherum liegen die Maare. Der Graf, oder wer auch immer das Ding erbaut hat, der hat sich schon ein herrliches Plätzchen ausgesucht. Später war sogar mal ein Puff in dem Gebäude. Schön abgelegen eben.« (Kramp, *Malerische Morde*) Die Altburg ist eine von mehreren Suchtkliniken in der unmittelbaren Umgebung von D.

+++ Krimi-Telegramm +++

Der (fiktive) Bankdirektor Hans-Jakob Udler von der Kreissparkasse D. spielt in Berndorfs Krimi *Eifel-Filz* eine Schlüsselrolle in der Korruptions- und Schwarzgeldaffäre rund um den Ho-

tel- und Badekomplex »Kyllheim« (reales Vorbild ist die »Vulkamar«-Affäre in Stadtkyll. Das ermordete Liebespaar wird im **D.er Krankenhaus Maria Hilf** obduziert. +++ Stammgast im **D.er Krankenhaus** ist auch Siggi Baumeister, nach Schlägereien oder Unfällen. In *Eifel-Schnee* ist er Besucher auf der Intensivstation im »Maria Hilf«. Dort liegt auch der junge Mario, der ihm bei der Drogenrecherche behilflich gewesen ist. (Berndorf, *Eifel-Schnee*) +++ Im **Dorint-Hotel** D. spürt Baumeister die Sekretärin des ermordeten Generals Ravenstein auf, eine ältere Frau, »Seepferdchen« genannt. (Berndorf, *Eifel-Feuer*) +++ Angelika Kochs Krimi *Das Wasser* führt ebenfalls in das **Dorint-Hotel** D., genauer gesagt in das Fitness-Center »Motion World«. +++ Auch Ulrike Marx fühlt sich wohl im Gewühl der Dauner Fußgängerzone. »Wir waren neben dem **Café Schuler** gestrandet, uns lief der Schweiß den Leib hinunter, und ich dachte nur noch eins: Erdbeerbecher! Wir hatten Glück, auf dem Bürgersteig war ein Tisch im Schatten frei, und umflutet von Menschenmassen löffelten wir Eis.« (Koch, *Jemand wie Ginsterblum*) +++ Zwischen Drogerien, Modehäusern, Cafés und Juweliergeschäften verfolgt Ulrike Marx einen möglichen Neonazi, der mit einer dubiosen Wehrsportgruppe zu tun haben könnte. (Koch, *Jemand wie Ginsterblum*) +++ »Sie sieht nicht nach draußen. Draußen ist es schon dunkel. Eben sind drüben auf dem Hügel die Scheinwerfer angegangen, die das **Dauner Schloß** beleuchten. Dahinter die **Kirche** mit dem seltsamen spitzen Turm. Sie hat diese Aussicht immer geliebt, aber heute hat sie keinen Blick dafür. Sie beobachtet ihn im spiegelnden Glas der Balkontür.« Auftakt zu einem gefährlichen Duell in dunkler Dauner Nacht, geschildert in Wolfgang Burgers Kriminalerzählung *Blinde Spiegel*. (in: Berndorf, *Jürgen würgen*) +++ Eine Bombe tickt in der Handtasche von Frau Fischlein, während sie sich in der **Dauner Arztpraxis** mit Doktor Maas unterhält. (Wolfgang Burger, *Countdown in Daun*, in: Berndorf, *Jürgen würgen*) +++

Deudesfeld

(RLP/Kreis Daun; VG Daun; 488 EW.) Anerkannter Erholungsort in waldreicher Umgebung zwischen Salm und kleiner Kyll. Sehenswert sind als Naturdenkmäler vor allem drei alte Linden: die alte Linde an der alten Schutzer Straße (250 Jahre), die Sommerlinde (250 Jahre) und die Winterlinde (350 Jahre).

Nach dem Brand seines Hauses in Dreis-Brück findet Siggi Baumeister vorübergehend Unterschlupf bei Ute und Alwin Ixfeld in D.: »Es war ein merkwürdiges Gefühl, in eine Wohnung zu gehen, in der keine Katze auf mich wartete. Der Hund folgte mir, war etwas zögerlich, fiepste vor Aufregung.« Auf dem Balkon bei einem Becher Tee versucht er, die Puzzleteile einer Mordserie rund um die Windkraft in der Eifel richtig zusammenzulegen. (Berndorf, *Eifel-Sturm*) Das Ehepaar Ixfeld ist alles andere als fiktiv, und auch der Unterschlupf in D. ist stark an die Realität angelehnt. Alwin Ixfeld ist Journalist und Fotograf. Etwa die Hälfte der Fotografien hat er zu diesem Reiseführer beigetragen. Von Zeit zu Zeit veröffentlicht

er auch Kurzkrimis. In D. ist seine Geschichte *Anglerglück* angesiedelt, in der ein ermordeter Bürgermeister plötzlich wieder aus dem Angelteich auftaucht. (in: Kramp, *Der Tod tritt ein*)

Dreis-Brück

(RLP/Kreis Daun, VG Daun; Ortsteil Brück; 960 EW.) Besiedlung des Ortes seit frühfränkischer Zeit, belegt durch Freilegung fränkischer Gräber Ende der 50er Jahre. Der Ortsname stammt sogar aus dem keltischen »Dres«, was auf sprudelnde Quellen hinweist. Sehenswert: die Quirinusquelle am Dreiser Weiher. Mineralbrunnenindustrie. In der Nähe von Dreis-Brück: Lavatagebau Rädersberg. Sehenswert: das ehemalige Burghaus in D. (1579), der Dreiser Weiher und die Holzkunst in der Dreiser Mühle.

Wohnhaus von Jacques Berndorf und »Siggi Baumeister«

Nach Berndorf bei Hillesheim (bis 1995) ist D.-B. der zweite feste Eifelwohnsitz von Michael Preute alias »Jacques Berndorf«. Mit einer Auflage von fast zwei Millionen Exemplaren ist er der mit Abstand auflagenstärkste Autor der Eifelkrimi-Szene und einer der auflagenstärksten Krimi-Autoren in Deutschland überhaupt. In D.-B. wohnt Berndorf, genau wie seine journalistische Spürnase Siggi Baumeister in der Eifel-Krimi-Reihe, gleich neben der **Kirche**, in der **Heyrother Straße 1**. Ab dem sechsten Krimi dieser Reihe, *Eifel-Feuer* (1997), bilden Haus und Hof, Garten und Teich in D.-B. die Rahmensituation der Berndorfschen Romane, bevölkert von Katzen wie Paul,

Tipp

Vulkanstuben

Fast vor Siggi Baumeisters Haustür, und dementsprechend auch vor der seines Schöpfers, findet sich ein typisches Beispiel uriger Eifler Gastlichkeit: »›Halt doch einfach bei den Vulkanstuben, wir können Emma sagen, dass wir dort sind. Ich habe Hunger.‹ (...) Wir hatten Glück, das Haus war bereit, uns mit einem Salat und warmen Putenbruststreifen zu versorgen, gekrönt von dem guten Dressing des Meisters. Wir bestellten gleich drei Portionen.« (Berndorf, *Eifel-Jagd*) Am Kreisverkehr vor dem Lokal ist man immer wieder geneigt, auf einen kleinen Happen abzubiegen: »Unten in Dreis vor Klaus' Restaurant saßen Männer an den Tischen, winkten uns zu und hoben die Biergläser. Schräg gegenüber dem Holzschnitzer hockte eine Unmenge lederbekleideter Biker und futterte offensichtlich gut gelaunt ihr Schnitzel. Der Sommer war zurückgekehrt, die Eifel hatte ihre Wärme wieder.« (Berndorf, *Eifel-Wasser*)
Kelbergerstr. 2, 54552 Dreis
Tel.: 06595/92020, Fax: 06592/920221; durchg. geöffnet, außer Di. ab 17.00, So. ab 10.30 Uhr

Willi und Satchmo und Hund Cisco. Zu den festen Gästen und zeitweisen Mitbewohnern des Hauses zählen Kriminalrat a.D. Rodenstock, Emma, die Polizeibeamtin Vera und gelegentlich die Berliner Tante Anni, zuletzt in *Eifel-Liebe*. Die Soziologin Dinah trennt sich in Berndorfs *Eifel-Jagd* von ihrem Freund Siggi Baumeister, friedlich.

Früher Morgen auf dem Land

Schon der Garten ist ein Idyll: »Mit unendlicher Langsamkeit wachte ich auf, nahm die Wärme der Sonnenstrahlen wahr, die Farben um mich her, die Reihe der Lavendelbüsche, das sanfte Rauschen des Windes in den Birken, die gelben Blüten der Hahnenfußgewächse, die späten rotleuchtenden Punkte der Sommertulpen, den kleinen Busch der weißen Rosen unter dem wilden Knöterich. Im Teich knabberten Goldfische im Wurzelwerk des wilden Reis, die Hähne bewegten sich ruckhaft. Dann schlugen die Glocken im **Kirchturm** neben mir an. Es war halb zwölf, ich war zu Hause, die Welt schien friedlich.« (Berndorf, *Eifel-Liebe*) Am frühen Morgen begrüßen die Feldlerchen den Tag, die ersten Amseln gehen auf Suche nach Regenwürmern, »die ersten Autos brausen die steile **Dorfstraße** hinunter« und die Kirchenglocken läuten um sechs Uhr. Pfarrer Eich kommt zu Fuß die Straße hoch, und grüßt freundlich, wenn er nicht gerade in seinem dunkelblauen Ford anderen die Vorfahrt nimmt. Die Zeitungsträgerin kommt aus dem **Oberdorf** und wirft den »Trierischen Volksfreund« in die Briefkasten. (Berndorf, *Eifel-Rallye*) – Am Telefon meldet sich Berndorfs Privatermittler nicht selten mit: »Ich bin Siggi Baumeister aus Dreis-Brück«. Von diesem Vulkaneifel-Dorf aus bricht er zu jeder Tages- und Nachtzeit zu seinen Recherchen auf. »Landleben hat etwas archaisch Schönes« schwärmt Baumeister in seltenen Mußestunden. (*Eifel-Liebe*, 2002)

Als Berndorfs Haus brannte …

Den Brand seines D.-B.er **Hauses** im Jahre 1999 hat Jacques Berndorf in seinen Krimi *Eifel-Sturm* einfließen lassen. Das Feuer erwischt ihn mitten in der nächtlichen Schreibarbeit, um 1.23 Uhr: »Der Computer knackte, der Rechner gab einen Seufzer von sich. (...) Ich saß im Dunkeln und stand auf. (...) Dann hörte ich ein leises Knallen, das immer heftiger wurde. Und ich roch den Rauch. Automatisch dachte ich: Da brennt etwas auf dem Dachboden«. Die eiligst alarmierte Feuerwehr rückt zum Löscheinsatz aus.« »Wir starten auf das Dach und beobachteten, wie die Glut sich wie eine Blase hochblähte, wie zwischen den Dachpfannen grellrote Flammen sichtbar wurden«. Als Baumeister das Haus wieder betritt, empfängt ihn entsetzlicher Gestank und Nässe: »Alles stand im Wasser. In meinem Arbeitszimmer im ersten Stock schwammen etwa hundertdreißig Pfeifen im Löschwasser, meine Sammlung von John le Carré war ein Sumpf, die Sammlung aller Maigrets konnte ich ebenfalls abschreiben.« Mit der praktischen Solidarität der Nachbarn übersteht Baumeister/Berndorf auch diese Krise. Auch Rudi und Maria Latten, Nachbarn in D.B., passen in der Abwesenheit der Hauptdarsteller gerne auf das Haus auf und helfen mit Rat und fehlenden Lebensmitteln aus. Im Buch wie im wirklichen Leben. – In D.B. verschanzt sich in Berndorfs Krimi *Eifel-Feuer* (1997) der Mörder zusammen mit Dinah im Haus von Baumeister und stirbt schließlich bei der Erstürmung des Hauses. – In der Nähe von Dreis ärgert Baumeister »die ewige Baustelle an der zukünftigen **Autobahnauffahrt** (...), die seit Monaten aus dem betonierten Versprechen einer zukünftigen Unterführung bestand«.

Idyllen und Quellen: In der Nähe von Dreis-Brück

Auf dem Weg zu einem alten Forsthaus in Bongard rauscht Baumeister durch Brück und genießt bei einem **Lavabruch** die idyllische Eifellandschaft: »Auf der Höhe neben dem Lavabruch hielt ich wieder an und stopfte mir eine Pfeife. Zuweilen tut es gut, einfach stillzuhalten und in die Landschaft zu schauen. Im Himmel über mir rüttelte ein Turmfalke, irgendeine Maus würde dran glauben müssen. Auf einer rosafarbenen Malve saß ein Zitronenfalter und wurde von einem Blutströpfchen umkreist. Dicht daneben leuchtete das dunkle Rot einiger Teufelskrallen. Woher kam der Name? Ich wusste es nicht, ich musste es gelegentlich nachschlagen. Mein Handy störte die Idylle (...).« (Berndorf, *Eifel-Müll*)

Der **Sprudelhersteller Vulkanquelle** in Dreis lädt Baumeister ein, sich einen Film von einer Trinkwasser-Tiefbohrung anzusehen. Dabei erfährt Baumeister zu seiner Verblüffung, »dass ausgerechnet die Eifel ein grundwasserarmes Gebiet ist, dass nur in den Kalk-

Der »Vater des Eifel-krimis« im Gespräch

Interview mit Jacques Berndorf

Seit Mitte der 80er Jahre leben Sie in der Eifel. Warum haben Sie sich hier niedergelassen?

Ich habe mich in der Eifel niedergelassen, weil ich aus München mit vier großen Rechercheaufträgen des »Spiegel« und des »Stern« nach Bonn kam (Bunker der Bundesregierung/Psychiatrie-Probleme/ Probleme alter Menschen in der BRD). Außerdem hatte ich starke persönliche Anbindungen an die Eifel. Mein Vater lebte nebenan in Bad Breisig am Rhein, meine Großmutter und der Großvater mütterlicherseits stammten aus Hottenheim bei Mayen. Da ich keine familiären Anbindun-gen an München mitbrachte, konnte ich hierbleiben – und blieb es. Da ich als Kind relativ häufig in der Eifel war, hatte ich das Gefühl, nach Hause zu kommen.

Eine Kurzbilanz: Was schätzen Sie nach 20 Jahren an der Eifel besonders, was weniger?

Ich schätze die Natur in der Eifel besonders hoch, und ich mag die Menschen sehr. Was man den Eiflern als »Rückständigkeit« unterlegt, ist für mich ein glatter Vorteil: Keine allzu schnellen Antworten auf offensichtliche Probleme. Beispiel: Der Crash der neuen Medien und ihrer Unternehmen wäre in der Eifel nicht passiert. Was mir allerdings stinkt, ist allzu langes Verweilen in herkömmlichen Vorstellungen. Die Touristik reagiert furchtbar langsam und es gibt Hoteliers, die schlagen eine Reisegruppe für eine Nacht aus mit der Begründung: »Für eine Nacht lohnt es nicht, die Betten abzuziehen!« – und Ähnliches. Das liebevolle Umsorgen des Gastes ist unterbelichtet. Alles in allem ist die Eifel Mittelpunkt meines Lebens geworden – Gott sei Dank.

Mit Ihrer Eifelkrimi-Serie von »Eifel-Blues« bis »Eifel-Liebe« haben sie enorm hohe Auflagenzahlen erreicht. Wie erklären Sie sich diesen Erfolg?

Man darf einfach nicht vergessen, dass zwei Drittel der Deutschen in der Provinz leben. Ich schildere diese Provinz und die Leute mögen das, weil ich ihre Welt zeichne. Meine Stammbesatzungen sind auch sehr normal, bewegen sich in diesen Provinzen und nicht selten sagen Leser: Ich möchte Teil der Berndorfschen Welt sein. Wenn man so will, schildere ich deutsche Normalität – garniert mit Leichen.

Wie lange werden Sie noch an der Eifel-krimi-Reihe schreiben?

Sicher ist nur, dass die Eifelreihe weitergeht. Einen Endtermin zu nennen ist unmöglich. Das hat auch ganz handfeste wirtschaftliche Hintergründe. Ich bin ja nicht allein, hinter mir steht ein hochspezialisierter Verlag, dem es ebenfalls gutgehen soll. Eifel-Pläne spezifischer Art gibt es nicht. Allerdings gibt es Vorbereitungen auf politische Thriller, deren Mittelpunkt Berlin sein wird.

mulden von Prüm, Gerolstein und Hillesheim, in den roten Sandsteinen des Kylltales und an der Lieser Grundwasser in genügender Menge zu finden ist.« (Berndorf, *Eifel-Wasser*)

Duppach

RLP/Kreis Daun; VG Gerolstein; 309 EW.) Erstmals erwähnt unter Kaiser Lothar I. im Jahre 846 unter dem Namen »Diuppach«. Sehenswert: Friedhofskapelle mit Chor der alten Kirche aus dem Jahre 1470; der Sauerbrunnen (»Duppacher Drees«) inmitten des Duppacher Maares (Trockenmaar); römische Grabstätte in Weiermühle (spektakuläre Ausgrabungen 2002). Ruhige Lage nordwestlich von Gerolstein inmitten von Laub- und Nadelwäldern.

Das Adenauer-Haus

Im Kammerwald bei D. steht die Ruine des »Adenauer-Hauses«, ein günstiger Treffpunkt für Drogenkuriere in Berndorfs *Eifel-Jagd*. Der Leser erfährt Näheres zur Geschichte: »Es sollte wahrscheinlich nach amerikanischem Vorbild eine Art deutsches Camp David werden. Der Bau wurde ungewöhnlich rasch genehmigt und ebenso ungewöhnlich rasch hochgezogen. Damals konnte man noch von hier aus den Ernstberg und den Nerother Kopf sehen, das war einer der traumhaftesten Ausblicke in der Eifel. Mittlerweile sind die Bäume zu hoch gewachsen, aber der Bauplatz ist immer noch ein Traum. Der Alte hat den Bau hier nie gesehen. Komisch ist, daß das Haus fast fertiggestellt und trotzdem sehr wenig weggetragen wurde, während es einsam vor sich hin verrottete. Normalerweise können die Eifler alles gebrauchen, aber hier ließen sie sogar die Heizkörper, den Ölofen und die Fensterrahmen unangetastet, es war eben für den ollen Konrad gedacht gewesen und den beklaut man nicht. Später sind Legenden gewoben worden. Journalisten haben uns weismachen wollen, daß unten am Bach ein Blockhaus eigens für die Bodyguards gebaut worden sei. Aber das war eine Lüge, denn das Blockhaus stand längst, als noch niemand an Adenauer dachte. Das Blockhaus gehörte dem französischen Chef der Besatzer. Und der pflegte schon seit Jahren in dem Blockhaus die Hoden der Hirsche, die er geschossen hatte, zu braten und zu vertilgen.« (Berndorf, *Eifel-Jagd*) Das Adenauer-Haus wurde in den 50er Jahren auf einer Lichtung gebaut, 600 Quadratmeter Wohnfläche umfasst die verrottende Bauruine. – Der Jungförster Klaus Mertes wird auf einem **Waldweg** bei Duppach mit einem Gewehr erschossen. Er hatte Verbindungen zu einer merkwürdigen Eifelclique, die in Jacques Berndorfs *Eifel-Liebe* (2002) in Teilen einer Mordserie zum Opfer fällt.

Die »kleine Kyll« – ein nasses Grab

Feusdorf

(RLP/Kreis Daun, VG Obere Kyll, Ortsge-
meinde Jünkerath; 609 EW.)
In Feusdorf wird während einer Par-
ty im Wochenend-Domizil des Bonner
Schokoladenfabrikanten Hironimus
Fabel die Tochter des Hausverwalter-
Paares erwürgt. Dieser Mord versauert
Kommissar Hartung und seiner Assis-
tentin, die gleich nebenan logieren, ge-
hörig den verdienten Urlaub. (Assion,
Mord am Funkemariechen)

Flesten

(RLP/Kreis Daun, VG Hillesheim, Ortsgemeinde Üxheim; 41 EW.)
Auf der Waldstrecke von Wiesbaum
nach F. verschwinden 18,6 Millionen
DM – bei einem Überfall auf einen
Geldtransporter, der seither verschwunden ist. Es ist der größte Geldraub in der
Geschichte der Bundesrepublik. (Berndorf, *Eifel-Gold*) Zwei Kilometer hinter Wiesbaum, dicht an der Straße, findet Siggi Baumeister die zwei Fahrer an
zwei Bäume gebunden, mit Säcken über
den Köpfen. Der Geldtransporter kam,
wie jeden Samstagmorgen, von der
Kreissparkasse in Hillesheim. Ein vor-
getäuschter Unfall hat den Transpor-
ter mit 22 Geldsäcken anhalten lassen.
Baumeister sucht nun fieberhaft das
Versteck des verschwundenen Trans-
porters.

Gees

(RLP/Kreis Daun; VG Gerolstein; Gerol-
stein-Stadt; 329 EW.) Stadtteil von Gerolstein, südöstlich gelegen. Sehenswert
ist hier die »Königsfichte«, ein beeindru-
ckendes Naturdenkmal; Mineralquelle am
Ortsrand (gefasster Sauerbrunnen).
Eine der Lieblings-Eifelstrecken von
Siggi Baumeister streift den Ortsteil G.
Es ist die Strecke »B 258 zurück, dann
durch das Ahrtal bis Dollendorf, Hillesheim, nach Pelm und über Gees, Neroth, Oberstadtfeld ins Tal der kleinen
Kyll«. (Berndorf, *Eifel-Sturm*) – Auf einem abgelegenen Waldweg zwischen
Neroth und Gees wird eine junge Frau
Opfer eines Unfalls mit Fahrerflucht.
Aischa Ginsterblum ist tot und ihre

Freundin Ulrike Marx ermittelt. Hier haben wir den Schauplatz eines Mordes und doch äußerlich eine Idylle: »Es war lieblich hier, eine Landschaft wie gemalt von einem der jungen Romantiker des vorigen Jahrhunderts: wilde Kirschen, Schlehen und Weißdorn, Weiden, etwas weiter entfernt ein gelb leuchtendes Getreidefeld und dahinter der Wald. Ich konnte die prächtigen Buchen am gegenüberliegenden Hang sehen, aber auch die kahlen Äste dazwischen. Auch hier keine heile Welt. Groß, hell und ganz starr saß ein Vogel auf einem dieser Äste. Angeblich gab es hier noch Fischadler. Ein Schuß peitschte durch die Idylle, und das Tier flog erschreckt auf. Noch ein Schuß.« Ulrike Marx entdeckt im Tal einen Schießstand einer dubiosen Wehrsportgruppe. War Aischa Ginsterblum einer Neonazi Geschichte auf der Spur? Der Mordverdacht fällt auf eine Sekte unter der Führung von Neonazi Stein, die an der nahe gelegenen **Standortschießanlage Gees** Schießübungen betreibt. »Stein hatte sich absichtlich in der Eifel niedergelassen, wegen der harmlos aussehenden Vulkane. Die Standortschießanlage bei Gees brachte ihm den ganz besonderen Kick: Sie lag direkt im **Hengstweiler Maar**, exakt von dort flog vor etlichen Tausenden Jahren die Feuersglut hoch, exakt von dort sollte nun die Säuberung der Welt ausgehen. Und dafür brauchte Stein Waffen und Geld für die Waffen. Geld durch Dealerei. Der Waldweg, auf dem Aischa umgebracht worden war, lag also auf dem Kraterrand eines für Steins irren Sinn heiligen Orts.« (Koch, *Jemand wie Ginsterblum*) – Kaum sind die Ermittlungen

aufgenommen worden, wird eine zweite Leiche in der Nähe aufgefunden, erhängt an einer bemoosten Krüppeleiche. »Rüdiger Hein war ungefähr zur Mittsommernacht getötet worden, im Dickicht des Maargrundes. Und das Video zeigte das Strafritual, mit dem der arme Kerl aus dem Leben entlassen worden war.« (Koch, *Jemand wie Ginsterblum*)

Gerolstein

(RLP/Kreis Daun; VG Gerolstein; 8000 EW.) Staatlich anerkannter Fremdenverkehrs- und Luftkurort in der Vulkaneifel, markant geprägt von den beeindruckenden Dolomitfelsen Auberg, Munterley, Hustley und Heiligenstein unmittelbar am Stadtrand. Mittelzentrum, Verkehrs- und Wirtschaftsmittelpunkt und Schulort. Sitz der Verbandsgemeindeverwaltung. Weltberühmt ist Gerolstein wegen seiner Mineralbrunnenbetriebe (»Gerolsteiner Sprudel«) sowie seiner herausragenden Fossilienfunde (zu besichtigen im Geologisch-Paläontologischen Museum). Spuren früher Besiedlung seit Altsteinzeit (Buchenlochhöhle an der Nordwand der Munterley) und Bronzezeit (Ringwall der Dietzenley). Eindrucksvolles Zeugnis römischer Kultur ist der ausgedehnte Landsitz »villa sarabodis«, der beim Bau der Erlöserkirche freigelegt wurde. Das auch »Löwenburg« genannte Schloss »Gerhardstein« (Ursprung des Stadtnamens), um 1115 von Gerhard I. von Blankenheim auf dem steilen Dolomitfels auf der linken Kyllseite erbaut, ist heute nur noch eine Ruine. (Die Schildmauer und Reste der Wohnburg und des Turms sind noch zu besichtigen.) Starke Zerstörungen im 2.

Schroffe Dolomitfelsen hoch über der Sprudelstadt Gerolstein

Weltkrieg 1944/45. 1953 wurden die Stadtrechte für Gerolstein erneuert.

In das **Krankenhaus** von G. wird Siggi
Baumeister schon mal nach Schlägereien eingeliefert, so gleich im ersten
Krimi *Eifel-Blues* (1989). Auch seinen
Nachbarn, Bauer Alfred, muss er nach
einer Prügelei blutüberströmt ins Krankenhaus nach G. bringen. – Bei Recherchen zur Aufklärung des Doppelmords
auf dem Golfplatz in Hillesheim trifft
Siggi Baumeister im G.er Bistro »**Ter-
race**« mit einer Frau namens Monika
Hammer zusammen. Sie weiß Näheres zur zusammengebrochenen Finan-
zierung des Hotel- und Badekomplexes
in »Kyllheim« (reales Vorbild: Stadtkyll, »Vulkamar«). Auch im **Neubaugebiet** von Gerolstein versucht er, »finan-
ziellen Schweinereien« auf die Spur zu
kommen. (Berndorf, *Eifel-Filz*) – Die
internationalen Drogengeschäfte in der
Eifel fordern auch in G. ein junges Todesopfer: Melanie. Der verdächtig agie-
rende Kripobeamte Dieter Kremers aus
Daun war in ihrem **Appartementhaus**
häufig nächtlicher Gast. (Berndorf, *Eifel Schnee*) Anlässlich des Firmenju-
biläums »111 Jahre **Gerolsteiner Brunnen**«
gab Berndorf im Jahre 1999 eine Chronik heraus, die den Eifelkrimi *Der Bär*
enthält. Es geht um die Ermordung eines fahrenden Händlers vor 111 Jahren,
am 2. August 1888 »genau an der Stelle, wo von der Straße zwischen Gerolstein und Daun der alte Weg nach links
auf **Rockeskyll** abging. Eine Historikerin
möchte diesen Mordfall, in den auch
die G.er Stadtelite verstrickt ist, nach
111 Jahren aufklären. Baumeister, Rodenstock und Emma sind mit von der
Partie. (Berndorf, *Der Bär*) – In Angelika
Kochs Krimi *Der Retter* erinnert sich
Ulrike Jünger an den Tod einer Kom-
munardin aus dem Seminarhaus in **Niederstadtfeld**: Sie ist »von den **Gerolstei-**

ner Dolomitfelsen« gesprungen wegen der Verlogenheit des großen »Gurus« Christian Wortmann, der ein Jahr später ebenfalls ermordet wird (erkennbares Vorbild sind hier der DDR-Kritiker Rudolf Bahro und seine Ehefrau Beatrice Ingermann, Leiterin der Tagungsstätte in Niederstadtfeld, die sich allerdings seinerzeit in Berlin von der Siegessäule in den Tod stürzte). »Gerolstein war im Dunkeln und mit den vielen Lichtern fast schön, nicht dieses Krebsgeschwür in der Landschaft, als das es sich tagsüber präsentierte«, denkt Ulrike Marx, als sie am Bahnhof wartet. – Die Kinderkrimis *Lange Schatten in der Nacht* und *Das Rätsel der Bananenfresser* von 30 Pestum sind wesentlich in G. und Umgebung angesiedelt. Ex-Kommissar Luc Lucas ist von Köln aufs Land gezogen: auf den »Rabenhof« bei Gerolstein. Hier lebt er mit Frau und Kindern, die in G. zur Schule gehen.

Heyroth

(RLP/Kreis Daun, VG Hillesheim; Ortsteil von Üxheim; 100 EW.)
Nachbarort von Dreis-Brück.
Bei H. endet in Berndorfs Krimi *Eifel-Rallye* eine wilde Verfolgungsjagd durch die Eifelwälder. Zwei russische Porschefahrer aus der Unterwelt jagen Baumeister und Rodenstock hier über Wald- und Feldwege. Unterstützt wird Baumeister von Rennsport-Amateuren aus der Eifel. – Emma und Rodenstock, Siggi-Baumeisters Freunde in den Eifelkrimis von Jacques Berndorf, haben in H. ein Haus erworben. In Berndorfs *Eifel-Wasser* wird es von Emma und Vera wohnlich hergerichtet. Hilfreich ist hier,

ebenso wie bei der Wiedererrichtung des Berndorf/Baumeister-Hauses in Dreis-Brück, Architekt Helmut Kramp aus Zülpich, Vater von Krimiautor Ralf Kramp. Während der Abwesenheit von Emma und Rodenstock, etwa im Falle einer USA-Reise, gießt Baumeister auch schon mal die Blumen in H. (Berndorf, *Eifel-Liebe*) – Im Krimi *Eifel-Wasser* von Jacques Berndorf entdeckt Kriminalrat a.D. Rodenstock zu seinem Entsetzen, dass in H. die Familie des Volksschullehrers Barbie gelebt hat. Also auch Klaus Barbie, der spätere »Schlächter von Lyon« des Zweiten Weltkriegs.

Hillesheim

(RLP/Kreis Daun; VG Hillesheim; 2700 EW.)
Alter Marktort mit gut erhaltener Stadtmauer aus dem 13. Jahrhundert. Seit 1981 »Beispielstadt« im Rahmen der europäischen Kampagne zur Stadterneuerung. Dabei wurde der alte Stadtkern mit Marktplatz, Fußgängerzone, Brunnenanlagen, Rathaus und Geschäftsansiedlungen mustergültig saniert. H., seit der Keltenzeit besiedelt (Hügelgräber), war im Mittelalter der am weitesten nördlich gelegene Stützpunkt des Erzbistums Trier. Überregional bekannt ist auch der seit dem Mittelalter bestehende Rindvieh- und Krammarkt. 1993 Wiederverleihung der Stadtrechte. Weiter sehenswert: Katholische St. Martins-Pfarrkirche mit barocker Kanzel und kostbarer Barockorgel der Gebrüder Stumm; »Hexenturm« an der Südwestecke der Stadtmauer, eine Erinnerung an die traurige Zeit der Hexenverfolgungen in der Eifel; geologischer Lehr- und Wanderpfad.

Buchhandlung Lesezeichen

»Ich fuhr nach Hillesheim, zur Buchhandlung Lesezeichen« (Berndorf, *Eifel-Liebe*) Da fährt er oft hin, der Siggi Baumeister. Und genauso oft kann man auch seinen Schöpfer dort antreffen, im weichen Polstersessel, Kaffee schlürfend, eine Pfeife schmauchend. In dieser Buchhandlung sind die Krimis zu Hause. Die aus der ganzen Welt im Allgemeinen und die aus der Eifel im Speziellen. Von Berndorf bis Noll, von Christie bis Mankell findet hier der Krimifreund das passende Lesefutter. Ihre Begeisterung für dieses Genre hat Inhaberin Monika Brümmer bewogen, über das normale Sortiment hinaus ein »Krimi-Kabinett« einzurichten, mörderisch dekoriert und kriminell gut sortiert. Zahlreiche Veranstaltungen machen aus dem »Lesezeichen« weit mehr als nur eine Buchhandlung. Wer beim Bücherkauf auch die Atmosphäre schätzt, muss hier unbedingt einmal gewesen sein.

Augustinerstr.1, 54576 Hillesheim
Tel.: 06593/809433, Fax: 06593/809434
Email: lesezeichen-hillesheim@
t-online.de, 9.00–13.00 Uhr, 14.00–
18.00 Uhr, Sa. 9.00–13.00 Uhr

Ralf Kramps Ermittler Herbie Feldmann zeigt sich in *Malerische Morde* angetan von H.: »Das Städtchen wurde an seinem Ortseingang als ›Beispielstadt‹ angepriesen, das dereinst für seine fortschrittliche Stadtsanierung ausgezeichnet worden war. In der Tat hatte Hillesheim einen gewissen Charme. Vom legendären **Viehmarkt**, der auch heute noch alle zwei Wochen hier stattfand, und in dessen Verlauf noch Rindviecher und anderes Getier per Handschlag den Besitzer wechselten, hatte Herbie früher bereits gehört.« Er parkt sein Auto »auf einem kleinen Platz vor der Gemeindeverwaltung« und sucht in den Supermärkten des Ortes nach der Freundin des ermordeten Malermodells »Nati«. In einem **Supermarkt** am Ortsende, unschwer als Extra-Markt zu verifizieren, spürt Herbie Feldmann die junge Dame schließlich auf und unterzieht sie in der **Imbissbude** auf der anderen Straßenseite einem gänzlich unfachmännischen Verhör, wie man es von ihm kennt. (Kramp, *Malerische Morde*)

»Oben am Südhang«, wird der Bänker Wolfgang Schuhmacher in seinem Garten umgebracht. (Berndorf, *Eifel-Filz*) »Ein bizarres Bild bot sich uns: Wolfgang Schuhmacher hatte an dem langen Zaun vor dem Waldrand Obstbäume setzen wollen. Er hatte, in exaktem Abstand von sechs Metern, sehr tiefe Löcher gegraben. Vier Bäume standen schon. Es waren drei Meter hohe Stämme von üppigem Wuchs. Im vierten Loch lag er selbst in einem schäbigen grauen Trainingsanzug mit dem Kopf nach unten, die Beine ragten seltsam obszön über den Grubenrand hinaus.« (Berndorf, *Eifel-Gold*) Der Mörder hat Wolfgang Schuhmacher einen eisernen Pflanzstock in den Mund gerammt. War hier organisierte Kriminalität am Werk? Oder hat die eigene Ehefrau den Bänker umgebracht? – In H. isst Baumeister bevorzugt bei Ben im Bistro »**Teller**«. – Das ehemalige **Augustiner-Kloster** wurde 1250 in der Nähe der Stadtmauer gebaut. Vielfach zerstört und wieder aufgebaut, wurde es im 18. Jahrhundert als »Eifel-Gymnasium« genutzt. Heute beherbergt es ein modernes Hotel. Hier tauschen Baumeister und Kommissar Wiedemann ihre Ermittlungsergebnisse in der Korruptions- und Schwarzgeldaffäre in Jünkerath (»Kyllheim-Komplex«) aus. (Berndorf, *Eifel-Filz*) – Der Erpresser und Bombenleger Auschner, ein »Racheengel« mit ausgeprägtem Hass gegen die katholische Kirche, flieht von Köln in die Eifel, in ein »verträumtes Dörfchen nahe Hillesheim«. Obwohl ein Großaufgebot der Kripo seine Dorfwohnung observiert, gelingt ihm einmal mehr die Flucht. Der »gefährlichste Bombenleger der Nation« wagt sogar, in einem Kaufhaus ein Fluchtfahrrad zu kaufen. Der Autor dieses Krimis *Glaube, Liebe, Mord*, Thomas Pfanner, arbeitete in H. als Leiter eines **Altenheims**. – Kurz vor H., aus Gerolstein kommend, knöpft sich nach einer mörderischen Verfolgungsjagd in Thomas Pfanners Kurzkrimi *Alles wegen dieser Schlampe* der Ich-Erzähler seinen vermeintlichen Nebenbuhler vor. (in: Kramp, *Der Tod tritt ein*) – In H. sucht Siggi Baumeister gelegentlich die Buchhandlung »**Lesezeichen**« von Monika Brümmer auf, um Literatur zur Eifel zu kaufen. (Berndorf,

Eifel-Liebe) Ihr und ihrem Lebensgefährten Ralf Kramp, dessen **Krimi-Verlag** »**KBV**« seit 2002 in H. ansässig ist, hat er auch seinen elften Eifelkrimi *Eifel-Liebe* gewidmet. Die »KBV-Verlags- und Medien GmbH« ist spezialisiert auf Regionalkrimis, nicht nur aus der Eifel, sondern auch aus Berlin, Düsseldorf, Frankfurt, Köln, Stuttgart oder Wuppertal, aus Schwaben ebenso wie aus Schweden. Verlegte Krimiautoren sind u.a. Carola Clasen, Angelika Koch, Ralf Kramp, Conny Lens, Jürgen Raap, Olov Svedelid, Klaus Wanninger und Burkhard Ziebolz.

Die historische Stadtmauer von Hillesheim

Teller

In Hillesheim, ganz in der Nähe seines früheren Wohnorts Berndorf, isst Jacques Berndorfs Ermittler Siggi Baumeister bevorzugt bei Ben im »Teller«. Hier gibt es sowohl die deftigen Eifeler Spezialitäten als auch den feinen kulinarischen Blick weit über den Tellerrand der Eifel hinaus in wahrhaft stattlichen Portionen. Mit den Jahreszeiten wechseln auch die Gerichte, und den Gast erwartet dabei manch freudige Überraschung. Wer es sich in aller Ruhe gutgehen lassen oder wer aber auch nur rasch auf der Durchfahrt innehalten möchte, der ist im »Teller« bestens aufgehoben. »Später hockte ich mich in den Jeep und fuhr nach Hillesheim, um bei Ben im Teller einen Kaffee zu trinken. Gott sei Dank war niemand dort, der mir Fragen stellen würde.« (Berndorf, *Eifel-Gold*) Auch die Gäste des Clubhauses im Golfclub Berndorf kommen in den Genuss der Kochkünste von Ben Schauster und seiner Crew.

Koblenzer Str. 5
54576 Hillesheim
Tel.: 06593/667
durchgehend geöffnet

Hohenfels-Essingen

(Kreis Daun; VG Gerolstein; 372 EW.) Kleiner ruhiger Ort an der B 410 im Tal des Hangeisbaches. Seit der Römerzeit besiedelt. Sehenswert: der Mühlenberg mit den bekannten **Mühlsteinhöhlen** und alten verwitterten **Mühlsteinen**, die **Schwedenfeste** und die **St. Martin-Höhle**.

Der Ortsteil E. wird zum Schauplatz einer mysteriösen winterlichen Geldübergabe in Ralf Kramps *Der neunte Tod*, wo an der verschneiten **Mariengrotte** im Wald, hoch über dem Dorf Schwarzgeld den Besitzer wechselt, mit dessen Hilfe der Bau eines exklusiven »Landpuffs« in Nettersheim gefördert werden soll. »Er winkte der Sekretärin zu, die fasziniert vor zwei riesenhaften Mühlsteinen stand, die, dichtbemoost und halb ins Erdreich eingelassen, von dem zeugten, was in früheren Zeiten hier aus dem Fels geschlagen worden war ... Auf der rechten Seite flackerten in einer halbverschneiten, von Stein und Eisen eingefaßten kleinen Zeremonienstätte ein paar Grablämpchen und schickten ihren schwachen Schein die karge Felswand hinauf zu einer schemenhaft erkennbaren Marienstatue, die mit einem Strahlenkranz von an dem Fels befestigten bunten Glasscherben umgeben war.«

Holzmaar

Am und im Kratersee bei **Gillenfeld** werden gleich zu Beginn des Krimis *Malerische Morde* von Ralf Kramp der Maler Hermann Delamot und sein Modell »Nati« umgebracht. Herbie Feldmann, leicht schizophrener Ermittler in Ralf

Kramps Eifelkrimis, inspiziert eingehend den Tatort. »Der Parkplatz sah aus wie jeder andere Wanderparkplatz in der Eifel und anderswo. Möglicherweise war er im Moment ein bisschen sauberer, da die Spurensicherung der Polizei gründliche Arbeit geleistet hatte, und Zigarettenkippen, Kaugummipapier und Cola-Dosen fein säuberlich aufgesammelt und ins Labor mitgenommen hatte. Ein paar Hinweistafeln älteren Datums gaben Auskunft über das Holzmaar und seinen vulkanischen Ursprung, und Herbie irrte ein paar Minuten ziellos auf dem holperigen Platz hin und her, in der Hoffnung, es ließe sich vielleicht irgendein noch so kleiner Hinweis auf den Standort von Köbes' Auto am Morgen nach dem Mord finden. (...) Über das Holzgeländer eines kleinen **Aussichtsstegs** hinweg entdeckte er das Wasser. Tür-

kisgrün und freundlich lag er inmitten einer kreisrund ansteigenden, bewaldeten Landschaft. Wenn man um die Herkunft dieses Gewässers wusste, erkannte man den früheren Krater recht deutlich. ›Das ist wirklich idyllisch‹, murmelte Herbie, als er auf den Steg trat und über den See hinausblickte. Das Maar war kleiner, als er es sich vorgestellt hatte. Diejenigen dieser einmaligen Gewässer, die er von Fotografien her kannte, waren eindeutig größer.« Wenig Stunden zuvor hatten noch zwei Leichen im Maar gedümpelt. Herbie umrundet auf dem Uferweg den halben See, bis er auf das rot-weiße Flatterband mit dem Wort »Polizeiabsperrung« stößt. Er versucht gerade, sich die morgendliche Mordszene plastisch vorzustellen, als ihm die erste Frau des ermordeten Malers, Ingrid Delamot, begegnet.

Bizarrer Schauplatz einer Geldübergabe: die Mariengrotte bei Hohenfels-Essingen

Jünkerath

(RLP/Kreis Daun; VG Obere Kyll; 1950 EW.)
Erholungsort in geschützter Lage im oberen Kylltal. **Sehenswert: Reste des Römerwalls in der Nähe des Bahnhofs; das Eisenmuseum mit ausgewählten Exponaten zur Eisengusskunst und zur technisch-künstlerischen Entwicklung.**

In einer **Scheune** beim fiktiven Birkenhof in J. verbrennen an Heiligabend die Jugendlichen Ole Mehren und Betty Sander. Wie sich herausstellt, hat man ihnen vor dem Brand das Genick gebrochen und Heroin in die Leichen gespritzt. (Berndorf, *Eifel-Schnee*) In der Scheune hatten sich die Jugendlichen »eine fast perfekte Zweizimmer-Wohnung mit Bad und Küche gebaut«. Der Doppelmord in J. führt mitten hinein in einen heißen Drogenkrieg in der Eifel, der von Amsterdam aus gesteuert wird.

In J. ist Dorothea Rosawski geboren, die 29-jährige Nachbarin des Ermittlers Herbie Feldmann. Beide, Rosawski und Feldmann, wohnen Wand an Wand in einem Haus am **Annaturmplatz** in Euskirchen. Es stellte sich heraus, dass der Mord an ihr nur vorgetäuscht ist und einen weiteren, echten Mord vertuschen soll. (Ralf Kramp, *Spinner*) – Recherchen nach einem ermordeten Gleisbauarbeiter in einem fiktiven Eifeldorf bei Schleiden führen den Ich-Erzähler des Krimis *Still und starr* von Ralf Kramp auch nach J., in ein Eiscafé am Straßenrand. Hier trifft er einen ehemaligen Kollegen des Toten, der früher mit ihm die schweißtreibende Knochenarbeit entlang der **Bahnstrecke Köln-Trier** verrichtet hat.

Kelberg

(RLP/Kreis Daun; VG Kelberg; 1750 EW.)
Luftkurort zu Füßen des 675 m hohen Hochkelbergs.

Auf dem Weg zum **Nürburgring** macht Baumeister kurz Stopp in K.: »In Kelberg steuerte ich die Bäckerei Schillinger an und erstand vier Apfeltaschen, die wir auf dem Weg zum Nürburgring mampften.« (Berndorf, *Eifel-Rallye*) In K. wohnt der Ehemann von Heidelinde Kutschera, die mit einem Liebhaber auf dem Golfplatz von Berndorf erschossen aufgefunden wurde. Baumeister besucht ihn im Rahmen seiner Recherchen: »Kutscheras Werkstatt lag im Hinterhof eines alten Bauernhauses, dicht an der Kreuzung der beiden Bundesstraßen. Es standen eine Menge Bretterstapel herum, aber nichts wies darauf hin, daß hier irgendjemand fröhlich seinem Handwerk nachging.« (Berndorf, *Eifel-Filz*)

Kerpen

(RLP/Kreis Daun, VG Hillesheim; 450 EW.)
Idyllisches Burgdorf, überragt von einer gut erhaltenen Burganlage, die mit dem **Eifelmaler Fritz von Wille** und dem Schriftsteller **Alfred Andersch** berühmte Bewohner hatte. Mehrfacher Sieger im Wettbewerb »Unser Dorf soll schöner werden« (Landessieger 1992 und 1993, Bundessieger 1993). Ausgangspunkt des Geo-Pfads.

In Kerpen, nordöstlich von Hillesheim gelegen, wohnt der Eifelkrimi-Autor und Verleger Ralf Kramp seit seinem Umzug von der Nordeifel in die Vulkaneifel im Jahre 2002. – Der alte **Steinbruch** ganz in der Nähe von Kerpen ist für das schriftstellerische Werk des »Eifelkrimi-Gurus« Jacques Berndorf von entscheidender Bedeutung. In der Einsamkeit der Natur grübelt er über Tatorte und Motive. Hier fiel auch die Entscheidung, Krimi-Schriftsteller zu werden. – Der Kunstfälscher Wallraff, auf Gemälde des Künstlers **von Wille** spezialisiert, fährt in Kramps Krimi *Malerische Morde* nach einem dreisten Bilderraub mit seinen Kumpanen ausgerechnet durch K.: »Er fuhr über Dreis-Brück und Niederehe. Als sie durch Kerpen fuhren, schwitzte Wallraff Blut und Wasser. In den engen Straßen des kleinen Dorfes begegneten ihnen zahlreiche Fußgänger, die, wie das nun einmal in allen Eifeldörfern üblich war, jedes ortsfremde Auto aufmerksam musterten. ›Das wäre doch die pure Ironie!‹, sagte Wallraff mit einem gequälten Lächeln. ›Hier in Ker-

pen, wo auf der Burg der alte Wille die Pinsel geschwungen hat, müssten sie uns schnappen. Stellt euch das mal vor, Leute!‹« – Auch die Privatermittlerin Ulrike Marx führen die Recherchen nach Kerpen. Sie besucht das Haus der verdächtigen Touristikerin Angela Seeberger-Kroll: »Die Burg von Kerpen, die ein **Schullandheim** beherbergte, lag rechts auf dem Berg, rötlich angestrahlt, der ganze Stolz eines Dorfes, das einmal zum schönsten in ganz Deutschland gekürt worden war. Ich bog rechts ab hinunter in den Ortskern und hielt direkt vor Angelas Haus.« (Koch, *Das Wasser*)

Strumpffabrik

Bei dem größten Geldraub in der Geschichte der Bundesrepublik nahe Wiesbaum gerät der Deutschlandrusse »Wassi« in Verdacht. Baumeisters

Das Übergangswohnheim in der alten Strumpffabrik bei Kerpen

Tipp

Das Kleine Landcafé

Man erwartet das nicht, so mitten in der Eifel: ein zauberhaftes Bistro in einer alten Scheune, mit Kunstausstellungen an den alten Bruchsteinmauern, Jazzmusik und Autorenlesungen, mit hausgebackenem Kuchen und exquisiten Suppen. Und doch gibt es das. »... und so machte ich einen etwas größeren Umweg über Kerpen und aß im Kleinen Landcafé eine Suppe und Brote mit Griebenschmalz, dazu einen großen Milchkaffee.« (Berndorf, *Eifel-Liebe*) Das Ehepaar Greif hat eine Oase der Glückseligkeit in das kleine Burgdorf Kerpen gezaubert, in der man so richtig die Seele baumeln lassen kann. Auch Neu-Vulkaneifeler Herbie Feldmann gönnt sich nach durchstandenen Strapazen eine wohlverdiente Pause im Café, »wo er an einem strahlenden Sommertag, mit der Zeitung und dem unvermeidlichen Julius bewaffnet, auf der Freiterrasse saß und sich ein köstliches Eifeler Landbier schmecken ließ.« (Kramp, *Malerische Morde*) Fritz-von-Wille-Str.8, 54578 Kerpen Tel.: 06593/996969 Fax: 06593/996971 Öffnungszeiten: Mi.–Sa. 14.00–22.00 Uhr, So. 10.00–19.00 Uhr

Spurensuche führt daher auch zur Strumpffabrik nach K., jetzt Übergangswohnheim für Deutschrussen: »Die Strumpffabrik befindet sich linker Hand am Ortsausgang von Kerpen Richtung Leudersdorf und Ahütte. Granitgrau liegt sie schwerfällig am Hang einer großen Mulde, und jedermann, der einige Ahnung von Architektur hat, weiß sofort, daß das Gebäude nur in der Amtsperiode des Größten Feldherrn aller Zeiten entstanden sein kann. Tatsächlich ist es errichtet worden, um als Heim für den Reichsarbeitsdienst zu dienen, genauer: für junge Mädchen, die dort nachts schliefen und tagsüber ringsum auf den Bauernhöfen ihren Dienst taten. Die Feldwege um das Haus herum waren insbesondere der männlichen Jugend bestens bekannt, denn sie dienten dazu, sich am Morgengrauen anzuschleichen, wenn die Mädels auf den Hof gescheucht wurden, um in teutonischer Strenge den Körper zu lockern. Ein Haus ewiger Niederlagen, denn am Ende der tausend Jahre des Dritten Reichs wurde daraus ein Lazarett für angeschossene Landser, dann, nach Ende des Krieges, ein Altenheim, schließlich eine Strumpffabrik, die zu Beginn der achtziger Jahre den Betrieb einstellte. Jetzt hausten dort deutsche Russen aus Kasachstan, von denen nicht wenige begreifen mußten, daß das Land, in dem Milch und Honig fließt, durchweg asphaltiert ist. Übergangswohnheim nennt sich das jetzt.« (Berndorf, *Eifel-Gold*)

Steinbruch

Der alte Steinbruch zwischen Berndorf und Kerpen ist von besonderer Bedeutung für das Krimi-Schaffen von Jacques Berndorf: »Der Ort in der Eifel, der diese Krimis am meisten gefördert, befruchtet und durch seine Stille überhaupt erst möglich gemacht hat, ist ein alter Steinbruch zwischen Berndorf und Kerpen mit dem für die meisten Menschen unverständlichen Flurnamen Weinberg. Tatsächlich ist dort Wein angebaut worden, wenngleich der Verdacht besteht, dass er so sauer war wie der Alltag der Bauern. Viele hundert Jahre alte Weinstockwurzeln wurden gefunden. Es ist ein Felsrücken, dessen Ende im alten Steinbruch mündet. (...) Vom alten Bauernhaus bis in dieses Paradies sind es nur zwölfhundert Meter. Und so hockte ich unendlich viele Tage am stillen Teich und dachte darüber nach, was ich mit meinem Leben anfangen könnte, bis mir einfiel, es könnte vielleicht ein Krimi sein. Wenn ich heutzutage auf Motiv- und Tatortsuche durch die Eifel rolle und in Kerpen meinen Steilhang des alten Steinbruchs sehe, dann kehre ich für ein paar Stunden dort ein, wo alles begann«, bekennt Michael Preute im Buch *Eifel-Täter*, das sein Verleger Rutger Booß anlässlich seines 65. Geburtstags herausgegeben hat. – Der Lebensmittelchemiker Franz-Josef Breidenbach wird im K.er Steinbruch beim Zelten auf der mittleren Sohle während einer Regennacht von einer Felslawine erschlagen. Er untersuchte das Trinkwasser der Region und hatte dabei Giftspuren entdeckt. Sie stammen von einem Fensterfabrikanten. Breidenbach ist der erste Tote in Jacques Berndorfs Krimi *Eifel-Wasser*. Er zeltete häufig im Steinbruch, um Naturbeobachtungen zu machen. Nahe der Leiche, die zur Hälfte unter einem Steinhaufen liegt, wird ein abgetrennter Finger gefunden. Baumeister besichtigt den vermeintlichen Unfallort: »Bei der Einfahrt nach Kerpen drosselte ich die Geschwindigkeit. Rechts oben thronte die Burg in schöner Arroganz auf ihrem Fels. Zwischen den Häusern wurde kurz das Landcafé sichtbar, dann kam die Abfahrt zur Schnellstraße. Auf der Höhe der Strumpffabrik bog ich nach links ab und wir zockelten auf

Hier fing alles an: der Steinbruch bei Kerpen

Schutz vor dem Attentäter in Kloster Himmerod

einem geteerten Wirtschaftsweg bis zur Abzweigung in die Senkenauffahrt. Rechts stand Weizen in voller Pracht und leuchtete golden. (...) Um auf die mittlere Sohle des Steinbruchs zu gelangen, mussten wir eine sehr steile Einfahrt passieren, Äste schrammten mein Auto.« Bis weit nach dem 2. Weltkrieg ist hier abgebaut worden: »Doch es gab keine billigen, schnellen Transportwege für die Steine, die Konkurrenz war besser dran. Die Holländer haben mit dem hiesigen Basalt ihre Deiche und Wellenbrecher errichtet und die Londoner haben ihn bestellt, um die Bettungen ihrer U-Bahnen zu bauen. Als Schluss war, haben sie alle Werkstätten und Füllanlagen abgerissen und der Natur zurückgegeben, was sie hier geklaut hatten. Heute gibt es hier relativ seltene Schmetterlinge, Haselnussottern, angeblich sogar Kreuzottern. Es

wirkt so, als ob die Natur sich freut, dass der Mensch erfolglos blieb.« Der Steinbruch ist auch erdgeschichtlich bedeutsam, wie Baumeister gegenüber Rodenstock ausführt: »Du stehst an einer erdgeschichtlich wichtigen Stelle (...). Hier brandete das Urmeer auf ein Riff. Auf der Erde befand sich nur ein großer Kontinent, Pangäa hieß der. Und unsere Eifel lag auf der Höhe des heutigen Iran. Du siehst Gesteine geschichtet, die das Riff ausmachten. Jede Menge Fossilien, Schnecken, Seelilien und anderes Getier.« (Berndorf, *Eifel-Wasser*) – In der Nähe des K.er Steinbruchs ist eine weitere Leiche den Wildschweinen zum Opfer gefallen, die dort eine regelmäßig eine Suhle aufsuchen: »Wenn Sie an der Strumpffabrik hochfahren zwischen den Feldern, dann ist links die Einfahrt in den Steinbruch. An dieser Stelle fahren Sie geradeaus bis oben auf

die Kuppe. Da geht ein Weg quer rü-
ber über Weideland zu einem Waldrand. Alter Buchenbestand. Da müssen
Sie durch, da gibt es keinen Weg. Dann
kommt ein Schonungsgebiet. Ziemlich
dicht. Geradeaus durch. Dort wird es
sumpfig. Sie kommen in eine Senke.
Alles voll Matsch. Das ist die Suhle.«
Der Tote ist der »Stricher« Karl-Heinz
Messerich, liiert mit dem, wie sich herausstellt, homosexuellen Breidenbach.
Wie sich dann zeigt, hat man Messerich bewusst den Wildschweinen zum
Fraß vorgeworfen. Der Mörder schließlich verübt später Selbstmord, indem er
sich im Steinbruch in den Tod stürzt.
(Berndorf, *Eifel-Wasser*) Die alte Klara, die mit ihrer Ziege ein altes **Bauernhaus** am Eingang zum Steinbruch bewohnt und trinkfest und wortkarg das
mörderische Geschehen beobachtet, ist
von Berndorf in die Landschaft hinein-
gesponnen.

Kloster Himmerod

(RLP/Kreis Bernkastel-Wittlich; VG Manderscheid; Ortsgemeinde Großlittgen;
1100 EW.)
Der »gefährlichste Bombenleger der
Nation« steuert nach seiner Flucht
durch die Vulkaneifel und die Ahreifel das Kloster H. an – das Finale des
Kriminalromans *Glaube, Liebe, Mord*
von Thomas Pfanner findet hier statt.
Hierhin hat sich der Attentatsgefähr-
dete Bischof von Köln zurückgezogen.
Ein schreckliches Geheimnis verbindet
den Bischof mit dem Attentäter Auschner, der in H. Rache nehmen will für
zerstörtes Leben, nicht nur das seiner
Frau. – Auf einer Tour durch die Eifel

streift auch die Tourismus-Texterin Ulrike Marx das Kloster Himmerod. »Ich
blickte auf einen schmalen, eleganten
Kirchenbau, die weißgetünchten Mauern abgesetzt mit rotem, kunstvoll be-
hauenem Sandstein, eine perfekte Mischung aus Klarheit und Verspieltheit.
Ein kleiner Park zur Rechten der Abtei,
ein terrassierter Garten zur Linken.«
(Koch, *Das Wasser*) Hier lernt Ulrike
Marx auch Bruder Anselmus kennen,
einen weltoffenen Klosterbruder, »zuständig für Public Relations und Finan-
zen.« Das Kloster wurde ursprünglich
im achtzehnten Jahrhundert errichtet,
erlag aber den verheerenden Folgen
der französischen Revolution. Erst im
Jahre 1952 wurde damit begonnen, das
Bauwerk neu zu errichten. 1960 fand die
Weihe statt. **Die alte Mühle** ist das einzige original erhaltene Gebäude der Anlage und beherbergt heute Künstleratel-
iers und Tagungsräume.

Kopp

(RLP/Kreis Daun; VG Gerolstein, 272 EW.)
Auf dem Weg zwischen K. und Weißen-
seifen wird das 26 Jahre alte Mannequin
Erika Schallenberg aus Düsseldorf, genannt »Cherie«, erschossen aufgefunden. Mord Nummer eins in Jacques
Berndorfs Krimi *Eifel-Jagd* (1998). Siggi
Baumeister eilt zum Tatort: »Die Bundesstraße 410 um die Burg in Lissin-
gen herum, dann endlich die Abzweigung nach Kopp – eine der schönsten
Straßen in der Eifel mit grandiosen
Aussichtspunkten in ein weites, ber-
giges Land. (...) Einfahrt nach Kopp,
die scharfe Linkskurve im engen Tal,
den Hang hoch, an der **Kneipe Kop-**

per **Eck** vorbei, dann nach links in die Weißenseifener Straße – Tip für Wanderer, traumhafte Eifel.« – Ebenfalls im **Kyllwald** stirbt die Jägerin Mathilde Vogt, 42 Jahre alt und Mutter zweier Kinder. Sie stirbt auf einem **Waldweg** an den Folgen eines Kopfschusses. Leiche Nummer zwei in Berndorfs *Eifel-Jagd*, räumlich nur einen Kilometer voneinander entfernt. – In einem ausrangierten Bauwagen haust im **Salmwald** bei Kopp auch der Penner »Narben-Otto«. Auf dem Weg dorthin stößt Baumeister auf Spuren Eifeler Frömmigkeit: »Bevor sich die Straße steil über Eigelbach nach unten schraubt und die ersten Häuser von Kopp klein wie Spielzeug in den Falten der Höhen sichtbar werden, steht rechter Hand das **Kreuz**, ein seltenes Stück Eifeler Frömmigkeit aus rotem Sandstein, das mit Flechten bewachsen ist. Am Fuß hat dieses Kreuz eine Höhlung, in der ein Mönch sitzt, der Jesus auf dem Schoß hält. Vielleicht ist es aber auch die Mutter Maria, gestiftet von einer Bauernfamilie. An dieser Stelle führte ein Feldweg nach rechts in die Wiesen, vielleicht vierhundert oder fünfhundert Meter bis zum Waldrand. (...) Ich war mißtrauisch, weil ich mir nicht vorstellen konnte, daß Forstbehörden es dulden, wenn jemand in einem alten Bauwagen haust und dazu noch ein leibhaftiger Penner ist. Ein Wald hat ordentlich und also ohne Bauwagen unter dem Eifelhimmel zu stehen.« »Narben-Otto« wird der frühere Düsseldorfer Arzt Dr. Markus Kaiserwerth genannt, Abtreibungsspezialist der Jugendlichen-Clique in Berners Jagdhaus im Salmwald. Bei ihm laufen auch alle Fäden internationaler Drogentransporte zusammen, in die ahnungslose Rucksacktouristen und Treckerfahrer hineingezogen werden: »Sie bewegten sich kreuz und quer durch den gesamten Naturpark Nordeifel nach Steffeln, Duppach, Schwirzheim, Weinsheim, Wallersheim. Dann bündelte sich das und lief wie in einem trompetenförmigen Trichter auf Kopp zu. Niemand in diesen Orten hatte damit zu tun, alle waren sie fremd. Oberhalb von Kopp, etwas höher als Eigelbach, saß Narben-Otto. Er thronte dort oben genau am Einlauf der Zielgeraden sämtlicher Kuriere.« In einer alten **Jagdhütte** bei Kopp stöbern Baumeister, Rodenstock und Emma den Jagdfreund Dr. Trierberg auf, der mit der ermordeten Mathilde Vogts ein Verhältnis hatte. In diesem Waldversteck haben sie ein Kind gezeugt, zur tödlichen Entrüstung von Mathilde Vogts katholischem Ehemann. (Berndorf, *Eifel-Jagd*)

Kyllwald

»Kyllwald« heißt auf Landkarten das Jagdrevier des Düsseldorfer Industriellen Berner, gebräuchlicher ist allerdings der Name »**Salmwald**«. Ein Doppelmord im Salmwald bei **Kopp** erschüttert die Eifeler Jägerwelt in Berndorfs Krimi *Eifel-Jagd*. In einem Exkurs doziert Baumeister über die **Geschichte** des »Kyllwaldes«: »Hier haben schon die römischen Kaiser gejagt. Die saßen damals in Trier. Viel später gehörte das Gebiet der Abtei Prüm, die den Wald dann Bertrada schenkte, der Mutter Karls des Großen. Der jagte hier auch. Dann war es ein kurfürstliches Jagdrevier, ein napoleonischer Wald, anschließend ein preußischer Forst. Der halbe Adel Europas hat hier den Hirsch gehetzt. Der Kyllwald ist seit zweitausend Jahren nachweislich Jagdrevier und die Eifler standen daneben und hatten Hunger und durften nur von Zeit zu Zeit die Treiber spielen. Das Hochwild war dem Hochadel vorbehalten: Hirsche, Sauen. Hochwild nennt man es deshalb, weil es eben dem Hochadel zustand. Das Niederwild war entsprechend für den Niederen Adel – Hasen, Fasane und Enten. Wurde ein Nichtadeliger beim Jagen erwischt, drohte ihm der Tod.« (Berndorf, *Eifel-Jagd*)

Maare

Die Dauner Maare, Kraterseen erloschener Vulkane, viel zitiert als »**Augen der Eifel**«, bilden das Herzstück der **westlichen Vulkaneifel: das Gemündener Maar,** das **Weinfelder Maar** und das **Schalkenmehrener Maar**. Erloschene Zeugen brodelnder Erdgeschichte bis in die Tertiär- und Quartärzeit hinein. Entstanden sind sie »durch Wasserdampfexplosionen beim Kontakt der aufsteigenden Lava mit oberflächennahem Grundwasser«. Die Maare können Durchmesser von mehr als einem Kilometer erreichen. – Zum Tatort in den Eifelkrimis sind die Maare erst in jüngster Zeit geworden. Mit der Ermordung des Malers Delamot und seines Modells »Nati« am **Holzmaar** beginnt der Eifelkrimi *Malerische Morde* von Ralf Kramp. Der schizophrene Ermittler Herbie Feldmann ermittelt ausgiebig am Tatort. – Mörderisches Cliquentreiben am **Meerfelder Maar** steht im Mittelpunkt von Jacques Berndorfs elftem Eifelkrimi *Eifel-Liebe*. – Am sagenumwobenen **Weinfelder Maar** bei Daun, »unterhalb der Weinfelder Kapelle, unmittelbar am Wasser«, wird Anna Hennef aus **Meerfeld** erschossen. Sie ist die Geliebte des kriminellen Cliquenbosses Bliesheim, der mit Drogen handelt. (Berndorf, *Eifel-Liebe*) – Die Detektiv-

Still und starr ruht das Meerfelder Maar

Eine Leiche stört das Idyll auf der Oberburg in Manderscheid

geschichte für Kinder *Lange Schatten in der Nacht* spielt auch am **Pulvermaar**, das Lieblingsmaar von Detektiv Luc Lucas. (Pestum, *Lange Schatten in der Nacht*) – Mord, Justizirrtum und schließlich die Aufklärung stehen im Mittelpunkt des Romans *Das Irrlicht auf dem Eifelmaar* von Richard Wenz. Es spielt am **Ulmener Maar**. – In einem Hotel am **Pulvermaar** wird ein Smaragdring im Wert von einer halben Million DM gestohlen. Der Verdacht richtet sich zunächst auf den Enkel der Bestohlenen, der als Zirkusclown in Manderscheid gastiert. (Pestum, *Lange Schatten in der Nacht*)

Manderscheid

(RLP/Kreis Daun; VG Manderscheid; 1400 EW.) Staatlich anerkannter heilklimatischer und Kneipp-Kurort. Sitz der Verbandsgemeindeverwaltung. M. wurde bereits 973 erwähnt, seit 1332 besitzt es Stadtrechte. Von den beiden Burgen stammt die **Oberburg** aus dem 10. Jahrhundert, die **Niederburg** aus dem 12. Jahrhundert.

In M. kehrt Jacques Berndorfs Journalistendetektiv Siggi Baumeister gelegentlich zum Flammkuchenessen in die »**Alte Molkerei**« ein. – Vom kleinen **Verteilerkreis** in M. an wird in Berndorfs Krimi *Eifel-Liebe* Siggi Baumeister von professionellen Killern verfolgt. In verwegener Fahrt geht es hinab zu den Burgen, weiter nach **Gillenfeld** und **Strohn**. »Auf der sehr langen Gerade in den lächerlichen zwei Kilometern nach Strohn schossen sie zum erstenmal. Das Heckfenster splitterte und verlor sich in tausend Einzelteilen.« – Auf der M.er Oberburg wird in Angelika Kochs Krimi *Das Wasser* eine junge Frau ermordet aufgefunden: »Wir gingen an der **Unterburg** vorbei, passierten eine kleine Holzbrücke über die Lieser und dann die matschige **Turnierwiese** zwischen den beiden Burgen. Danach begann der schmale, glitschige Aufstieg zur **Oberburg**. (...) Auf der Ebene unterhalb des Turms trieben sich rund ein Dutzend Männer herum, nicht eine einzige Frau war dabei.« Sie umstehen eine tote Frau. Wenig später weiß SAT.1 bereits von einem Lustmord in Manderscheid zu berichten: »Sie zeigten düstere Standbilder der mittelalterlichen Burgruine, dann endlos wogendes, totes Ginstergestrüpp«. (Koch, *Das Wasser*) – In Manderscheid siedelt Angelika Koch in ihrem Krimi *Das Wasser* im Industriegebiet am Rande der kleinen Stadt eine »Burg-Brunnen GmbH« an. – »Anfangs war sie täglich mit dem Wagen den weiten Weg nach Manderscheid ins Freibad gefahren. Dann hatte sie den Führerschein abgegeben, und ohne Auto war der Weg zu weit. Solange sie schwimmen konnte, würde sie am Leben bleiben, daran glaubte sie fest. Nichts und niemand durfe sie daran hindern. Sie war nach Manderscheid gezogen.« So beginnt die Erzählung *Schwimmen* von Andrea C. Busch, abgedruckt in Berndorfs Geschichtensammlung *Jürgen würgen*. Wenn sie jemand beim Schwimmen stört, geht diese alte Dame allerdings über Leichen ...

Mannebach

(RLP/Kreis Daun; 253 EW.)
Auf einem Feldweg bei M., zwischen Kelberg und Mayen an der B 410 gelegen, wird die junge Natalie Cölln aus Bongart erschossen aufgefunden. Beim Leichenfundort liegt eine wilde Müllkippe: »alte Fässer und alte Mö-

beilteile. Typisch für die Eifel, typisch für jede waldreiche Provinz, in der die Bewohner seit Generationen bestimmte Stellen in der Landwirtschaft benutzen, um Dinge loszuwerden, die nicht mehr gebraucht werden«. (Berndorf, *Eifel-Müll*) Hängt Natalies Tod mit einem Müllskandal zusammen? Nahe der ermordeten Leiche steht ein »großes **Holzkreuz** auf einem Wiesenhügel«. Auf der Hinfahrt denkt Baumeister über Eifeler Dorfwelten nach: »**Mannebach** und **Bereborn** liegen genau wie **Retterath** in weiten Senken und sind noch heute Paradebeispiele für heimelige Dörfer, die wie Spielzeug mit der Landschaft verschmelzen, uralte Siedlungen, deren Geschichte über viele Jahrhunderte ungeschrieben bleibt, weil zu wenig Zeugnisse vorhanden sind. Aber sie hatten Spuren hinterlassen. Überall gab es die Familiennamen Mannebach, Retterath und Bereborn oder Beborn, an der Mosel wie in Luxemburg, in Köln wie in Koblenz und Aachen.« (Berndorf, *Eifel-Müll*)

Meerfeld

(RLP/Kreis Bernkastel-Wittlich; VG Manderscheid; 400 EW.) Staatlich anerkannter Erholungsort am Meerfelder Maar.
M. und das M.er **Maar** stehen im Mittelpunkt von Jacques Berndorfs elftem Eifel-Krimi *Eifel-Liebe*. Hier im »Bilderbuchdorf« wohnt »am alten **Maarweg**«, Nummer 47, die 78-jährige »Oma Ohler«. Sie lenkt Siggi Baumeisters Interesse auf eine merkwürdige Eifelclique, die in M. ihren Mittelpunkt hat, und schließlich auf eine beunruhigende Mordserie. In einer **Scheune** bei M. fin-

det Baumeister »Kinsi« aus M. erhängt auf. Die vermeintliche Selbsttötung ist allerdings, wie es sich für einen Kriminalroman gehört, nur vorgetäuscht. Zwischen der »**Straße von Meerfeld nach Manderscheid**« und der **Bleckhausener Mühle** findet man das Cliquen-Mitglied Elvira Klein erstochen auf (am »alten Weg, der von der Manderscheider Straße zur Bleckhausener Mühle geht. Längs der **Kleinen Kyll**«). Elvira Klein war Stationsschwester in einer Kurklinik in Bad Bertrich. Der Täter ist offensichtlich gewichtig: »nicht unter einhundertsechzig Kilogramm (...). Also wirklich ein Elefant oder ähnliches.« Der Fundort ist nicht der Tatort. – Im M.er »**Café am Maar**« von Dirk Junk leiht sich Baumeister eine Festschrift und ein Buch über die Verbandsgemeinde Manderscheid, um mehr über Meerfeld zu erfahren. Die Fahrt ins Tal hinein

nach Meerfeld empfindet Baumeister als »Elendsstrecke (...), auf der man sich vorkommt wie in einer Kartoffelsortiermaschine«. – Auch der schwule Kaplan Markus Klinger gehört zur Meerfelder Clique, zuständig für dubiose Kurierdienste nach Portugal. Er wohnt am **M.er Maar** und unternimmt im Laufe der Geschichte einen erfolglosen Selbsttötungsversuch. (Berndorf, *Eifel-Liebe*)

Meisburg

(RLP/Kreis Daun; VG Daun; 276 EW.)
Anerkannte Fremdenverkehrsgemeinde.
Bei M. liegt eine merkwürdige (fiktive) **Jagdhütte**, in der Jacques Berndorfs Siggi Baumeister ein Kokainlager entdeckt. (Berndorf, *Eifel-Liebe*) Ein Einheimischer mit Blaumann und Kappe beschreibt den Weg: »Du fährst in

Das Holzkreuz bei Mannebach, nahe der toten jungen Natalie

Höhe Meisburg rechts rein. Das geht nach Müllenborn und Densborn. Nicht allzuweit reinfahren, das ist wichtig. Nach ungefähr drei Kilometern kriegst du linker Hand drei Waldwege kurz hintereinander. Den mittleren nimmst du. Ist gut ausgebaut.« Allerdings: »Mit diesem Schlitten kommst du nicht ganz rauf, aber macht ja nix. Du erreichst eine Lichtung. Auf der gehen wieder drei Wege ab. Du läßt dein Auto stehen und nimmst wieder den mittleren. Ist ganz einfach, nicht zu verfehlen.« In der Jagdhütte soll ein reicher Bauunternehmer »wilde Parties« gefeiert und »jede Menge Frauen vernascht« haben. Baumeister bricht über das Dach in die verschlossene Jagdhütte ein. Nahe dem angebauten Klo der Jagdhütte findet er, aufgeteilt auf 100 Pakete, einen Zentner Kokain. – In einer **Scheune** in M. stößt Siggi Baumeister schließlich auf den Mörder von Elvira Klein, einen »Fleischberg« von etwa 20 Jahren: »Seine Augen versanken in Fett, sein Bauch lag grandios vor ihm wie Gebirge. Seine Füße steckten in alten braunen, schwarzkarierten Filzlatschen. Es waren riesige Füße. (...) Schuhgröße 48! In der rechten Hand hielt der Fleischberg eine qualmende Zigarette, auf einer Kiste neben ihm stand eine offene Flasche Bier.« In dieser Scheune ist Elvira Klein ganz offensichtlich auch ermordet worden.

Mirbach

(RLP/Kreis Daun; VG Hillesheim)
Stammsitz eines der ältesten Adelsgeschlechter der Eifel, der Familie Graf von Mirbach. Auf den Grundmauern der fast

Tipp

Café am Maar

Es wird nicht nur an der traumhaft schönen Umgebung liegen, am Maar, direkt vor der Haustür, sondern auch am Kaffee, am guten Stück täglich frisch hausgebackenem Kuchen, an den köstlichen Menüs am Abend und an den gemütlichen Hotelzimmern. »Café am Maar« ist Urlaub. »Vor dem ›Café am Maar‹ saßen eine Menge Leute an kleinen Tischen und ließen sich den Abend mit Blick auf das Maar gefallen. Ich ging hinein und fragte eine Bedienung, ob es hier so etwas wie einen Chef gebe. ›Es gibt einen Chef‹, grinste sie. Dirk Junk war ein schlanker, großer Mann, der ausgesprochen freundlich wirkte.« (*Eifel-Liebe*) Der Küchenchef lauscht den »Alten« die Ur-Eifeler Rezepte ab. Das sind Dinge, die nicht verloren gehen dürfen. Kennen Sie beispielsweise eine Wouchtbröht – Zopp oder Schinken in Heu, Brennnesselgemüse, Backeskrompern?
54531 Meerfeld
Meerbachstraße 50
Tel.: 06572/4426, Fax: 06572/2449
Email: info@ferienhotel-cafe-am-maar.de, Öffnungszeiten: März–Nov. tägl., Nov.–März nur am Wochenende

Tipp

Landgasthof Schröder

Jacques Berndorf ist hier Stammgast und Siggi Baumeister natürlich auch. »Wir einigten uns, daß wir alle einen Schweizer Wurstsalat essen wollten, um den heimischen Eintopf vergessen zu können, und hockten uns an den Stammtisch unter eine ausgestopfte Forelle, die seit etwa zwanzig Jahren grimmig in die Gegend blickte.« (Berndorf, *Eifel-Rallye*) Kaum ein Lokal der Eifel wird in Berndorfs Romanen so oft frequentiert wie das Restaurant von Markus Schröder in Niederehe, das sich voller Stolz mit dem Titel »Gastliches Haus der Vulkaneifel« schmücken darf. Schröder, der einst in Maria Laach sein Handwerk erlernte, zaubert heute regionale und internationale Köstlichkeiten auf den Tisch des Hauses. Und da stehen Sie dann nebeneinander beim Bier. Knorrige Typen und feinsinnige Städter sind hier Stammgäste. Familienfeste und alles andere, was Raum braucht, lassen sich hier hervorragend feiern.
Kerpener Straße 7
54579 Üxheim/Niederehe
Tel.: 02696/1048, Fax: 02696/1472
Dienstag Ruhetag

ganz abgetragenen alten Burg ließ die Familie 1902 die Burgruine wieder aufbauen.

Über einen Feldweg aus Richtung Wiesbaum nähert sich in der Nacht Herbie Feldmann dem Atelier des ermordeten Malers und Wille-Fälschers Hermann Delamot. Das Haus ist polizeilich versiegelt, so dass er über das Dach der Garage in das Haus eindringen muss. Im Atelier findet er zahlreiche Schriftproben zu Fritz von Wille – Fälschungsversuche – und zuletzt auch eine weitere Leiche. (Kramp, *Malerische Morde*) Sehenswert ist hier auch die **Erlöserkirche**. Sie wurde im Jahre 1902 im neoromanischen Stil errichtet. Doch nicht immer hat man ein Auge für solche Kostbarkeiten: »Sie rasten durch die Nacht. Herbie lenkte den Wagen durch den kleinen Ort Mirbach und hatte keinen noch so flüchtigen Blick für die Erlöserkirche übrig, die, von gelblichem Scheinwerferlicht umschmeichelt, erhaben und monumental auf ihrer Anhöhe thronte.« (Kramp, *Malerische Morde*)

Müllenborn

(RLP/Kreis Daun; VG Gerolstein; 568 EW.) Staatlich anerkannter Erholungsort am Übergang von der Vulkaneifel zur Prümer Kalkmulde. Mehrfach ausgezeichnet im Wettbewerb »Unser Dorf soll schöner werden«. Alter Mühlenort.

In Jo Pestums Detektivgeschichte *Das Rätsel der Bananenfresser* ist das Auftauchen afrikanischer Lärmvögel rätselhaft, die in großer Zahl von zugezogenen Kölnern in M. gehalten werden. Ihr Ruf »Dinkondo« erweist sich als Wort aus der Bantusprache. Auf Deutsch heißt es »Banane«. Bananen und Vögel stellen sich schon bald als Teil eines illegalen Diamantenhandels heraus.

Mürlenbach

(RLP/Kreis Daun; VG Gerolstein; 800 EW.) Staatlich anerkannte Fremdenverkehrsgemeinde im Kylltal, umgeben von großen Waldgebieten. Sehenswert: die **Bertradaburg** mit ihrer markanten doppeltürmigen Torburg aus dem 13. Jahrhundert. Die ursprüngliche Burganlage ist einer der zahlreichen möglichen Geburtsstätten Karls des Großen.

Bei M. liegt das fiktive **Jagdhaus** des Düsseldorfer Industriellen Julius Berner. Hier trifft sich regelmäßig eine undurchsichtige Clique. (Berndorf, *Eifel-Jagd*) »Wir müssen nach Mürlenbach und an der **Bertradaburg** vorbei rechts ab den Berg hoch auf **Michaelshag** zu. Letztes Haus linke Seite«, lautet die Wegbeschreibung. Die Bertradaburg liegt »im Abendschimmer (...) wie aus dem Felsen gewachsen am Hang, die beiden Rundtürme wirkten solide, ewig wache Wächter, der Schiefer auf ihrem Dach schimmerte«. Das riesige Holzhaus des Industriellen mit seinen extrem großen Fenstern liegt hinter einem massiven, drei Meter hohen Zaun.

Niederehe

(RLP/Kreis Daun; VG Hillesheim; Gemeinde Üxheim; 400 EW.) Staatlich anerkannter Erholungsort. Sehenswert: die ehemalige Klosterkirche aus dem 12. Jahrhundert mit dem Hochgrab des Grafen Philipp von der Mark und seiner Frau Katharina von Manderscheid, mit ihrem spätgotischen Chorgestühl und der barocken Balthasar-König-Orgel; Wacholderschutzgebiet.

Noch im heißesten Drogenkrieg fährt Siggi Baumeister zum **Landgasthof** von Markus Schröder in N., etwa um in Ruhe eine Forelle zu essen. (Berndorf, *Eifel-Schnee*) – Im Krimi *Eifel-Feuer* kehrt er zu Bratkartoffeln, Heringstöpfen und Salaten ein und brütet mit Dr. Germaine Suchmann über Motive für die Ermordung des Generals Ravenstein bei Adenau. (Berndorf, *Eifel-Feuer*) – Im Krimi *Eifel-Rallye* tauchen zwei russische »Torpedos« mit PS-starkem, schwarzem Porsche vor dem Landgasthof Schröder auf, um im Auftrag des Unterweltkönigs Eggenrot Baumeister und Rodenstock zu jagen.

Niederstadtfeld

(RLP/Kreis Daun; VG Daun, 540 EW.) Sehr schön gelegener Ort, von hohen Waldhängen umgeben.

Bei Ermittlungen im Eifeler Drogenmilieu kommt Baumeister auch zu den Eltern des jungen Mario nach N. Im Chaos der Garage sucht er nach den verräterischen Beuteln mit dem weißen Pulver. Er findet vier Beutel Kokain »in einem Winterreifen, der ziemlich abgefahren an einem dicken Nagel an der Wand hing«. Zwei Proben nimmt er mit. (Berndorf, *Eifel-Schnee*) – Auf der verschneiten **Dorfstraße nahe dem Dorfbrunnen** liegt gleich zu Beginn von Angelika Kochs Krimi *Der Retter* eine männliche Leiche im Schnee: Christian Wortmann, der »Guru« der in N. ansässigen Landkommune (nachempfunden dem DDR-Kritiker Rudolf Bahro, der bis zur Wende 1989/90 tatsächlich eine Zeit lang in N. gelebt hat). Seine frühere »Jüngerin« Ulrike Marx stolpert über seine Leiche. »Ich stapfte durch den Schnee die Dorfstraße entlang zum Altglascontainer. Rechts die Kirche, geradeaus der leerstehende Edeka-Laden, links unser **Tagungshaus** ... Kurz vor der Quelle verfing ich mich in einer hellen Hose. Die lag auf dem Weg, im Schnee ... Vorsichtig ging ich weiter. Der Schnee hatte schwarze Sprenkel. Erst wenige, dann mehr, dann richtige kleine Teiche.« Unter Wortmann hatte sich die dörfliche Kommune zu einer Art »Weltrettungszentrale unter unschuldigen Eifelbauern« aufgeschwungen mit vielfältigen Spielarten »freier Liebe«. Eine Art »weltliches Kloster« der »New-Age-Bewegung« mit florierendem Seminarhausbetrieb, ein »Psycho-Spielplatz« für Weltverbesserer. Ausgerechnet hier, »am Arsch der Welt«, hatte man »große Träume einer Weltrevolution, die nie kommen würde«. (Angelika Koch, *Der Retter*) – N. ist für eine kurze Zeit während ihres ersten Falles auch der Wohnort von Ulrike Marx, und zeitgleich diente er der Autorin Angelika Koch und ihrem damaligen Mann Jacques Berndorf als Zwischenstation vor dem Bezug des Hauses in Dreis-Brück.

Nohn

(RLP/Kreis Daun; VG Hillesheim; 460 EW.) Kleiner Ort in waldreicher Umgebung. Sehenswert: der idyllische Wasserfall Dreimühlen; Kalksteinfelsen an der Nohner Mühle.

»Nohn, auf Bongard zu, sicherlich eine der schönsten **Waldstrecken** der Ei-

fel«, notiert Baumeister auf einer Autofahrt in Berndorfs Krimi *Eifel-Rallye*. Der Wald beruhigt ein wenig seine Nerven nach der Ermordung eines befreundeten Motorsportjournalisten. – Nach einem Besuch in der Gaststätte »**Stellwerk**« in Monreal fährt Baumeister reichlich gesättigt nach Dreis-Brück zurück. Bei Nohn kommt er an der **Heyer-Kapelle** vorbei, die ihn schwermütig stimmt: »Immer wenn ich diese Kapelle sehe, frage ich mich: Wo sind die Menschen geblieben? Ein Kirchlein, einsam, mitten in einem Wald, nichts in der unmittelbaren Nähe, kein Weiler, kein Dorf. Mir wurde bewusst, dass ich genussvoll in Melancholie versank. Aber ist denn ein verlassenes Kirchlein nicht tatsächlich unendlich traurig? All die armen Seelen, die ein grauenhaft tristes Schicksal in die Eifel führte – und die dann dieses kleine Bauwerk schnöde allein ließen. Wenn das nicht gut war für die Tränensäcke!« (Berndorf, *Eifel-Liebe*)

Oberehe

(RLP/Kreis Daun; VG Hillesheim; Ortsgemeinde zusammen mit Strocheich; 180 EW.) Die Burg Oberehe mit ihren beiden eigenartigen Türmen wurde Ende des 17. Jahrhunderts als befestigter Gutshof erbaut. Sehenswert: das Grab des Kölner Weihbischofs Werner von Veyder in der Pfarrkirche.

In Berndorfs Krimi *Eifel-Gold* findet Detektiv Siggi Baumeister bei einer Autofahrt von Oberehe nach Dockweiler die Lösung des Rätsels, wie ein Geldtransporter spurlos verschwinden kann. Drei Tieflader neben einem riesigen Holzlagerplatz inspirieren ihn: »Es waren drei Volvo-Intercooler mit belgischer Nummer, und wahrscheinlich waren sie seit mindestens vier Jahren hier im Einsatz, weil belgische Firmen das meiste Holz der beiden Stürme aufgekauft hatten: Material für die hungrige Möbelindustrie.« Ausgiebig untersucht er die Trucks. Auf dem Lagerplatz werden »Tausende von Fichtenstämmen ständig von Wasser berieselt (...), um den Befall durch Borkenkäfer zu verhindern.« Wie sich herausstellt, ist ein Tieflader in O. gestohlen worden, um den überfallenen Geldtransporter wegzuschaffen. – Siggi Baumeister schwärmt von einem uralten »Weg durch ein wunderschönes **Tal nach Oberehe**«. Zuweilen hält er hier an: »Der Bach, der von Oberehe herkommend unter der Brücke durchfließt, unterhält an seinem linken Ufer ein kleines, nicht sehr großes sumpfiges Feld, in dem

blaue Schwertlilien stehen. Ein kleines Wunder zwischen zwei Waldrändern. Ich hockte mich ins Gras, ich stopfte mir eine Lorenzo und schmauchte vor mich hin.« (Berndorf, *Eifel-Liebe*)

Plein

(RLP/Kreis Bernkastel-Wittlich; VG Wittlich) Sehenswert: der Aussichtspunkt Kapelle am »Frauenberg« und die Wegekapelle am Unkenstein.

Die »Alte Pleiner Mühle« ist ein viel besuchtes Gasthaus mitten im Wald, auf der linken Lieserseite, nur fünf Autominuten von **Wittlich** entfernt.

Zur Alten Mühle nach P. zieht es Siggi Baumeister, wenn er einmal für zwei, drei Stunden Ruhe finden will. (Berndorf, *Eifel-Wasser*) Die Strecke von Daun über Manderscheid und Großlittgen dorthin zählt Baumeister zu den »schönsten Strecken der Eifel, ein

Erholung von Leichen und Mördern im märchenhaften Liesertal

Eintauchen in endlose Wälder.« Auch Freundin Vera zeigt sich sehr angetan von dem **Mühltal:** »Vera war begeistert von der Talenge, in der die Mühle liegt. Steilhänge mit dichtem Wald, eine hochstehende Sonne, die auf den schnell eilenden Wassern tanzte, in schattigen Löchern stehende Regenbogenforellen, eine blonde Wirtin, die lächelnd fragte: ›Süßes oder Derbes?‹ In solchen Momenten kann man wirklich glauben, unsere Welt sei heil und in Ordnung.« – Auch Angelika Koch schickt ihre Ermittlerin Ulrike Marx nach P. und lässt sie, zusammen mit ihrem »Michael Herzen« (Vorbild: Michael Preute alias Jacques Berndorf) wiederholt zur Pleiner Mühle, die sie in höchsten Tönen rühmt: »Den Weg, den wir jetzt wie die Irren entlangrasten, waren wir schon oft gefahren, in gemächlichem Zockeltempo, sonntags bei Sonnenschein, um auf der Terrasse über der Lieser Eis zu essen, dem Rauschen des Flusses zuzuhören, die Forellen im grünen klaren Wasser zu beobachten und dann über die moosbewachsenen Felsen am Ufer zu klettern. Ein mit Walderdbeeren gesäumter, selbst im Hochsommer glitschiger, holpriger Fußpfad führte von der Mühle zu einer Stelle, die aussah wie von Kindern geträumt, die gerade Grimms Märchen gelesen hatten. Aus dem Halbschatten der Hainbuchen tauchte mitten im Wasser, das über die rundgeschliffenen Steine tanzte, eine Insel auf, voller wilder Blumen und Akazien, umschwirrt von Schmetterlingen und winzigen Vögeln, die so pfeilschnell über das Wasser glitten, daß ich sie nie erkennen konnte.« (Koch, *Jemand wie Ginsterblum*)

Pulvermaar

Die Kraterseen Pulvermaar und Holzmaar liegen bei Gillenfeld im Kreis Daun.
In der Jugend-Detektivgeschichte *Lange Schatten in der Nacht* von Jo Pestum geht es um einen gestohlenen Smaragdring im Wert von einer halben Million DM. Die reiche Frau von Eyll, Gast im Nobelhotel »Pulvermühle« beim Pulvermaar, beklagt den Verlust. Auch der Hotelbesitzer gerät in Verdacht. Dem Pulvermaar gilt die besondere Sympathie von Ex-Kommissar Luc Lucas: »Ich war wie immer hingerissen von dieser kargen Eifellandschaft. Und von allen Maaren – diesen klaren, kahlen Seen in den Kegeln der erloschenen Vulkane – mochte ich das Pulvermaar am liebsten.«

Rockeskyll

(RLP/Kreis Daun; VG Gerolstein; 313 EW.)
Bei R. spielt der Eifelkrimi *Der Bär* von Jacques Berndorf. Er ist enthalten in der von Berndorf herausgegebenen Chronik *111 Jahre Gerolsteiner Brunnen* aus dem Jahre 1999. Es geht um die Ermordung eines fahrenden Händlers vor 111 Jahren, am 2. August 1888, »genau an der Stelle, wo von der Straße zwischen Gerolstein und Daun der alte Weg nach links auf Rockeskyll abging. Geradeaus kam man nach Essingen. Da war ein kleines **Wäldchen**, ein großes Gebüsch.« Der fahrende Händler hatte einen Bären bei sich, den der Graf von Manderscheid eine Woche nach dem Mord erschoss. Verdächtigt wird der Landwirt Berthold Schmitz aus Rockeskyll. Sein Wohnhaus lag damals 300 Meter vom

Tatort entfernt auf einem Hang. Vier Tage nach dem Mord wanderte er in die USA aus ...

Schutz

(RLP/Kreis Daun; VG Daun; 176 EW.) Im Tal der kleinen Kyll nahe Niederstadtfeld gelegen, mit merkwürdigen Felseinbauten am »Schutzer Kopf« oder »Burberg«.

Im Wald bei S. findet Ulrike Marx den Mörder von Christian Wortmann. Nahe einer Schwitzhütte, in der Seminaristen von Niederstadtfeld indianische Rituale für eine neue Welt eingeübt hatten: »Ein alter Kraftort war es, ohne Zweifel, selbst für uns noch spürbar. Hoch über dem Dorf Schutz, keine fünfhundert Meter Luftlinie von Bleckhausen. Fliehburg für die Kelten vor den Römern, für die Römer vor den Germanen, für die Germanen vor den Hunnen. Und heute eine Fliehburg für Enttäuschte vor ihrer eigenen Kultur.

Mauerreste, in einer windgeschützten Ecke ein Grillplatz. Der Burberg, Teil eines Kraterrandes, Lava mit einer Höhle, einem Brunnen, einer Ebene mit Gras für die Schwitzhütte. Nach Süden, zum Marschbach hin, fast senkrecht abfallende Felswände, nach Norden sanfter Übergang in die bewaldeten Hügel, Wacholderheide, Blicke vierzig Kilometer weit, der Hunsrück, die Hohe Acht, bei klarem Wetter mühelos.« – Ulrike findet den Täter in einer Felsnische kauernd, voller Reue über seine Tat, die er nicht verwinden kann. Wenig später stürzt er sich in den Tod: »Er stand auf und ging die drei Schritte zum Kraterrand, nur noch zarte Ginsterbüsche und dann fünfzig Meter steil in die Tiefe. Er ließ sich fallen.« (Koch, *Der Retter*) Das Motiv des Todessturzes verwendet Angelika Koch später erneut bei einer Kurzgeschichte mit dem Titel *Schutz in der Eifel* (in: Thea Dorn, *Rätselhafte Waagen*, 2000)

Reihenweise Todesstürze vom steilen Burberg bei Schutz

Stadtkyll

(RLP/Kreis Daun; VG Obere Kyll; 1333 EW.)
Der Bauskandal um den in Konkurs gegangenen Bade- und Hotelkomplex »Vulkamar« in S. ist Vorbild für die Korruptions- und Schwarzgeldgeschichte in »Kyllheim« in Jacques Berndorfs Krimi *Eifel-Filz*. Eine Schlüsselrolle bei der windigen Baufinanzierung hat der Banker Pierre Kinn von der Kreissparkasse Daun. Er wird auf dem Golfplatz in Berndorf ermordet aufgefunden. Schwarzgeldspuren führen von der Eifel bis nach Liechtenstein. (Berndorf, *Eifel-Filz*) – In S. hat auch die (später ermordete) Landtagsabgeordnete der Grünen, Wilma Bruns, ein Haus. Es liegt nahe dem **Stausee**, an einem Wirtschaftsweg: »Es lag wie eine sehr friedliche Insel unter einem blassgelben Vollmond und machte durchaus nicht den Eindruck, als verberge es Geheimnisse. Ich parkte den Wagen unter dem Birnbaum und hockte mich auf die Bank neben der Haustüre.« Siggi Baumeister kann die sich anbahnende Gefahr förmlich riechen, als er sieht, wie sich ein Rover Freelander nähert. (Berndorf, *Eifel-Sturm*)

Steinborn

(RLP/Kreis Daun; Stadt Daun)
Auf der »B 257, zwischen Steinborn und Meisburg«, ereignet sich im März 1996 ein Verkehrsunfall, bei dem zwei Kinder ihr Leben lassen. Der Mercedesfahrer begeht Fahrerflucht. Mit diesem tragischen Ereignis im Kreis Daum beginnt Edgar Noskes Eifelkrimi *Rittermord*.

Üxheim

(RLP/Kreis Daun; VG Hillesheim; 1500 EW.) Zu Üxheim gehören die Gemeindeteile Ahütte, Leudersdorf, Niederehe und Heyroth. Sehenswert: die Bronzearbeiten des italienischen Bildhauers Luciano Carnessali in der Pfarrkirche und auf dem Friedhof.
Am Rande von Ü. wohnt Oberregierungsrat a. D. und Fritz-von-Wille-Sammler Pfeiffer, der mit Kunstfälschern unter einer Decke steckt. (Kramp, *Malerische Morde*) Sein Haus »passte einfach nicht in die Umgebung. Der Ort Üxheim war ein liebevoll herausgeputztes Dörfchen mit prächtig renovierten alten Bauernhäusern. Das, was hier vor ihm aus dem Boden wuchs, war eine Orgie in Beton und Stahl. Aus einem alten Eifeler Gehöft hatte hier jemand mit viel Mühe ein anonymes Stück Haus gefertigt, dem jeglicher ländliche Charme abging«, urteilt Privatermittler Herbie Feldmann. In der Nähe des Hauses kommt es schließlich auch zum Showdown, als die beiden Kunstfälscher von einem Polizeiauto verfolgt werden.

Ulmen

(RLP/Kreis Cochem-Zell; VG Ulmen) In der östlichen Vulkaneifel am Ulmener Maar gelegen. Sitz der VG Ulmen. Überragt von der Burgruine Ulmen, etwa aus dem Jahre 1000, restauriert 1968.
Der Lebensmittelchemiker Franz Josef Breidenbach, der im Steinbruch Kerpen ermordet worden ist, hat in Ulmen gewohnt. Siggi Baumeister besucht dort in der **Siedlungsstraße** »Hinter dem

Höchst« wiederholt die trauernde Familie. (Berndorf, *Eifel-Wasser*) – Mord, Justizirrtum und schließlich die Aufklärung stehen im Mittelpunkt des Romans *Das Irrlicht auf dem Eifelmaar* von Richard Wenz. Es spielt am Ulmener Maar, dem der Roman auch gewidmet ist. Inge Evert, Frau des Lehrers Albert Evert, wird in einer Gewitternacht im Schulhaus eines Maardorfs erschossen aufgefunden. Allen wird schnell klar, dass die These »Selbstmord« nicht haltbar ist, obwohl ihr viele in U. eine solche Tat aus blanker Verzweiflung durchaus zugetraut hätten. Als lebenslustige Wirtstochter aus Koblenz ist sie im stillen und ernsten Maardorf nie so recht glücklich geworden. Unter Mordverdacht gerät fälschlich ihr Ehemann. Eingeflochten in diesen frühen Eifelkrimi sind immer wieder volkstümlicher Aberglauben um Maarnixen und Kobolde, verbreitet in Sagen und Märchen. Im Traum vom »Irrlicht auf dem Maar« sieht die später ermordete Inge Evert ein unheilvolles Verhängnis voraus.

Waldkönigen

(RLP/Kreis Daun; VG Daun; Ortsteil der Stadt Daun)
Auf dem **Rastplatz** vor W. findet ein Pärchen Rolf Mehren erschossen auf. Eine weitere Blutspur bei der Fahndung nach den Mördern des Generals Ravenstein: »Sein Kopf war auf die Tischplatte gesunken. Jemand hatte ihm eine Neun-Millimeter-Kugel in die linke Schläfe geschossen. Er sah wohl nicht einmal erschrocken aus, nicht einmal erstaunt.« (Berndorf, *Eifel-Feuer*)

Walsdorf

(RLP/Kreis Daun; VG Hillesheim) Großes Dorf bei Niederehe.
In W. erlebt Herbie Feldmann einen zünftigen Eifeler Polterabend mit. »Harmlos war in dieser Region der traditionelle Auftakt mit ohrenbetäubendem, aber gleichwohl harmlosem ›Schleifen‹. Dazu wurde ein großes Rad senkrecht in einen hölzernen Bock gehängt und mit an den Speichen befestigten Ketten von zwei kräftigen, behandschuhten Kerlen vom JGV Walsdorf in schnelle Umdrehungen versetzt. Andere produzierten dann auf dem eisernen Ring, der das Rad umspannte, mit eisernen Stangen mörderisch kreischende Geräusche, die in alle vier Himmelsrichtungen Kunde davon gaben, dass hier jemand im Begriff war, in den nächsten Tagen den Gang zum Altar zu wagen.« Was dann folgt, zeugt vom Erfindungsreichtum der Dorfbevölkerung »bei der Kreation von Schikanen« für das junge Paar. Die Eltern des ermordeten Malermodells »Nati« wohnen in W. »Der Backsteinbau, den Wolfi ihm beschrieben hatte, vermittelte einen trostlosen Eindruck (...) Hier war also bis vor kurzem ein junges Mädchen zu Hause gewesen.« (Kramp, *Malerische Morde*)

Weinfelder Maar

Eines der drei Dauner Maare, auch »Totenmaar« genannt. Sagen erzählen von einem im See versunkenen Dorf oder Schloss. Tatsächlich soll hier im 16. Jahrhundert, zur Zeit der großen Pest, ein Dorf untergegangen sein. Das Totenmaar

Das Weinfelder Maar – totenstill und umrankt von finsteren Legenden

wird überragt von einer weißen romanischen Kapelle, die vom Friedhof des Dorfes Schalkenmehren umgeben ist.

Am Weinfelder Maar bei Daun, »unterhalb der Weinfelder Kapelle, unmittelbar am Wasser«, wird Anna Hennef aus Meerfeld erschossen. Sie ist die Geliebte des kriminellen Cliquenbosses Bliesheim, der mit Drogen handelt. (Berndorf, *Eifel-Liebe*) Siggi Baumeister sucht den Leichenfundort auf: »Wahrscheinlich bin ich in den vielen Jahren hundertmal hinauf zum Weinfelder Maar gefahren, gemütlich meist, um nachzudenken, um langsam den Wasserkreis zu umrunden, an der alten **Kapelle** zu stehen, auf Ideen zu kommen, Frischluft zu tanken, auf dem uralten **Friedhof** herumzustehen und darüber nachzudenken, was mit diesem Ort namens Weinfeld geschehen ist, der irgendwann existierte, angeblich in der Pestzeit ausgerottet wurde und dann auf ewig ver-

schwand – bis auf die alte Kapelle, die voller Danksprüche an die heilige Maria hängt, die in Not und Verzweiflung geholfen hat. Ein sonderbarer Ort, aber auch ein starker Ort.« Hohe Fluter der Kriminalpolizei beleuchten den nächtlichen Schauplatz des Verbrechens: »Mitten in diesem gleißend hellen Lichtfleck lag sie. Sie lag auf dem Rücken und sie wirkte unendlich einsam. Ihr Gesicht war nicht erkennbar, ihr Gesicht war ein großer roter Fleck. Und sie war vollkommen allein, niemand war an ihrer Seite, niemand kniete neben ihr. Ich ging langsam einen winkligen Fußpfad hinunter.« – Auf dem Weg zum **Holzmaar**, wo ein Doppelmord aufzuklären ist, kommt der schizophrene Ermittler Herbie Feldmann auch am »Totenmaar« vorbei: »Die kurvenreiche Strecke bis zur Weinfelder Kapelle hinauf wurde begleitet vom melodiösen Gequietsche der abgefahrenen Reifen des Kombis. Vorbei an der Kapelle am so genannten ›Totenmaar‹, vor der Herbie im Vorbeifahren durch die Bäume hindurch das Flackern zahlreicher Friedhofslämpchen wahrnahm, führte die Straße mit sanften Schwüngen über den Höhenrücken zwischen den Talkesseln der Maare. Bei Tag bot sich hier einer der herrlichsten Ausblicke, die die Eifel zu bieten hatte, aber in einer wolkenreichen Nacht wie dieser versanken die Wasserspiegel der Kraterseen in bodenloser Schwärze zu beiden Seiten der Straße.« (Kramp, *Malerische Morde*)

Wiesbaum

(RLP/Kreis Daun, VG Hillesheim; 560 EW.)
Auf der Waldstrecke von W. nach Flesten verschwinden 18,6 Millionen DM: bei einem Überfall auf einen Geldtransporter, der seither verschwunden ist. Es ist der größte Geldraub in der Geschichte der Bundesrepublik. Zwei Kilometer hinter Wiesbaum, dicht an der Straße, findet Siggi Baumeister die zwei Fahrer an zwei Bäume gebunden: »Da waren zwei umfangreiche Kartoffelsäcke an zwei wunderschön gewachsene Buchen mittleren Alters gebunden. Beide Säcke bewegten sich heftig, als bestehe ihr Inhalt aus Anakondas oder Ähnlichem. Aus beiden Säcken ragte unten je ein Beinpaar. Erkennbar waren dunkelgraue, sehr ordentliche Hosen sowie blitzblank gewienerte schwarze Halbschuhe. Beide Säcke waren jeweils in Brusthöhe mit kräftigen Paketschnüren an die Bäume gebunden, eine zweite Schnur hielt sie in Höhe der Waden eng am deutschen Holz.« (Berndorf, *Eifel-Gold*)

Tipp

Weinschänke Stellwerk

»Ich spielte mit dem Gedanken, nach Monreal zu fahren und ›im Stellwerk‹ bei Anja und Uli etwas zu essen. Drei kleine Steaks mit Lauchgemüse und Bratkartoffeln – was der Mensch so braucht, um weiter auf zwei Beinen stehen zu können.« (Berndorf, *Eifel-Liebe*) Das »Stellwerk« ist ein Stammlokal von Siggi Baumeister. Und wenn es rappelvoll ist, dann speist er eben am »Katzentisch« in der Küche. Eine »Umgebung, in der sich hervorragend mampfen ließ.« Im liebevoll umgebauten alten Bahnhof des malerischen Örtchens Monreal lässt es sich nicht nur Baumeister gut gehen. Dank der herzlichen Bewirtung und der köstlichen Menüs ist das idyllisch abgelegene Restaurant an den Bahngleisen unter der Führung von Anja Menzel und Ulrich Riedel seit 1993 schnell zum Geheimtipp geworden. Eine telefonische Reservierung ist dringend empfohlen. »Ich war komplett abgefüllt, als ich das Etablissement verließ ...«

Im alten Bahnhof, 56729 Monreal
Tel: 02651/77767
geöffnet Di.-Sa. ab 18.00 Uhr, sonn- und feiertags von 12.00–14.00 & ab 18.00 Uhr

West- und Südeifel

Krimi-Steckbrief: West- und Südeifel

Böses im Gutland ...

Westeifel und Südeifel: das liegt nah an der Grenze, zu Belgien und Luxemburg – und allzu oft an der Grenze zwischen Gut und Böse: Bei Auftragsmord und Drogengeschäften, bei Spionage und Menschenraub. Böses gedeiht da im Gutland rund um Air-Base und Bitburger Brauerei, das Grenzland im „Wilden Westen" wird belebt – mit Leichen. Im dichten Eifelnebel trister Novembertage steigt die Erinnerung auf an Untote und Geister, an Irrlicher, Werwölfe, Teufel und Hexen ...

SACHDIENLICHE LESETIPPS
==========================

BERNDORF, Jacques: Eifel-Filz, 1995
        – Eifel-Rallye, 1997
        – Eifel-Jagd, 1998
CLASEN, Carola: Atemnot, 1998
        – Novembernebel, 2001
CRAEMER, Annette: Der Fall Neuerburg, 1998
KASTELLITZ, Maria: Im Höllenturm, 2001
KLEIN, Edwin: Familienzauber, 1991
        – Kampf der Götzen, 1997
KOCH, Angelika: Jemand wie Ginsterblum, 1997
KRAMP, Ralf: Rabenschwarz, 1998
        – Der neunte Tod, 1999
        – ... denn sterben muß David!, 2001
        – Frühling, Sommer, Herbst und Mord (Hrsg.), 2002
NOSKE, Edgar: Bitte ein Mord, 1996
        – Rittermord, 1997
UDELHOVEN, Peter: Rage, 1999

Fruchtbarer Boden, getränkt mit Blut – das Bitburger Gutland

B 51 - die »Bitburger«

Der Mörder und Spion Steve Corveggio flieht aus seiner Arrestzelle auf der Air-Base Bitburg in Richtung Trier, entlang der B 51. Bei Bitburg beobachtet er den Verkehr, »paßte eine Lücke ab, hetzte auf die andere Seite und war im **Oberste-demer Wald** verschwunden«. (Klein, *Familienzauber*) – Nach einer Lesung in Trier muss die Eifelkrimi-Schriftstellerin Julia Kirschbauer noch am selben Abend durch die Südeifel zurück nach Köln. Novembernebel verwandelt die **Bundesstraße 51,** die »Bitburger«, in eine schaurige Gespensterlandschaft: »Der Nebel stand wie eine weiße Wand direkt vor den Scheinwerfern, ließ kein Durchkommen und kein Durchleuchten, brach das Licht nach wenigen Metern, dass es schwammig wurde und

zerlief. Er hing tief bis auf den Boden, kreiste sie ein von allen Seiten, wie ein undurchsichtiges Tuch, das über sie geworfen war. Der Mittelstreifen war die einzige Orientierung, immer nur zwei Teilstücke weit konnte sie sehen, manchmal rechts die Begrenzungslinie und die kleinen Pfähle mit ihren silbernen Katzenaugen, sonst nichts. Keine Häuser, keine Hinweisschilder, keine Autos hinter ihr, keine, die ihr entgegenkamen, und es war kein Fortkommen zu erkennen, als stünde sie auf der Stelle. Die Straße war immer dasselbe Stück Straße.« Wenig später bemerkt sie einen Verfolger, der plötzlich ihr Auto vorsätzlich rammt. Ein Profikiller hat es auf sie abgesehen. Ein Nebeldrama auf der B 51 mit ungewissem Ausgang. Es ist der Kölner Berufskiller Norbert Zehren, der die Schriftstellerin durch die Südeifel verfolgt. Es ist sein erster Mordauftrag in der Eifel, einer von ihm eher ungeliebte Landschaft: »Er hasste die **Eifel**, bevor er sie gesehen hatte. Er stellte sie sich als eine baumlose Ebene vor, in der er vogelfrei und ohne Deckung arbeiten musste. Es war dort immer ein paar Grad kälter als in der Kölner Bucht. Der Schnee kam früher, von Stürmen und Regengüssen ganz zu schweigen. Es war November. Und es würde dort vermutlich kein Kölsch geben. Was für ein Job.« Die Trierer Kommissarin Sonja Senger und ihr Kölner Kripo-Kollege Roman Zorn fahnden später nach der verschwundenen Schriftstellerin auf der B 51: »Vor ihnen tuckerte ein **Milchlaster Eifelperle** mit silbern glänzendem Tank, und nachdem sie ihn mühsam nach vielen Anläufen überholt hatten, bog er sofort rechts in den nächsten Feldweg ein, ohne zu blinken, und sie hingen an der Stoßstange eines **Bierlasters aus Bitburg**. Die B 51 ist streckenweise dreispurig, und die typische Verkehrssituation ist der qualmende, röchelnde LKW, gefolgt von vier bis fünf unglücklich drängelnden PKWs«, erläutert Sonja Senger aus leidvoller Erfahrung. (Clasen, *Novembernebel*)

Balesfeld

(RLP/Kreis Bitburg-Prüm; VG Kyllburg; 247 EW.) B. wurde erstmals im Prümer Urbar des Jahres 893 genannt. Sehenswert sind die Kirche St. Antonius von Padua (1775 erbaut) und die Napoleonsbrücke (1812).
In einem alten Steinbruch bei B. wird »Narben-Otto« tot aufgefunden, ein früherer Arzt aus Düsseldorf. Der Lei-

chenfundort ist sechs bis acht Luftkilometer von dem Bauwagen im **Salmwald** entfernt, in dem er seit längerem gehaust hatte. Siggi Baumeister fährt dorthin über die Talstraße an der Kyll: »In **Densborn** lenkte ich den Wagen nach rechts in den Gerolsteiner Forst, und wir erreichten bei **Neustraßburg** die Straße nach **Balesfeld**. Hinter dem Ort kam die Steigung. Ich entschied mich für den oberen Weg nach rechts in den Wald, konnte aber nur einige Meter fahren, weil dort zwei Streifenwagen den Weg blockierten und direkt dahinter ein Technikfahrzeug der Polizei mit zwei ausziehbaren Masten parkte, auf denen Fluter angebracht waren. Gespenstisch war an der Szene, daß es so still war, daß kein Blaulicht kreiste, daß vom Tal her matter Nebel hochgezogen war. Es war naß.« Wie sich herausstellt, hatte Narben-Otto eine Clique Jugendlicher mit Drogen versorgt. (Borndorf, *Eifel Jagd*)

Biersdorf

(RLP/Kreis Bitburg-Prüm; VG Bitburg-Land; 553 EW.) Erholungsort im Feriengebiet Bitburg/Südeifel im Deutsch-Luxemburgischen Naturpark, mit Stausee (35 ha Wasserfläche).
Sicherheitschef Simon von der US-Air Base Bitburg erhält in einem Verhör Hinweise auf Heroinhandel am B.er **Stausee** (»Stausee Bitburg«). Hier liegt das **Dorint-Hotel**: »Ich sollte in der Nähe von Bitburg in ein Restaurant fahren. Es lag an einem Stausee. Do ..., do ..., ich weiß nicht mehr, wie es heißt. Aber es lag an einem kleinen **Stausee**.« (Klein, *Familienzauber*) – Weit zurück in ihre

Jugend, an eine Hütte in der Nähe des Bitburger Stausees, führen die Gedanken der Polizistin Karin in Ilse Goergens Kurzkrimi *Teufelskreis Vergangenheit*. Und mit ihnen steigen drei Mädchenleichen aus ihrem Grab. (in: Kramp, *Frühling, Sommer, Herbst und Mord*)

Bitburg

(RLP/Kreis Bitburg-Prüm; 12718 EW.) Kreisstadt im Zentrum der Südeifel. Weltbekannt wegen des »Bitburger Pils«, das hier in einer der größten Brauereien Deutschlands gebraut wird. In keltischer Zeit »Beda« genannt. Römisches Straßenkastell zur Zeit Konstantins des Großen zu Anfang des 4. Jahrhunderts. Es zählt zu den besterhaltenen antiken Befestigungsanlagen nördlich der Alpen. Sehenswert: Kreismuseum mit umfangreicher Sammlung; katholische Liebfrauenkirche in spätgotischem Stil; Kulturzentrum Haus Beda mit einer rund 80 Gemälde umfassenden Sammlung des Eifelmalers Fritz von Wille.

droht, wenn sich eine große und eine kleine Brauerei einen Konkurrenzkampf bis aufs Messer liefern. Die Mordlust schäumt dann wie ein gutes Pils: „Bitte ein Mord"

Auf der Air-Base

In der Kreisstadt im Zentrum der Südeifel siedelt Edwin Klein seinen Polit-Thriller *Familienzauber* an, genauer: auf dem hoch gesicherten **amerikanischen Militärflughafen**. Die Sicherheitsvorkehrungen auf der Air-Base sind gewaltig: »Manches erschien (...) übertrieben, so die **Induktionsschleifen**, die beidseitig des inneren Zauns, auf einer Breite von zehn Metern, knapp zwanzig Zentimeter tief im Erdreich vergraben waren. Mit hochsensiblen Fühlern ausgestattet, reagierten sie sofort auf jede Gewichtsveränderung. Überstieg die Veränderung einen bestimmten Wert, dann wurde in der **Sicherheitszentrale** Alarm gegeben. Automatisch richteten sich Infrarotkameras auf den Punkt und filmten jede Bewegung.« Objekt feind-

Krimi-Steckbrief:
Es ist nicht nur das weltberühmte Bier, das sich in Bitburg zusammenbraut. Und es sind nicht nur Hopfen und Korn, die im Gutland gedeihen. Auf fruchtbarem Nährboden sprießt hier zuweilen auch die Aussaat des Bösen. Wenn ein sowjetischer Spion die Air-Base be-

Ein Bier, für das ein ganzer Landkreis Werbung fährt

Kalter Krieg auf der Air-Base – ein sowjetischer Spion sorgt für Aufregung

licher Spionagebegierden in Zeiten des Kalten Krieges ist der **neue Flugsimulator**, der zeitgleich »mit den hypermodernen, nicht vom Radar zu erfassenden F 22« nach Europa kommt. Allen Sicherheitsvorkehrungen und Überprüfungen zum Trotz: unter den 82 Soldaten befindet sich ein sowjetischer Agent, der den Flugsimulator ausspähen soll. Dieser, der Pilot Steve Corveggio, flieht schon bald nach seiner ersten Festnahme aus der Arrestzelle auf der Air-Base: »Auf der linken Seite gehend, schlug er die Richtung nach Bitburg ein. Nach etwa zweihundert Metern erreicht er die **Straßenbrücke**. Corveggio ging nicht hinüber auf die andere Seite, sondern wanderte hangaufwärts an den Neubauten vorbei auf einen kleinen Wald zu, der sich weiter über die Kuppe bis in die Nähe der B 51 zog, die

Bitburg mit **Trier** verbindet. Als Corveggio auf der Höhe des Waldes angelangt war, stellte er sich in typisch männlicher Absicht zwischen die ersten Bäume. (...) Gleich einem Sprinter rannte er zwischen den Bäumen hindurch und schlug die Richtung zur Bundesstraße ein. Knapp eine Viertelstunde später verschnaufte er etwa zwei Kilomer weiter oberhalb an der **B 51**.« Zwölf Suchtrupps sind ihm schon bald auf den Fersen. Der Waldreichtum der Gegend ist allerdings ein Problem für Sicherheitschef Simon: »Seht euch mal an, welche großen Wälder in acht Kilometer Umkreis von Bitburg liegen. Hier, im Osten an der Kyll, bei Philippsheim. Wenn er einmal bis dorthin gekommen ist, kann er sich entlang des ganzen Flußlaufs verstecken. Dann erreicht Corveggio den **Meulenwald**. Oder im Nordosten.

Gleich bei **Etteldorf** fängt der **Kyllwald** an. Im Nordwesten und Westen genauso. Dort kann er im **Naturschutzgebiet** untertauchen.« (Klein, *Familienzauber*) – Heute ist das Air-Base-Gelände in Bitburg nach dem Teilabzug der Amerikaner Konversionsgelände mit erfolgreicher Ansiedlung von Gewerbebetrieben. Man ist derzeit um einen zivilen Flugbetrieb auf dem früheren Militärflugplatz bemüht. Die Zeit des Kalten Krieges in Ost und West lebt so nur noch in Edwin Kleins Thriller fort. – Nach einem beinahe tödlichen Anschlag auf der Autobahn hinter Bitburg lässt sich der Journalist und Gerechtigkeitsfanatiker Kilian mit einem Taxi ins **B.er Krankenhaus** fahren. (Klein, *Kampf der Götzen*)

»Bitburger Pils«: Was sich in Bitburg zusammenbraut ...

Der Romantitel *Bitte ein Mord* von Edgar Noske spielt an auf den Slogan der **Bitburger Brauerei** »Bitte ein Bit«: Die Bitburger sehen in der (fiktiven) Kyllburger Brauerei einen unliebsamen Konkurrenten auf dem Biermarkt – ein Kampf zwischen Goliath und David entbrennt. Onkel Anton, der bei den Kyllburgern beschäftigt ist, erläutert gegenüber dem Privatermittler Harry Kaplan die ungefähren Größenverhältnisse: »Wir sind zu klein, unsere Kapitaldecke ist zu dünn. (...) Wir konnten im abgelaufenen Geschäftsjahr knapp 160.000 Hektoliter absetzen, die Bitburger hingegen über 3,6 Millionen. David gegen Goliath. Allein die Umstellung von der Ballon- auf die neue Euroflasche hat uns beinahe das Genick gebrochen.«

+++   Krimi-Telegramm   +++

Nach einer Lesung in **Trier** muss die Eifelkrimi-Schriftstellerin Julia Kirschbauer noch in derselben Nacht durch die Südeifel, auf der **B 51**, nach Köln zurückfahren. Dichtester Novembernebel um sie herum und ein gewalttätiger Verfolger stoßstangennah hinter ihr: Da hofft sie, wenigstens heil bis B. zu kommen: »Wenn sie bis Bitburg kommen könnte, **Bitburg mit Lichtern und Menschen auf den Straßen**, Dort würde sie das Auto wenigstens erkennen können, sehen, wer sie jagte. Dort würde sie es wagen können, zu halten, auszusteigen, um Hilfe zu rufen. dort würde er, wer immer es war, damit aufhören, sie in Ruhe lassen. Halb elf zeigte die Uhr im Armaturenbrett, und die Fahrt würde Stunden dauern bis Bitburg. Ewig.« (Clasen, *Novembernebel*) +++ Bei ihrer Suche nach der verschwundenen Schriftstellerin kommt Tage später die Trierer Kommissarin Sonja Senger auf der B 51 auch nach B.: »Endlich erreichten sie Bitburg. Weithin sichtbar, eindrucksvoll über den **Hügelketten des Bitburger Gutlandes**; **die Brauerei**, und der Platz, auf dem sie heute stand, hatte sich schon den Kelten und Römern als strategisch günstiger Ort angeboten.« (Clasen, *Novembernebel*) +++ Von den drei Jugendlichen, die mit dem gestohlenen Auto der verschwundenen Eifelkrimi-Autorin Kirschbauer gefasst werden, sind zwei Schüler des **St. Willibrord-Gymnasiums** in B. (Clasen, *Novembernebel*) +++ In B. lebt und arbeitet Dr. Klaus-Peter Walter, Herausgeber des »**Lexikons der Kriminalliteratur**«, mit reichlich Informationen zum Thema »Eifel-Krimi«. Walter hielt 1996 die Laudatio auf die Krimi-Literaturpreisträger des »Eifel Literatur Festivals«, Jacques Berndorf und Ralf Kramp (abgedruckt im rheinland-pfälzischen Jahrbuch für Literatur »Unterwegs«, 1997.) Er selbst ist außerdem Verfasser eines umfangreichen »James-Bond-Lexikons« und zahlreicher, rabenschwarzer, bisweilen recht skurriler Kurzkrimis, die häufig in fiktiven Ortschaften rund um B. angesiedelt sind.

Bitburger Gutland

Gewellte, offene Hochfläche. Der Name deutet auf die Fruchtbarkeit, bedingt durch die klimatisch günstige Lage und die fruchtbaren, tonigen und lehmigen Verwitterungsböden hin.

Die schöne Bildhauerin Muriel wohnt im Dorf **Idenheim** im Bitburger Gutland, nahe der Bierstadt **Bitburg**. (Clasen, *Atemnot*) Das fruchtbare **Gutland** ist für die einen die »Kornkammer der Südeifel« und für die anderen eine »Kulturwüste«. Mehrere Durchreisende, die in Trier spurlos verschwinden, werden eines Tages unter merkwürdigen Umständen in Muriels Bildhauer-Atelier wiedergefunden. – Auf der Suche nach der verschwundenen Kölner Eifelkrimi-Autorin Julia Kirschbauer fährt die Trierer Kommissarin Sonja Senger mit ihrem Kölner Kripokollegen Zorn wiederholt durch das Bitburger Gutland. »Vor **Helenenberg** bog Zorn links ab. Überlandleitungen kreuzten die schmale Straße ohne Mittelstreifen. Ein Hase flitzte vor ihrem Auto vorbei, auf dem Holzzaun drüben wartete schon der Feind, bewegungs-

los, ein Habicht. Es war fast hügelig hier oben, und **Meckel** lag in einer kleinen Talsenke (...). Zorn erging sich wieder in der **berauschenden Schönheit** des Bitburger Gutlandes. Aber dann schüttelte er bedauernd den Kopf und sagte: ›Langeweile kriecht hier aus jeder Ritze. Kein Wunder, dass die Jungs auf solche Ideen kommen. Das hier ist nichts für junge Leute.‹« Drei Jugendliche aus dem Gutland sind mit dem gestohlenen Wagen der verschwundenen Schriftstellerin festgenommen worden. Die Eltern bagatellisieren die Tat als Jungenstreich, der dörfliche Frieden soll nicht gestört werden. (Clasen, *Novembernebel*)

Bleialf

(RLP/Kreis Bitburg-Prüm; VG Prüm; 1188 EW.) Fremdenverkehrsort, südwestlich des Schneifelhöhenzuges »Schwarzer Mann« gelegen. 893 wird der Ort erstmals urkundlich erwähnt, 1584 sein Bleibergwerk (heute als Besucherbergwerk zu besichtigen). Sehenswert auch: alte Kirche mit spätgotischem Schnitzaltar.

In der **Jagdhütte** eines Freundes bei B. entfalten Pierre Kinn und Freundin Heidelinde Kutschera ein fideles Liebesleben. Ein rechter »Liebestempel« mit Wasserbett soll die Hütte gewesen sein, Rückzugsort einer verbotenen Liebe. Das Liebespaar wird später auf dem Golfplatz von **Berndorf** erschossen aufgefunden. (Berndorf, *Eifel-Filz*)

Brandscheid

(RLP/Kreis Bitburg-Prüm; VG Prüm; 366 EW.) Am Südhang des Schneifelhöhenzugs am »**Schwarzen Mann**« gelegen.

In einem »ausrangierten Feriendorf« bei B. wird ein Mitglied einer mysteriösen nordischen Sekte erhängt aufgefunden. (Koch, *Jemand wie Ginsterblum*)

Gilzem

(RLP/Kreis Bitburg-Prüm, VG Irrel; 369 EW.) Ort mit ungebrochener Siedlungsgeschichte seit der Steinzeit. 1212 erstmals urkundlich erwähnt als »Gelime«.

In einem »kleinen, aus Backsteinen errichteten **Wochenendhaus**« bei G. hält sich der Mörder und Spion Corveggio versteckt. Sicherheitschef Simon schöpft Verdacht: »Er kannte das Grundstück, das exakt zwischen dem Ort Gilzem und der Bundesstraße 51 lag. Oft war er in der Vergangenheit hier schon vorbeigekommen und hatte den großen Weiher und die gepflegte Anlage bewundert. Begrenzt wurde das Areal abwechselnd von einer Tannen- und Ligusterhecke und einem davorgelagerten Zaun. (...) Langsam rollte Simon mit seinem Auto in entgegengesetzter Richtung an dem Grundstück vorbei. Er hielt an und blieb im Auto sitzen, um einen Blick auf das von Schwarzkiefern verdeckte Häuschen zu werfen. Klappläden schützten die Fenster, die Eingangstür war mit mehreren Schlössern abgesichert. Die Besitzer schienen also nicht anwesend zu sein.« Spuren in der Dachpappe verraten, dass hier jemand über das Dach in das Innere des Häuschens gelangt ist. Corveggio hält sich hier versteckt. Er überwältigt Simon und fährt mit dessen Auto direkt nach Trier. (Klein, *Familienzauber*) – Die drei Jugendlichen, die mit dem gestohlenen Volvo der verschwunde-

nen Eifelkrimi-Autorin gefasst werden, erinnern sich an die fragliche Nebelnacht des 6. November: »Es war nachts, wir sind mit den Mopeds rumgekurvt, über die Dörfer, querbeet, das machen wir öfter. Über **Gilzem**, **Kaschenbach**, **Eisenach**, **Welschbillig**, wir haben da so unsere Runde. Und irgendwo in Richtung Bitburg muss es gewesen sein. Es war ein verdammter Nebel da draußen.« (Clasen, *Novembernebel*)

Helenenberg

(Kreis Trier-Saarburg; VG Trier-Land; Gemeinde Welschbillig, 2559 EW.) Helenenberg war früher ein Kloster vom Orden des Hl. Kreuzes, 1485 gestiftet, und ein Hospital. Die Kirche wurde seit Mitte des 18. Jahrhunderts erbaut. Die Industriellenfamilie Puricelli vermachte das 1803 aufgelöste Kloster dem Bistum Trier zur Errichtung eines »Knabenwaisenhauses«. Heute leiten Salesianer die Einrichtung.

Auf dem Weg zu Nachforschungen nach einem verschwundenen jungen Mann passiert die Trierer Polizistin Sonja Senger auch H.: »ein barockes **Kloster** in der Einöde, nein, eine **Schule**, Don Bosco, Salesianer Jugendheim Eduardisstift, las sie im Vorbeifahren, aus dem Nichts, mitten auf dem Acker.« (Clasen, *Atemnot*) – Im »Hotel Panorama, kurz vor Windmühle« verweist ein Nachtportier die verfolgte Krimischriftstellerin Julia Kirschbauer merkwürdigerweise auf einen anderen **Gasthof**, obwohl sein Hotel völlig unbelegt ist: »hinter Helenenberg, dem Barockkloster, (...) die nächste Abbiegung links, über eine schmale Straße mit einem Bauernhof an der Ecke. Und von

Helenenberg – hier verliert sich die Spur der Krimiautorin im Novembernebel

da aus nur knapp dreihundert Meter. Dort werden Sie sicher ein Zimmer bekommen. Da ist immer etwas frei.« Kurz hinter H. wird das Auto der Schriftstellerin wieder von einem Verfolgerauto gerammt. Wenig später findet sie Zuflucht in einem einsamen Eifelgasthof in der Nähe, und dann verliert sich ihre Spur. Bei ihren Nachforschungen kommt die Trierer Kommissarin Sonja Senger gemeinsam mit einem Kölner Kripobeamten auch nach H.: »**Helenenberg** erhob sich mitten in der Einöde des Bitburger Gutlandes. Zorn parkte im Hof des **Eduardisstifts**. ›Das ist heute eine Schule der Salesianer‹, erklärte Sonja, ›ein Internat. Und hier ist garantiert um zehn Uhr Licht aus.‹ (...) Im Hinterhof auf einem kleinen **Sportplatz** tobte sich eine Handvoll 15-Jähriger aus, die neugierig auf den Fremden zeigten,

einander in die Rippen boxten und wild durcheinander sprachen.« Aber weder die Schüler noch der Pförtner konnten ihnen irgendwelche Tipps geben. (Clasen, *Novembernebel*)

Idenheim

(RLP/Kreis Bitburg-Prüm; VG Bitburg Land; 482 EW.) Auf der Hochfläche des Bitburger Gutlands gelegen, südlich von Bitburg an der B 51. Viele Siedlungsspuren aus der Römerzeit.

Die gefährlich-schöne Künstlerin Muriel hat in I., am Großbusch, ihr Atelier. Hier präsentiert sie die Ausstellung »Menschen und Dinge«. Kaum jemand ahnt, auf welch mörderischem Weg die Skulpturen entstanden sind ... Als idyllischer Flecken erscheint das **Oberdorf** wie das **Unterdorf**. »Ort an der gelben

Kirche mit den beiden viereckigen Türmen und dem runden Vorbau und den beiden Eingängen«. »Am Dorfrand folgten **neue Häuser**, die der Zugezogenen, der billigen Grundstücke wegen. Rechts ging's hinunter ins Unterdorf, Idylle pur, weiße und schwarze Hühner staksten um einen bunten Hahn, eine Katze schlief auf einem Vogelkäfig, die Sonnenuhr auf dem Giebel einer Scheune zeigte ein Uhr. Hier ging niemand am heiligen Sonntagmittag einfach nur so spazieren, höchstens zum Kirchgang oder zum Frühschoppen, aber dafür war nicht mehr die Zeit.« In diesem Dorf genießt es Muriel, »anders zu sein als alle anderen«. (Clasen, *Atemnot*)

Kyllburg

(RLP/Kreis Bitburg-Prüm; VG Kyllburg; 1239 EW.) Luft- und Kneippkurort in der Kyllburger **Waldeifel**, inmitten des **Kylltales** gelegen. 800 erstmals urkundlich erwähnt, als fränkische Siedlung. Im Jahre 1239 wurde der Bau einer Feste auf dem Stiftsberg begonnen. 1276 kam eine gotische Stiftskirche dazu, die erst 1350 vollendet wurde. Die Stiftsherren wohnten in eigenen, teilweise noch vorhandenen Häusern mit Garten. 1802 Auflösung des Stifts. 1956 wieder zur Stadt erhoben.

In Edgar Noske Eifelkrimi *Bitte ein Mord* ist K. Sitz der Walterscheidtschen Brauerei,

die in »mörderischem« Konkurrenzkampf mit der **Bitburger Brauerei** liegt. In der **Gedenkstätte** für die Gefallenen der Weltkriege auf dem **Kyllburger Stiftsberg** findet Harry Kaplan eine Leiche: den ermordeten Brauereibesitzer Konrad Walterscheidt, von einer Armbrust erschossen. »Links stand ein großer **Stein**, der an die Opfer des Zweiten Weltkriegs erinnerte. Geradeaus hatte man drei steinerne mannshohe **Tafeln** aufgestellt, um derer zu gedenken, die im Ersten Weltkrieg ihr Leben gelassen hatten. Rechter Hand befand sich ein **Feld mit Kreuzen**, auf dem die Opfer aus dem Zweiten Weltkrieg bestattet waren. In das Feld hinein stach ein **Plattenweg**, auf dem sich ein weiterer **Gedenkstein** von der Größe eines Hydranten befand, der die eingemeißelte Inschrift ›Kyllburg seinen Helden 1933–45‹ trug. (...) Hinter dem Stein saß jemand. Angelehnt und mit ausgestreckten Beinen. Zu groß für ein Kind. Ein Mann. (...) Der Mantel stand offen, und sein Kopf

Ein toter Brauereibesitzer am Kyllburger Heldenfriedhof

war auf die Brust gesunken. Mitten aus seinem Brustkorb ragte ein Pfeil, dessen Schaft er mit der linken Hand umklammert hielt. Die rechte lag schlaff in seinem Schoß. Neben seinen Beinen lagen Spazierstock und Hut.« Eine Armbrust als Mordwaffe ist eine sinnige Anspielung auf die **K.er Tell-Festspiele** in den 20er Jahren des letzten Jahrhunderts. Walterscheidts letzter Atemzug läutet das Ende der Kyllburger Brauerei ein. Er hatte das traditionsreiche Unternehmen Ende der fünfziger Jahre wieder aufgebaut. Ein Mordmotiv der »Bitburger« wird angedacht, möchte sie doch seit Jahren die Konkurrenz kassieren. – Gina, die Verlobte eines beim **Ritterturnier in Satzvey** ermordeten »Ritters«, lebt in K. Sie ist die Stiefschwester von Privatdetektiv Tom Henschel, der sie in Kyllburg besucht. Hier betreibt sie

eine **Pension auf dem Stiftsberg**, die **Villa Rütt**: »Das zur Villa gehörende **Terrassengelände** erstreckte sich über den östlichen Teil des Stiftsbergplateaus bis zur Kirche hin. Unter dem ersten großen Baum stand eine Bank, und daneben parkte ein Rollstuhl.« (Noske, *Rittermord*)

Malberg

(RLP/Kreis Bitburg-Prüm; VG Kyllburg; 824 EW.) Im bewaldeten Talkessel an der Kyllschleife gelegen. Auf der Bergkuppe erfolgte von 1591 bis 1597 der Bau eines Schlosses; zuvor besaßen dort die Grafen von Manderscheid-Schleiden eine Burg. Die barocke Schlosskapelle stammt aus dem Jahre 1826.

In M. nimmt Harry Kaplan aus Köln an der Beerdigung seiner Tante Martha

Majestätisch liegt Schloss Malberg hoch über dem Kylltal

teil: »Der Zug der Trauernden quälte sich zu dem in Terrassen angelegten **Friedhof** hoch, den man dem Hang unterhalb der Straße nach **Malbergweich** abgerungen hatte. Harry warf einen Blick zurück ins Tal. Von oben sah Malberg aus wie ein Spielzeugdorf, das ein unordentliches Kind aufgebaut hatte. Von dem schwarz-weißen Einerlei stachen vereinzelt, wie handkoloriert, rote Ziegeldächer und ockerfarbene Fassaden ab. Vor **St. Quirinus** setzten sich erst jetzt die Letzten in Bewegung.« (Noske, *Bitte ein Mord*) Einen **Panoramablick über das Kylltal mit M.** bietet sich »tagsüber vom **Rastplatz Sieben Kaulen**, der unmittelbar oberhalb des Malberger Friedhofs an der **Eifel-Ardennen-Straße** lag. Inzwischen war es allerdings nach einundzwanzig Uhr, und so bestand das Panorama aus bestenfalls zwei Dutzend Lichtpunkten, die Straßenlaternen eingeschlossen. Hier knauserte man noch mit Strom und ging außerdem früh zu Bett.« Bei der Anfahrt war auch das **Barockschloss** in den Blick geraten: »Von wenigen Lücken abgesehen zogen sich die zweigeschossigen Häuser aneinandergebaut die Schloßstraße hinauf. Trierer Zeilen. Das weißgetünchte mit den braun abgesetzten Fensterlöchern klebte wie seine unmittelbaren Nachbarn zusätzlich mit der Rückseite an dem Felsplateau, auf dem das Barockschloß thronte.« Im Schatten des Schlosses wohnt Onkel Anton, Mitarbeiter der Kyllburger Brauerei, und in M. steht auch die **Villa** des ermordeten Kyllburger Brauereichefs Konrad Walterscheidt; »am Anfang der **Schloßstraße**, wo der **Neidenbach** in die **Kyll** mündet. Soweit Harry zurückdenken konnte,

war die Villa das größte und prächtigste Haus Malbergs. Und das einzige mit Walmdach.«

Meilbrück

(RLP/Kreis Bitburg-Prüm; VG Bitburg-Land) Bei Meilbrück stand ein römischer Tempelbezirk.

An M. vorbei flieht der von amerikanischen Suchtrupps gejagte Mörder und Spion Steve Corveggio in Richtung Trier. »Seit den frühen Morgenstunden war Corveggio unterwegs. Gegen Mittag hatte er die Strecke bis Meilbrück zurückgelegt. Vorsichtig schlich er zwischen zwei eingezäunten **Rehgehegen** um **Tankstelle** und **Raststätte** herum und näherte sich von der straßenabgewandten Seite. Er war hungrig, seine Zunge schien geschwollen zu sein und klebte vor Durst an seinem Gaumen. Corveggio wagte es, von einem Wasserhahn, der an der Rückwand der Tankstelle angebracht war, zu trinken und sein Gesicht zu waschen. Als jedoch unerwartet ein Hund anschlug und er sich seines unvorsichtigen Verhaltens bewußt wurde, hetzte die wenigen Meter zurück bis in den Wald. Lange noch bellte der Hund und konnte sich einfach nicht beruhigen. Den ganzen Nachmittag lag Corveggio unter Büschen versteckt gleich neben einer Viehweide. Die Kühe witterten ihn und kamen kauend näher. Blöde glotzten sie in seine Richtung. Daß er ausgerechnet nahe einer ungeschützten Weide lag, hatte jedoch einen besonderen Grund. Wenige Meter von ihm entfernt stand ein Wasserfaß für das Vieh. Bei beginnender Dämmerung wollte er sich bis zu dem Faß vorwagen.« Am nächsten Morgen bewegt er sich weiter: »Er kam an einem Aussiedlerhof vorbei, hörte die Schweine im Stall grunzen. Und er hörte auch einen Hund bellen. Verwundert fragte er sich: Warum setzen sie eigentlich keine Hunde ein?« In einem abseits gelegenen Stall machte er sich über einen Bottich geschroteter Rübenschnitzel her, unter lautgrunzendem Protest der Schweine. Im nahen Wald taucht er wieder unter. (Klein, *Familienzauber*) - Bei einer routinemäßigen Verkehrskontrolle »an der **FINA-Tankstelle in Meilbrück**« nimmt man die Jugendlichen fest, die mit Höchstgeschwindigkeit den Volvo der verschwundenen Autorin Julia Kirschbauer gefahren haben. Sie haben in der Nebelnacht des 6. November auf der **B 51** einen verdächtigen Jeepfahrer gesehen, den möglichen Killer der Schriftstellerin. – Auf dem Weg zurück nach Trier kommt auch die Trierer Kommissarin Sonja Sengor an einem **Wildgehege** vorbei, an der B 51 bei Meilbrück gelegen: »Rehe standen am Futtertrog unter einem schützenden Dach, nicht ahnend, welch köstliches Gulasch sich aus ihnen bereiten ließe.« An einem Seitenstreifen der B 51 findet Sonja schließlich den verwelkten Blumenstrauß der entführten Schriftstellerin Julia Kirschbauer. (Clasen, *Novembernebel*)

Mohrweiler

(RLP/Kreis Bitburg-Prüm; VG Kyllburg; Ortsteil der Gemeinde Malberg)
Im Wald bei M. steht die **Jagdhütte** Walterscheidts, des Kyllburger Brauereibesitzers. Ein Blockhaus, in dem die Polizei Hermann Windeck als mutmaßlichen Mörder des Brauereibesitzers verhaftet. Die Hütte entpuppt sich als rechte Liebeslaube mit einschlägigen Accessoires. (Noske, *Bitte ein Mord*)

Neuerburg

(RLP/Kreis Bitburg-Prüm; VG Neuerburg; 1829 EW.) Staatlich anerkannter Luftkurort im Deutsch-Luxemburgischen Naturpark, im Tal der Enz. Wird überragt von der Burg Neuerburg, im 12./13. Jahrhundert erbaut, mit sehenswerter Burgkapelle (ehemals Rittersaal) und großer Festungsanlage (heute Jugendherberge). Die Burg wurde im 9. Jahrhundert als Fluchtburg der Prümer Mönche gegründet. Heute gilt sie als größte noch erhaltene Burganlage im Kreis Bitburg-Prüm.
Der Fall Neuerburg, »ein Kriminalroman aus der Eifel« der Trierer Schriftstellerin Annette Craemer, behandelt einen ungeklärten Todesfall in N., bei dem »die lebenslange Zweiergeschichte von Herta und Holger« bedeutsam ist. Der Ich-Erzähler wird am Fastnachtssonntag des Jahres 1922 geboren. In Rückblenden erzählt er die Geschichte seines Lebens, und spickt seine Erzählung mit zahlreichen Betrachtungen der Natur und Architektur des gesamten Umlandes. N. ist ihm zur Schicksalsstadt geworden: »Dieses zwischen Burg und Enz, zwischen Berg und Tal, mit sicherem Gespür hineinkomponierte **Stadtensemble**, entstanden als Burgsiedlung der Herren von Neuerburg, war keineswegs nur Kulisse in meinem Leben. Die umfassende Stadtbefestigung, nach 1332 errichtet und 1692 teilweise zerstört, wurde nach dem großen Stadtbrand von 1818 als Steinbruch freigegeben.

Sechzehn **Türme** hatten sie dereinst gekrönt, drei **Stadttore** sie durchbrochen. Heute existiert leider nur ein kümmerlicher Rest der alten Herrlichkeit: der **Beilsturm**, ein vorgeschobener, nach der Stadt zu offener Wachtturm jenseits der Enz, und besagter **Hexenturm**, der mir und meiner Familie zum bedrückenden Schicksal werden sollte. Doch davon später.« Der Erzähler liebt Baugeschichte im Allgemeinen und damit auch; »**St. Nikolaus**, den Stolz der Neuerburger«. Mit anderen Jugendlichen ist er gerne in der **Burganlage** herumgestromert: »Unser Hauptziel war die Burganlage, immer noch ein mächtiges gewaltiges Bauwerk, trotz der Zerstörungen, die der spanische Erbfolgekrieg und der Sonnenkönig angerichtet hatten. Die Befestigungsanlagen flogen 1692 unter dem Befehl des französischen Gouverneurs in die Luft. Aber für uns Jungen blieb genug Fels und Mauerwerk zum Klettern übrig. In das dunkle **Burgverlies**, in das wir mit geheimem Schauder blickten, konnten wir leider nicht eindringen. Was heißt leider, ich war durchaus erleichtert.« Im Jahre 1930 hat der Jugendbund Neudeutschland die Burg in Erbpacht genommen und restauriert. Nach dem 2. Weltkrieg planen Holger und Herta, der Ich-Erzähler und seine Frau, »ein neues Nest« im »**Hexenturm**« der Burg: »Es sollte uns einbringen, was wir aus eigener Kraft nicht erreichten: Freunde, soziale Anerkennung. Dazu ein Ruch Extravaganz und Romantik, was mir, ich weiß es nur zu gut, ziemlich abging.« Später wird Herta leidvoll klagen: »Das Bollwerk (...), es muß mit Hilfe des Teufels erbaut worden sein.«

Ein Bollwerk, wie vom Teufel erbaut: Neuerburg und der Hexenturm

Es braut sich etwas zusammen über den Türmen der Prümer Basilika

Prüm

(RLP/Kreis Bitburg-Prüm; VG Prüm; 6000 EW.)
Anerkannter Luftkurort im Deutsch-Belgischen Naturpark, wegen seiner waldreichen Umgebung mit gut ausgebauten Wanderwegen trägt P. auch den Beinamen Waldstadt. Im Jahre 721 Gründung der Reichsabtei Prüm. Sehenswert: die barocke Salvator Basilika der ehemaligen Benediktinerabtei nach Plänen von Balthasar Neumann, die Info-Stätte »Mensch und Natur«, der Kreuzweg und die Kalvarienkapelle.

Krimi-Steckbrief:
Friedlich lag einst am Flüsschen Prüm der Klostergarten – und barg doch Keime des Bösen: als Pippin der Bucklige hasserfüllt einen Anschlag auf seinen Vater plante, den großen Kaiser Karl. Alle Niederen unter sich lassend, kündet heute die ehemalige Klosterkirche von der Heilshoffnung der Menschen – und wird Tag für Tag umlagert von den Saatkrähen der „Held": rabenschwarze Unheilskünder ... Glaube, Aberglaube, Mord: im Eifelkrimi prallen sie aufeinander.

Talfahrt nach Prüm

Bei ihren Ermittlungen zum Fall des im Jahre 1951 ermordeten Feldhüters »Krechel-Fränz« in Buchscheid kommen der schizophrene Ermittler Herbie Feldmann aus Euskirchen und seine Cousine Nina nach Prüm. Hier lebt die Frau des Ermordeten in einem (fiktiven) Altersheim. Auf der Fahrt nach P. biegen sie bei **Olzheim** von der **B 51** ab und rollen wenig später in die Waldstadt ein: »Die Straße in den Ort hinein führte steil bergab. Zur Linken erkannten sie durch kaum noch belaubtes Geäst hindurch die schaurigen **Militärwohnklötze der früheren Air-Base**. Das Gefälle der Straße war beträchtlich, und es war geradezu so, als müsse man mit ungebremster Kraft weiter und weiter rollen, vorbei an plötzlich sich verdichtenden Leuchtreklamen, sich aneinander reihenden **Geschäften und Gaststätten**, bis man, ins Tal hinunterkullernd, alles Unwichtige rechts und links liegenlassend, schließlich dort ankam, wo man hingehörte, wo des Menschen Zuflucht war: vor der großen, zweitürmigen, blaßroten **Basilika** der früheren **Benediktinerabtei**. Ein imposantes Bauwerk, das in keinem Verhältnis zu der es umgebenden, eher kleinen Ortschaft stand. So sehr sie der Anblick des Kirchengebäudes und des angrenzenden **Gymnasiums** in der **alten Abtei** auch beeindruckte, ihr Ziel war ein anderes. (...) Sie folgten der Straße, die sie nach wenigen Metern parallel zur stillgelegten **Bahnstrecke** durch das **Prümtal** führte. Als sie dann rechts abbogen, fuhren sie auf der **Kreuzerstraße** wieder steil den Berg hoch und fanden das Haus zur Rechten.« (Kramp, *Rabenschwarz*)

»Rabenschwarz« an der »Held«: Die größte Saatkrähenkolonie Westdeutschlands

Von ihrem Altenheim aus blickt die alte Frau Krechel auf die Türme der **Basilika**, auf den **Friedhof** und auf die dahinterliegende »**Held**«: »Zu Ihrer Linken konnten sie gerade noch die Türme der Basilika am Rande der nächsten Hausecke

erspähen. ›Da unten ist der Friedhof‹, erklärte sie mit ausgestrecktem Zeigefinger. ›Das Ziel sollte man immer vor Augen haben.‹ Sie kicherte. ›Aber das Wichtigste ....‹ Ihr Finger wanderte höher und wies auf den dichtbewaldeten Berghang auf der gegenüberliegenden Seite des Prümtales. ›Da hinten, dieses Stück Wald, das ist die *Held*. Seht ihr diese Bäume dort?‹ In der Tat erkannten sie eine Gruppe von riesigen alten Buchen, die deutlich aus der Reihe ihrer Artgenossen hervorstachen, da sie über und über mit düsteren, monströsen Vogelnestern gespickt waren. Um sie herum flatterten **Krähenvögel** in einer Menge, wie keiner von beiden sie bisher je hatte beobachten können. ›Saatkrähen‹, kicherte Sybille Krechel. ›Die größte Kolonie in Westdeutschland. Das sind die *Schönecker Krohen*. Warum sie so heißen, weiß keiner so genau. Schönecken liegt noch ungefähr sechs oder sieben Kilometer weg. Das sind etwa 450 Brutpaare da hinten. Die Burschen flattern den lieben langen Tag hier durch das Tal. Und am Abend, da suchen sie ihre Schlafplätze auf. Auf der Basilika‹«. (Kramp, *Rabenschwarz*)

Im frühmittelalterlichen Benediktinerkloster

Ins frühe Mittelalter führt der historische Krimi ... *denn sterben muß David!* von Ralf Kramp. Pippin der Bucklige, Karls des Großen verstoßener Sohn, ist, so belegen es historische Dokumente, nach einer fehlgeschlagenen Verschwörung gegen den Vater gefangen hinter den Mauern des Benediktinerklosters P. Gemeinsam mit anderen Verschwörern versucht er nun, in Kramps Roman, im Jahre 800 ein weiteres Mal, den verhass-

ten Vater und Herrscher in Aachen umzubringen. »Es gab eine **kleine Hütte an
der Prüm**, dort unten, wo das Flüßchen
eine scharfe Kehre macht und der Wald
bis an das Wasser heranreicht. Wenn
der Fluß hohes Wasser führte, zitter-
ten die Spitzen des Farnkrauts beständig über seine Oberfläche. Die Mönche
pflegten dort Fische zu fangen, von denen es an dieser Stelle reichlich gab«.
Mit dieser Szene beginnt der historische Krimi von Ralf Kramp in der Ei-
felabtei Prüm. Der Roman endet auch
dort, nachdem schließlich der geplante Anschlag auf Kaiser Karl fehlge-
schlagen ist, und der bucklige Pippin
muss seine Rachepläne gegen den Vater Karl endgültig begraben: »Hier im
Klostergarten herrschte beschaulicher
Friede. Die Mönche waren in den Bee-
ten beschäftigt, lockerten den Boden
und banden Ranken hoch. Einer von
ihnen kroch auf den Knien über den
Steinplatten des Gehweges und kratz-
te mit Hilfe eines kleinen Messerchens
Unkraut aus den Ritzen. Er tat es klag-
los und ohne Verdruß. Dies war die Arbeit, die im Moment noch seine Tage
füllte, aber wenn sich alles so fügte, wie
er es sich erhoffte, würde er schon bald
wieder ein freier Mann sein.« Von Abt
Assuer erfährt Pippin allerdings, dass
»David«, so der Kosename Kaiser Karls,
den Anschlag unerwartet überlebt hat.
»Da kniete Pippin wortlos nieder und
nahm das Messer wieder in die Hand.
Er fuhr fort, die kleinen grünen Triebe
der Unkräuter und des Grases zwischen
den Steinplatten herauszuschaben, so
wie er es weiter bis an sein Lebensen-
de tun würde.« (Kramp, ... *denn sterben
muß David!*)

+++   Krimi-Telegramm   +++

Seine journalistische Arbeit führt Kilian, Hauptfigur des Thrillers *Kampf der
Götzen* von Edwin Klein, auch zu den
Eifel-Literaturtagen nach P. Mit einem
Anruf wird er wenig später in eine beinahe tödliche Falle bei P. gelockt: Auf
der einspurig gewordenen **Autobahn**
Richtung P., hinter Bitburg, wird ein
Anschlag auf ihn verübt. Sein Allrad-
fahrzeug hat später nur noch Schrott-
wert. +++ P. ist der Hauptort des alle
zwei Jahre stattfindenden **Eifel Literatur Festivals.** Von Beginn an (1994), lange vor den Zeiten des Booms, war der
Eifelkrimi hier bereits ein fester Pro-
grammpunkt. So lasen Jacques Berndorf und Georg R. Kristan 1994 gemeinsam aus ihren neuesten Kriminalromanen. 1996 führte eine **Litera-Tour** zu
wichtigen Schauplätzen der Eifelkrimis,
jeweils mit Lesung der Krimi-Autoren
vor Ort: Edwin Klein auf der Air-Base
in **Bitburg** (*Familienzauber*), Edgar Noske auf dem **Stiftsberg** in **Kyllburg** (*Bitte ein Mord*), Jacques Berndorf auf der
Waldstrecke zwischen **Flesten** und **Wiesbaum** (*Eifel-Gold*), Ralf Kramp und Andreas Izquierdo in **Bad Münstereifel**, im
Kurpark beim **Weißen Elefanten** und im
Café Portz. Beim zweiten Eifel Literatur Festival 1996 ging der **Eifel Literatur Preis** an Jacques Berndorf, der **För-
derpreis** an Ralf Kramp für sein Krimi-
Debüt *Tief unterm Laub.* Im Jahre 2001
trafen sich im Fürstensaal des alten Ab-
teigebäudes in Prüm zur großen Eifeler Krimi-Nacht »**Stadt Land Mord**« Jacques Berndorf, Carola Clasen, Gisbert
Haefs, Hubert vom Venn, Ralf Kramp,
Eberhard Kunkel, Mischa Martini und

Thomas Pfanner. +++ Im sechsten **Bonn-Krimi** des Autorenpaares Georg R. Kristan (das sind Georg und Renate Cordts) droht ein Erpresser, das Trinkwasser der damaligen Bundeshauptstadt mit dem C-Waffen-Gift Aquatox zu verseuchen. Bei der Geldübergabe drehen die **Erpresser** ihre Runden auch in der Eifel und kommen nach **Euskirchen**, **Schleiden** und **Blankenheim-Wald**, sowie durch Prüm. +++ In P. hat der **Hermann-Mezger-Verlag für Kriminalromane** seinen Sitz. Hier schreibt der Verleger, ein P.er Ex-Industrieboss, noch selbst: unter dem Pseudonym »Paul Mossel« bzw. »Alexander Gubbe«. Es sind internationale Krimis rund um den Hauptkommissar Brumme. Hauptthema ist immer wieder der weltweite Drogenhandel. Bislang vorliegende Krimititel des Verlags sind u.a. *Die Torpedokatze*, *Treffpunkt Brandenburger Tor*, *Karibikträume* und *Schneegestöber über Europa*. +++ »Ist euch die **Wolfsschlucht bei Prüm** nicht wild genug?«, fragt der belgische Läuferstar Eddy von Berg Soldaten, die ihm beim Lauftraining begegnen. Bei der Raiffeisenbank **Winterspelt** unterhält er ein stattliches Konto aus Dopinggeschäften. (Udelhoven, *Rage*)

Schneifel

Höhenrücken im Nordwesten des Prümer Landes, grenznah im Deutsch-Belgischen Naturpark gelegen. Er erstreckt sich in südwest-nordöstlicher Richtung auf einer Länge von 15 km und einer Breite von 2 km zwischen den Orten Brandscheid und Ormont. Höchste Erhebung der Schneifel ist der »Schwarze Mann« mit 697 Metern, die höchste nicht-vulkanische Erhebung des gesamten Eifel-Ardennen-Raums.

Die ermordete »Irmchen« aus **Quiddelbach** in Berndorfs *Eifel-Rallye* war mit einem »Irren« aus Recklinghausen liiert, dem »Besitzer eines **Campingplatzes** in der Schnee-Eifel«. Beim Kauf eines 120.000 DM teuren Lotus-Rennwagens in Frankfurt haben sich beide kennen gelernt. – Im verschneiten Staatsforst S., unweit von Prüm, finden Herbie und Nina den Chef einer kleinen Kaller Sprengfirma bei der Arbeit. Einer der zahlreichen Bunker ist zu sprengen. Der ermordete Landstreicher Mick hatte bei dieser Firma gearbeitet, war aber wegen Sprengstoffdiebstahls »rausgeflogen«. »Alle paar Hundert Meter wuchs rechts oder links der Straße ein **Bunker** aus der Erde, kaum noch als solcher zu erkennen. Einstmals gesprengt, jetzt überwuchert, eins geworden mit der Erde, die bei der Errichtung des **Westwalls** als Kriegsschauplatz mißbraucht worden war. Herbie, der auf dem Beifahrersitz saß, entdeckte auf der Straßenkarte auf seinen Knien die Symbole für diese Überreste des Terrors. Mit einem kleinen Fähnchen versehene, schräggekippte schwarze Punkte, wie sie im allgemeinen für Ruinen standen. Er staunte. Es waren Hunderte, die sich entlang einer deutlich nachzuvollziehenden Linie von Monschau bis beinahe hinunter nach Trier aufreihten wie Perlen einer Kette. Immer wieder begegneten ihnen große, freie Flächen, auf denen die mächtigen Stürme vor einigen Jahren tausende von Bäumen gefällt, riesige Wunden in den Wald ge-

Zerstörte Bunker – Zeugen des Westwalls

schlagen hatten.« Der Mann aus Kall flucht: »Verdammte Bunker (...). Wenn beim Beseitigen dieser Drecksdinger auch nur annähernd so viele Arbeitskräfte gebraucht würden wie damals, als sie in den Boden gepflanzt wurden, dann hätte die Republik ein kleines Problem weniger.« (Kramp, *Der neunte Tod*)

Spangdahlem

(RLP/Kreis Bitburg-Prüm; VG Speicher; 900 EW.) Aus den Teilen Spang und Dahlem gebildete Südeifelgemeinde. Nato-Flugplatz (Air-Force).
Spionagefall auf der Air-Base Bitburg. Der Sicherheitschef Simon ermittelt auch in S.: »Simon hatte alle Fahrzeuge, die in Bitburg und Spangdahlem auf Amerikaner zugelassen waren, überprüft. Es gab unter ihnen nur ein Auto der Marke Corvette Sting Ray, den sein Sohn der Polizei gegenüber er-

wähnt hatte und mit dessen Namen der Beamte nichts anzufangen wußte. Jetzt saß Simon in der **Kantine des Flugplatzes Spangdahlem** und beobachtete den Besitzer. (...) Klein war Henry Olsen, untersetzt und mit einem unübersehbaren Bauchansatz. Außerdem war er längst schon über die Fünfzig hinaus und arbeitete als Zivilangestellter auf der Air Base«. Wenig später bricht Simon die Beschattung ab. (Klein, *Familienzauber*)

St. Thomas

(RLP/Kreis Bitburg-Prüm; VG Kyllburg; 397 EW.) Erholungsort an der Kyll. Die adelige Frauenabtei St. Thomas, 1180/85 gegründet, ist mit der frühgotischen Kirche und dem barocken Bau der Mittelpunkt des Orts. Heute theologische Bildungsstätte für Priester und Laien.
In einem Waldstück bei S. T. findet Siggi Baumeister einen durch mehrere Messerstiche schwer verletzten Mann. Auf dem Weg dorthin begeistert ihn die Eifellandschaft: »In St. Thomas bog ich in der Ortsmitte scharf nach rechts ab und fuhr das enge Tal des **Heilbaches** hoch in Richtung **Neidenbach**. Es ist eine hinreißende Landschaft, die in tiefen Wäldern schwelgt und ganz still ist. Unten an der **Kyll** war der Verkehr rege gewesen, hier war buchstäblich nichts los.« (Berndorf, *Eifel-Jagd*)

Welschbillig

(RLP/Kreis Trier-Saarburg; VG Trier-Land; 2559 EW.) In waldreicher Umgebung gelegenes Dorf römischen Ursprungs. Zur Römerzeit ausgedehnte Prachtvilla. Die erzbischöfliche Burg des Mittelalters ist nur noch als Ruine erhalten.

Ein Mordopfer der geheimnisvollen Künstlerin Muriel im Bitburger Gutland ist auch Sascha Berger aus Welschbillig. (Clasen, *Atemnot*) Hier im Ort will er eigentlich ein Fitness-Studio eröffnen, aber der Tod ist schneller ... Die Polizistin Sonja Senger ermittelt wenig später in W., bei der Familie des verschwundenen Mannes in der **Burgstraße** direkt rechts neben der **Kirche**: »Das Haus der Bergers, eines wie Hunderte anderer Häuser in der Eifel, älter, etwas schief durch den Verlauf der Straße, eng an den Nachbarn gebaut, niedrige Sprossenfenster, schmale Türen, Spitzengardinen und Nippes auf den Fensterbänken.«

Windmühle

(RLP/Kreis Trier-Saarburg; VG Trier-Land; Ortsteil der Gemeinde Welschbillig)
Bei ihrer Suche nach der im Eifeler Novembernebel verschwundenen Schriftstellerin Julia Kirschbauer findet die Trierer Kommissarin Sonja Senger die erste Spur »erst im **Hotel Panorama** kurz vor Windmühle, nachdem sie das **Gewerbegebiet von Sirzenich**, die Orte **Neuhaus** und **Hohensonne**, mit seiner schmutzig-rosa **Kapelle**, schon hinter sich gelassen hatten«. Am fraglichen Novemberfreitag war die Schriftstellerin hier abgewiesen worden, obwohl das Hotel völlig unbelegt war. Der Portier Herbert Burbach belügt die Kommissarin und ihren Kollegen Zorn ebenso wie wenig später der Kassierer der **Freien Tankstelle** »hinter Windmühle«. (Clasen, *Novembernebel*)

Wolsfeld

(RLP/Kreis Bitburg-Prüm; VG Bitburg-Land; 763 EW.) Anerkannte Fremdenverkehrsgemeinde im Deutsch-Luxemburgischen Naturpark, im Tal der Nims. 799 erstmals urkundlich erwähnt. Sehenswert: alte Pfarrkirche St. Hubertus mit Ursprüngen aus dem 12. Jahrhundert.

In W. wohnt der Lieutenant Steve Corveggio von der **Air Base Bitburg**, mutmaßlicher Mörder und Spion für die Sowjetunion. Sicherheitschef Simon und eine Streife der MP eilen nach W. und durchsuchen das verlassene Haus. »Schweigend legten sie die wenigen Kilometer bis nach Wolsfeld zurück. Immer deutlicher sah Simon die Anweisung zur Überprüfung der zweiundachtzig Soldaten und die Sicherheitskontrolle des Flugsimulators im Zusammenhang mit dem gesuchten Corveggio. Wem sind die im Pentagon und in den Nachrichtendiensten auf die Spur gekommen, fragte er sich. Muß ja ein dickes faules Ei sein, bei der Dringlichkeit! Sie waren da. Gleich hinter der **Tankstelle am Ortseingang von Wolsfeld** dirigierte Edwards Simon in die nächste Querstraße. ›Das vorletzte Haus ist es.‹ Vor dem Haus stand ein PKW mit amerikanischem Nummernschild. Edwards verglich die Nummer mit derjenigen, die er auf einem Zettel stehen hatte. ›Stand vorhin auch schon hier. Hab es mir gleich gedacht, gehört also doch Corveggio.‹« Um zwei in der Nacht kehrt Corveggio nach Hause zurück und wird festgenommen. Nach dem Verhör wird er in die Arrestzelle gebracht, aber schon bald gelingt ihm die Flucht. (Klein, *Familienzauber*)

Trier und Mosel

Krimi-Steckbrief: Trier und Mosel

Panik an der Porta, Mörderisches am Moselufer

Es sind nicht nur römische Münzen, die in der Mosel bei
der altehrwürdigen Kaiserstadt Trier gefunden werden. Auch
Wasserleichen werden ans Ufer angeschwemmt. Tief in die
Vergangenheit der ältesten Stadt Deutschlands ragt das
Verbrechen. Die Trierer Händlerin Marcella Bonifaz kämpft
schon im Mittelalter gegen Diebe und Mörder, die einen
Safrantransport überfallen haben. Am Viehmarktplatz decken
Ausgrabungen einen fast 500 Jahre alten Mord an einem Juden
auf. Andere Denkmäler der stolzen römischen Vergangenheit
Triers werden umspült von blutigen Untaten der Gegenwart.
Trügerisch ist die Natur: Im erholsamen Weißhauswald werden
Menschen gejagt, gegen die Moselbrücke kracht ein Schiff
mit illegaler Menschenfracht, und im Weihnachtshochwasser
treibt eine gut verpackte Leiche ...

Sachdienliche Lesetipps:
=========================
CALDERA, Carlos: Porta Panica, 1996
     – Schwarzer September, 1998
GLAESENER, Helga: Die Safranhändlerin, 1997
KANN, Hans-Joachim: Der dritte Arm von rechts, 1988
KLEIN, Edwin: Familienzauber, 1991
     – Kampf der Götzen, 1997
KOCH, Angelika: Das Wasser, 1998
KRIEGER, Günter: Ein Schnitter namens Tod (Hrsg.), 2002
KUNKEL, Eberhard: Von Trier zur Hölle, 2000
LIESER, Carl von: Sekten, Sekt und Selters, 1999
     – Vorsicht, Rotlicht!, 1999
     – Die Affäre D., 2000
MARTINI, Mischa: Akte Mosel, 1999
     – Soko Mosel, 2000
     – Endstation Mosel, 2001

Porta Nigra – die schwarze Pforte

Trier

(RLP/Stadt Trier; 100000 EW.) Oberzentrum der Region Trier im Tal der Mosel, Bischofssitz, Universitätsstadt, Behördenstadt. Gehört zu den größten Weinbaugemeinden an Mosel, Saar und Ruwer. Trier gilt als die älteste Stadt Deutschlands. Zur Zeit des Augustus um 15 v. Chr. von den Römern im Land der Treverer gegründet. 285 wurde »Treveris« römische Kaiserresidenz. Konstantin der Große (306–316) regierte von der Aula Palatina aus, der heutigen Basilika. Von den Franken erobert, kam es bei der Reichsteilung 870 zum ostfränkischen Reich. 958 Marktgründung mit neuer Blüte. Um 1200 wurden die Trierer Erzbischöfe Kurfürsten des Deutschen Reiches. Der letzte Trierer Kurfürst, Clemens Wenzeslaus, wurde von französischen Revolutionstruppen Ende des 18. Jahrhunderts vertrieben. Sehenswert: aus römischer Zeit die Porta Nigra, das größte und am besten erhaltene Stadttor, das Amphitheater, die Kaiserthermen und die Palastaula (Basilika); der Dom, die älteste deutsche Bischofskirche; der Hauptmarkt mit Marktkreuz aus dem Jahre 958, mit Steipe und Rotem Haus (berühmte Inschrift: »Ante Romam Treviris stetis annis mille tricentis«, d.h. »Vor Rom stand Trier 1300 Jahre«).

Trier – querbeet

Mit einem Foto einer inzwischen identifizierten Wasserleiche radelt Kommissar Walde zum Moselradweg und streift dabei markant Triers Innenstadt: »Auf dem **Moselradweg** ist sonntagmorgens viel los. Walde überquert die **Allee** und fährt in die **Fußgängerzone**. Von weitem läuten die **Domglocken** zum Hochamt. Die kleinsten und hellsten Glocken machen den Anfang, und nach und nach fallen die größeren und tieferen Glocken ein. Auf dem **Hauptmarkt** dröhnen sie so laut, daß spätestens jetzt alle Langschläfer im Dombereich aus ihren Träumen gerissen werden. (...) Links steht das Tor zum **Bischöflichen Dom- und Diözesanmuseum** offen. Bis vor wenigen Jahren war hier das **städtische Gefängnis** untergebracht. Die hohen Hofmauern und die ehemals vergitterten Fenster sind geblieben. Innen ist alles aufwendig renoviert worden.« Bei einem nahe gelegenen Friedhof besucht er schließlich das Grab der ermordeten Nicole. (Martini, *Akte Mosel*)

Dom und Domfreihof

Die schöne mittelalterliche Händlerin Marcella Bonifaz kommt zu spät in den Dom. Erzbischof Balduin hält die Messe: »Kurz nach diesem Gespräch setzte das Vespergeläut ein. Marcella holte ihren Mantel und machte sich auf den Weg zum **Dom**. Dort war es friedlich, und die Gleichförmigkeit der lateinischen Worte und Gesänge verhalf ihr zu einer Art von Konzentration, die vielleicht nicht beabsichtigt war, aber oft genug zur Lösung ihrer Probleme beitrug.« Wenig später erfährt sie, dass ihr Safrantransport nach Trier überfallen worden ist. (Glaesener, *Die Safranhändlerin*) – Bei einem Stadtbummel kommt Doris Morgen, eine Bekannte von Kommissar Walde, auch zum Domfreihof: »Durch die enge **Gasse Sieh um dich** gelangt sie zum **Domfreihof**. Der Platz liegt im gleißenden Sonnenlicht. Die Blätter der **Platanen** beschatten nur den **Boule- platz**. Eine Nonnengruppe kreuzt ihren Weg und verschwindet im Eingang zum **Dom**.« Auch auf dem Gang über

den **Domfreihof** fühlt sie sich verfolgt, irrtümlich allerdings, wie sich herausstellt: »Während der Wartezeit beim Chinesen bekommt sie einen Pflaumenwein serviert. Das gibt ihr den Mut, den Rückweg über den menschenleeren Domfreihof einzuschlagen. Ihr ist unbehaglich zumute, als spüre sie einen Blick auf ihrem Rücken. Schnell geht sie zwischen den Absperrpfosten in die **Gasse Sieh um dich**. Unwillkürlich schaut sie zurück. Am anderen Ende des Platzes werden vor einem Weinlokal Stühle zusammengekettet. (...) Plötzlich knattert ein Motorrad. Von den eng zusammenstehenden Mauern hallt der Lärm zurück. Doris wirft sich mit dem Rücken gegen die Mauer. (...) Das Motorrad hält an. Es sind zwei. Der Sozius steigt ab und kommt auf sie zu. Die Maschine knattert weiter. Doris drückt sich von der Wand ab und hebt die rechte Hand mit dem Spray. Der Sozius bleibt stehen und nimmt den Helm ab: »Entschuldigung, kann ich Ihnen helfen?«« (Martini, *Akte Mosel*)

Fleischstraße

In der zentral gelegenen Fleischstraße befindet sich die **Akademische Buch- handlung Interbook**, in der die Krimiautorin Julia Kirschbauer nach einer abendlichen Autorenlesung eine verhängnisvolle Rückfahrt durch die neblige Eifel in ihre ferne Heimat Köln antritt. »Und da verließ auch der Mann, der am Eingang gestanden und in Julia Kirschbauers roten Büchern geblättert hatte, die Buchhandlung und folgte ihr, dicht und zügig, links über die Fleischstraße hinunter in Richtung **Porta Nigra** ...« (Clasen, *Novembernebel*)

Hauptmarkt

»Trier platzte aus den Nähten. Es war Markttag, der Markt vor Christi Himmelfahrt, und nicht nur die Bauern und Pfahlbürger aus dem Umland der Stadt boten ihre Waren an, sondern auch fremde Händler.« Auch die schöne Händlerin Marcella Bonifaz ist unterwegs zum Hauptmarkt: »Als sie den Markt erreichte, galt ihr erster Blick nicht dem Haus der Kaufleute oder den Buden und den heruntergeklappten Warenfenstern der Handwerker, sondern dem Dom mit der Liebfrauenkirche. Die **Liebfrauenkirche** war erst im letzten Jahrhundert fertiggestellt worden, aber der Dom hatte seine ältesten Mauern aus der Römerzeit, und als sie jetzt an dem altersgrauen, von Fenstern, Lisenen und Arkadenbögen gegliederten und mit Türmen und Türmchen und Kreuzen gekrönten Gotteshaus emporblickte, beschlich sie ein Gefühl der Vermessenheit. ›Wer gegen den Erzbischof kämpft, kämpft gegen den Papst, und wer gegen den Papst kämpft, kämpft gegen Gott‹, hatte Mechthild gesagt.« Marcella ist dennoch entschlossen, gegen die Machenschaften des Erzbischofs zu kämpfen. Selbst der Erzbischof von Köln hatte ihn ja einen Mörder geschimpft. (Glaesener, *Die Safranhändlerin*)

– In Martinis drittem Krimi *Endstation Mosel* befindet sich auf dem H. das fiktive Lokal »Gerüchteküche« und darin das Büro der Redaktion des »Käsblatts«. »Im Schaufenster hing ein großes Plakat mit der Aufschrift RÄTSEL UM HAVARIE DER POPULIS!« (Martini, *Endstation Mosel*) – Zu einem Protestmarsch gegen die Abschiebung ei-

Kirchtürme wie mahnende Zeigefinger

177

nes angolanischen Flüchtlings ruft die »Aktion Solidarität mit Rodolfo Rodriguez« auf. Der Demonstrationszug führt vom **Rathaus** bis zum **Hauptmarkt**, wo der »rote« Pater Ternes eine flammende Anklagerede hält: »Vom nahen **Dom** her setzte schweres Glockengeläut ein, als die Spitze des Zuges gerade den Hauptmarkt erreichte. Es war 12 Uhr mittags. Es dauerte einige Zeit, bis sich alle Teilnehmer im **Brunnenbereich** des belebten Platzes, etwas abseits der Marktstände, eingefunden hatten. Längst waren die dominanten Domglocken schon wieder verstummt, und das sanfte Plätschern der kleinen **Wasserfontänen des Petrisbrunnens** wurde wieder übertönt vom bunten Stimmengewirr der vielen Menschen auf dem zentralen Platz der Stadt.« Der angolanische Flüchtling war bei **Hohensonne** tot aufgefunden worden. Er war auf dem Weg zum Flughafen Köln-Wahn, um nach Angola abgeschoben zu werden. (Caldera, *Schwarzer September*)

Kockelsberg

Unweit dem Hotel auf dem K., dessen Parkplatz erweitert werden soll, hilft Kommissar Walde seinem Freund Jo bei Ausgrabungen: »Walde schaut ins **Moseltal** und auf die Stadt mit ihren vielen **Kirchtürmen**.« Diese Baustelle wird sich als ergiebiger Fundort römischer Goldmünzen (Aurei) erweisen. Ärger mit dem Landesmuseum und der Polizei der Römerstadt an der Mosel ist vorprogrammiert. (Martini, *Akte Mosel*)

Landesmuseum

In Martinis Moselkrimi *Akte Mosel* kann sich das L. über einen sensationellen Fund römischer Goldmünzen freuen. Obercustos Dr. Zelig und Hobbyarchäologe Dr. Joachim Ganz tauschen sich über die Funde aus. »In dem verglasten **Café** haben Jo und Zelig auf der einen Seite den Blick ins **Museum**, wo die ersten Besucher umhergehen, und auf der andren Seite sehen sie auf das **Kurfürstliche Palais** und den **Palastgarten**. Die Bänke neben den Steinfiguren rings um den Teich mit den Wasserfontänen sind bereits zur Hälfte besetzt.« In die Gespräche um die Münzfunde wird sich später auch Museumsdirektor Dr. Laros einschalten, »ein kleiner, weißhaariger Mann«, in dem der tatsächliche frühere Museumsdirektor Dr. Cüppers zu erkennen ist. (Martini, *Akte Mosel*)

Lindenstraße

Sonja Senger, Kripo-Beamtin in Carola Clasens Krimi *Atemnot*, wohnt mit ihrem Lebensgefährten Jerome in der **Lindenstraße 17**, in verkehrsreicher Lage: »Unten die Lindenstraße, Autos, Autos, Autos, hirnloses Fließen des Verkehrs, Hupen in der Luft und Scheinwerfer auf den Häuserwänden, Benzingeruch und Staub, städtischer Zerfall ... Öffnete sie das Fenster, würde sich der Lärm hineinschwingen und sie würde ein Teil dieses endlosen Triebwerkes. An ihrem Haus müssen alle vorbei, die Trier verlassen in Richtung **Bitburg** auf die **B 51**, und alle, die zur Autobahn nach **Koblenz** und **Saarbrücken** wollen, und alle, die nach **Konz** wollen, alle, kurz ›Alle Richtungen‹«. – Von hier an verliert sich auch die Spur der Krimiautorin Julia Kirschbauer langsam im mörderischen Novembernebel der Eifel. »Als

Jerome in der Lindenstraße hielt, vor seiner Haustür, sah er den Volvo über die **Kaiser-Wilhelm-Brücke** im dichten Nebel eintauchen. Ungewöhnlich tief hing er über der Mosel und dem **Markusberg** in dieser Nacht, eine Schicht nur, und der Himmel darüber war seltsam klar und sternenübersät. Dazu ein Mond, der fast voll war. Eine andere Welt da oben. Die Rücklichter verschwanden, als verlöschten sie, und er beneidete Julia Kirschbauer nicht um die weite Fahrt nach Köln. (Clasen, *Novembernebel*)

Messegelände

»Mit quietschenden Reifen rasten die Fahrzeuge der Bereitschaftspolizei Wengerohr auf das Messegelände. In Sekunden sprangen die Mannschaften von den Wagen und riegelten das Gebäude von **McDonald's** ab. Sie sperrten die Ein- und Ausfahrten oder sausten auf die Trucker und Wohnmobile auf dem Parkplatz an der Mosel.« Die Polizei ist dem Erpresser der Zigarettenfirma FARMERS auf der Spur, der allerdings bereits auf der Flucht in Richtung **Luxemburg** ist. In der ersten Etage von McDonald's findet man das vom Erpresser weggeworfene Handy des entführten Kriminalkommissars Walde.

Moselufer

»Am **Zurlaubener Ufer**, nur ein paar Schritte von ihrer Wohnung, wenn man erst einmal die Kreuzung geschafft hat, trennt ein schmaler Fußweg die **Gartenlokale**, **ehemalige Fischerhäuschen**, von ihren Gärten. Kleine verträumte Plätze unter bunten Lampen. Links verläuft der Radweg, erhöht, auf dem Deich,

gleich daneben die Mosel. **Anlegestellen für Rundfahrschiffe**, sogar die Köln-Düsseldorfer ...« (Clasen, *Atemnot*) – Hobbyarchäologe Jo, mit römischen Goldmünzen beladen, kommt auf seinem Weg Richtung **Kaiser-Wilhelm-Brücke** an den **Moselkränen** vorbei: »Der Weg verläuft fast schnurgerade. Niemand ist zu sehen. Rechts tauchen die alten Moselkräne auf. Die Balken, an denen früher die Ladungen der Moselkähne hingen, erinnern an Galgen.« (Martini, *Akte Mosel*) – »Am Moselufer entlang übers **Krahnenufer**. ›Sieh mal, links, **zwei uralte Hebekräne**, Mittelalter mit vollständig erhaltener Mechanik, und rechts das **Krahnenviertel**, hier muß früher, als noch die Römer das Sagen hatten, der Hafen gewesen sein.‹« So schildert es Carola Clasen in ihrem ersten Eifelkrimi *Atemnot*. – Am **Moselufer**, mitten auf dem **Radweg**, findet Matz Mendgen beim Joggen eine Leiche: »Draußen dämmerte es, als ich die Polizei anrief. Es war nicht schwer, den Fundort zu beschreiben, **westlicher Moselradweg**, **etwa mittig zwischen Südbrücke und Römerbrücke**, eigentlich ein saudoofer Ort für Suizide, wie ich fand.« Wie sich herausstellt, handelt es sich nicht um Selbstmord, sondern um Mord. Eine zweite Leiche wird in der Nähe gefunden, ebenfalls ermordet. Bei den Opfern handelt es sich Bernd Hirsch, den Sohn eines vermögenden Kellereibesitzers von der Mosel, und um einen Penner namens Rudolf Radolitzky. Wie sich herausstellt, steckt die Sekte »Adveniat sol« (erkennbare Ähnlichkeit: »Fiat lux«) aus dem Schwarzwald dahinter, auch bei dem späteren dritten Mord. Ihm fällt Hirsch senior zum Opfer, bei

Die Mosel unter der Römerbrücke trägt manches Geheimnis mit sich davon

einer »nächtlichen Autofahrt auf der A 1 / A 48 von Trier in Richtung Koblenz«, bei »einer **langgezogenen Linkskurve der Autobahn Trier Koblenz in Höhe des Weinorts Rivenich**. Etwa 300 Meter hinter einer **Betonbrücke**«. (von Lieser, *Sekten, Sekt und Selters*) – Am **Moselufer** fischt auch ein Hobbyangler einen Hecht mit Goldkettchen aus dem Fluss. Wenig später wird eine Frauenleiche geborgen. Es handelt sich um die 23-jährige Studentin Claudia Speckstein, die erdrosselt und in der Mosel versenkt wurde, im »**Staubereich der Schleuse** mittels eines Metallgewichts von 53,5 Kilogramm«. Matz Mendgen ist einmal mehr einem Mord auf der Spur. Im Mittelpunkt des Interesses steht Dr. Magnus Diedrich, ebenso machtbewusster wie windiger Geschäftsführer der kirchlichen Trägergesellschaft CODIGNA, mit besten Kontakten zum Bischof

und zum Oberbürgermeister (nachgezeichnet dem früheren Trierer ctt-Manager Doerfert, der durch kriminelle Machenschaften bundesweit bekannt wurde). Selbstbewusst schreibt er in von Liesers Krimi *Die Affäre D.*: »Trier ist eine Kulturstadt, Trier ist eine Stadt mit Leben, Trier ist eine geschichtliche Stadt. Und ich bin einer der Menschen, die sich tief in die ewige Geschichte dieser Stadt eingefurcht haben und weiter einfurchen werden. In den Annalen der Stadthistorie wird den Lesern eines fernen Tages (...) mein Name in die Augen springen. Mag sein, daß ich seitens der Historiker einst als bedeutender erachtet werde, als der Bischof, unter dem ich diene.« Gemeint ist Bischof Hermann-Josef Spital, dessen frühere Freundschaft mit dem ctt-Manager Hans-Joachim Doefert das Lied »Hajo und Hejo« von Walter Liederschmitt thematisiert (als »Epilog« im Anhang des Kriminalromans). – »Wenige Meter hinter der Moselstaustufe« bei Trier wird eine Wasserleiche geborgen. Kommissar Waldemar Bock, genannt »Walde«, untersucht den Toten. (Martini, *Akte Mosel*)

Mutterhaus

Hobbyarchäologe Jo wird auf der Baustelle beim Mutterhaus nahe der **Feldstraße** fündig. Er findet einen Münzschatz, nach dessen Verbleib schon bald das **Landesmuseum** und die Polizei forschen werden: »Der Sternenhimmel und die schwach herüberstrahlende Beleuchtung der Feldstraße tauchen die Mauerreste in ein fahles Licht. (...) Als er den ersten Aureus gegen das spärliche Licht hält, weiß Jo sofort: Er hat den Rest des Schatzes gefunden. Was heißt Rest, offensichtlich liegt hier der Hauptteil, der vom Bagger nur angekratzt worden ist.« Schon bald schleppt er einen Eimer mit mehr als tausend Goldmünzen fort, »gut und gerne fünf bis zehn Millionen Mark wert«. (Martini, *Akte Mosel*) – Nach seiner Befreiung aus den Händen eines Erpressers und Mörders landet Kommissar Walde mit Kopfverletzung »in der Notaufnahme des Mutterhauses«. (Martini, *Soko Mosel*)

Nells Park

Auch am N. P. in Trier-Nord sucht Walde nach dem Kinderschänder, vergeblich: »Walde stellt den Wagen am **Eingang des Parks nahe am Spielplatz** ab. **Am ehemaligen Bootsverleihhäuschen** am See blickt er sich um, wie erwartet ist um diese Zeit kein Kind mehr im Park. Auf der Wiese neben dem Wasser sitzen in Gruppen Leute zusammen. Wahrscheinlich sind es Bewohner der **Kasernen**, die als Aufnahmelager für Asylsuchende und Aussiedler umfunktioniert wurden. Von einem Mann mit Mofa keine Spur. Es ist nicht die richtige Tageszeit für ihn. Die Objekte seiner Begierde sind nicht mehr unterwegs.« (Martini, *Akte Mosel*)

Neutor

Die schöne Händlerin Marcella Bonifaz besucht das **Gefängnis** am Neutor (Zeit der Romanhandlung in Glaeseners *Die Safranhändlerin*: 14. Jahrhundert): »Das **Gefängnis am Neutor** war ein riesiger, häßlicher Kasten aus Buckelquadern, die durch den gleichgültig dahingeklatschten und aus den Fugen quellenden Mörtel zusammengehalten wurden. Fenster gab es nicht, nur handbreite Spalten in den Mauern, die Luft und ein wenig Licht geben sollten, und obwohl die Spalten so eng waren, daß nicht einmal eine Katze hätte entweichen können, hatte man sie mit eisernen Querstreben vergittert.«

Parkhaus an der Konstantin-Basilika

Doris, Bekannte von Kommissar Walde, fühlt sich bei ihrem Stadtbummel verfolgt: »Sie dreht sich um und eilt zur **Konstantinstraße** in Richtung Basilika. Am **Eingang des Parkhauses** zögert sie kurz und schlüpft dann durch die Stahltür. Bald wird geschlossen. Sie beobachtet durch den Schlitz der fingerbreit geöffneten Tür, wie Räumer durch die C&A-Passage in ihre Richtung kommt. (...) Als sie die Treppen zum zweiten Untergeschoß runterhastet, greift sie in der Tasche nach dem Pfefferdöschen. (...) Doris hört in der Ferne das Quietschen von Autoreifen, und dann nur noch das Pochen ihres Herzschlages. Oben knallt die Stahltür.« Mit letzter Kraft kann sie im Auto davonfahren.

Polizeipräsidium

Walde fährt ins P. an der verkehrsreichen Trierer **Südallee**:»Die Luft in seinem Büro ist stickig, er öffnet beide Fenster. Was hereinströmt, hat mit Frischluft wenig zu tun. Die Abgase, die von den Straßen aufsteigen, mischen sich mit der seit Tagen über der Stadt hängenden Dunstglocke. Immer noch besser als der Scheiß, der hier in der muffigen Luft hängt, denkt Walde.« Damit meint er die mögliche Asbestverseuchung der Büros:»Eine Zeitlang hieß es sogar, das ganze Gebäude müsse abgerissen werden. Dem Stadtbild hätte es bestimmt gutgetan, wenn der **achtstöckige Plattenbau** verschwunden wäre.« (Martini, *Akte Mosel*) – Bei den Pressekonferenzen der Kripo Trier ist die Medienpräsenz unterschiedlich: »Gegenüber saß eine Handvoll Repräsentanten der lokalen Presse. Für eine Stadt wie Trier ein enormes Aufgebot. Je nach Attraktivität des Anlasses konnte man froh sein, wenn wenigstens die Tageszeitung Interesse bekundete. Heute waren neben dem **Trierischen Volksfreund** auch **RPR**, **SWR**, der **Wochenspiegel** und ein **Stadtmagazin** vertreten.« (Martini, *Soko Mosel*) – »Café Nüchtern« heißt in Calderas Moselkrimi *Schwarzer September* eine Gruppen-Ausnüchterungszelle im T.er Polizeipräsidium, in der man auch den angolanischen

Flüchtling Rodolfo Rodriguez untergebracht hat. Man findet ihn später ermordet bei **Hohensonne**.

Porta Nigra

Mit einem Taxi fährt Kommissar Walde »an der **Porta Nigra** vorbei. Walde hat das Wahrzeichen der Stadt so lange nicht mehr gesehen, daß es ihm vorkommt, als käme er von einer Urlaubsreise zurück.« Wenig später im Präsidium sitzt er dem lang gesuchten Mädchenmörder gegenüber. (Martini, *Akte Mosel*) – Die Kripo Trier beschattet den Radkurier Bob, der mit Lösegeld der Zigarettenfirma FARMERS unterwegs ist: »Der Bahnhofstrubel hatte Bob angeturnt. Vor der **Porta-Kreuzung** wechselte er auf den **Alleenweg** und sauste auf der Kinderwagen- und Rollstuhlspur hinab in die **Fußgängerunterführung**. Unten wurde er in der scharfen Linkskurve bis knapp an die geflieste Wand hinausgetragen. Mit dem über den Boden schlitternden linken Fuß balancierte er das Rad aus. Aufgeschreckt brachten sich Leute nach links und rechts in Sicherheit. An der **Auffahrt** ging er aus dem Sattel und nahm den Übergang ins flache Gelände mit einem eleganten Flug, bei dem beide Räder abhoben.« (Martini, *Soko Mosel*) – An der P. endet eine **Revolution der Tiere**, die Carlos Caldera in einem »tierischen Moselkrimi« *Porta Panica* schildert. Um einen Aufstand der Tiere im Jahre 1999 geht es in der Bischofs- und Universitätsstadt »Opportunika« (gemeint ist T.), nur kurz nach der ersten Direktwahl des Oberbürgermeisters kurz vor der Jahrtausendwende. George Orwells »Animal Farm« an der Mosel.

Schlachthof

»Verläßlich wie die Sonntagsmesse ging Ella freitags zum **Schlachthof** am anderen Ende der Stadt. Der Stadtbus hätte 25 Pfennig gekostet, hin und zurück sogar 50 Pfennig, eine im Haushaltsetat nicht vorgesehene Bequemlichkeit. Sie zog es vor, den langen Weg zum anderen **Moselufer** zu Fuß zu gehen und das Fahrgeld für einen zusätzlichen kleinen Genuß aufzusparen, vielleicht um Bonbons für die Enkelkinder zu kaufen. (...) Jeden Freitag bildeten sich lange Warteschlangen vor der Freibank, wo verbilligtes Fleisch notgeschlachteter Tiere angeboten wurde.« So beginnt Albert Reinigs Kriminalroman *Der Untermieter*. Er spielt im T. der Nachkriegszeit. Ella und Johann Schores, ein älteres Ehepaar, holen sich einen Untermieter ins Haus, der sich als rücksichtsloser Ganove aus der Ostzone entpuppt. Mit ständigen Drohungen und Erpressungen macht er dem Ehepaar das Leben zur Hölle. Der ehemalige Schlachthof beherbergt heute die **Europäische Kunstakademie**.

St. Paulin

In Reinigs 50er-Jahre-Krimi *Der Untermieter* wohnt das Ehepaar Ella und Johann Schorles in der Nähe der **Paulinkirche** im Norden T.s. Auf dem **Friedhof** liegt die Ordensfrau »Schwester Blandine« begraben: »Auf der Bank unter der Linde, wo sich die Wege kreuzten, mußte Johann fünf Minuten warten, weil Ella noch einen kleinen Abstecher zum **Grab von Schwester Blandine** machen wollte, von der die Leute glaubten, daß sie aus dem Jenseits mit der Hilfe Gottes Wunder zu wirken imstande

sei. Angeblich war ihr Leichnam bei einer Umbettung, ohne jegliche Anzeichen der Verwesung, ausgegraben worden.« Ella betet zu Schwester Blandine, dass der mörderische Untermieter ausziehen möge. Am Ende des Romans hat sie Grund zum Dankgebet.

Tuchfabrik

In der »römischsten aller deutschen Städte« sitzt Sonja Senger, Trierer Kripobeamtin in den Eifelkrimis von Carola Clasen, gerne im **Biergarten der ehemaligen Tuchfabrik** »TuFa«: »Hier war es stiller, **Fabriken** werden zu **Kunststätten**, aber Fabrikarbeiter doch nicht zu Künstlern, mit ihren blauen Fenstern auf weißem Stein, den neuen Glasspitzdächern für besseres Licht, und dem Textorium«. (Clasen, *Atemlos*) – Kommissar »Walde« spielt in einer Band. Sie probt »in der ehemaligen **Tuchfabrik**, die heute als **Kulturzentrum** dient«. (Martini, *Akte Mosel*) – Auch die Redaktionssitzungen der »Anderen Zeitung«, bei der Matz Mendgen mitarbeitet, finden in der TUFA statt. (von Lieser, *Sekten, Sekt und Selters*)

Viehmarkt

In dem archäologischen Kriminalroman *Der dritte Arm von rechts* von Hans-Joachim Kann verdient sich der Germanistikstudent Mike Horridge, amerikanischer Jude, Geld bei **Ausgrabungen** auf dem V. Dort soll eine **Tiefgarage** gebaut werden. Dabei kommt er einem Mord auf die Spur, der vor 450 Jahren geschehen sein muss. Bei dem Opfer handelt es sich um einen gewissen Michael von Magdeburg, einen jüdischen Arzt. Den Quellen nach hatten sechs Personen ein Interesse an seinem Tod. Der Krimi rollte die Geschichte des Platzes auf (Teil des römischen Forums, Friedhof des jüdischen Ghettos bis 1418, Klostergarten, Viehmarkt) und die Geschichte der Juden in Trier.

Weißhauswald

Doris, Freundin von Kommissar »Walde«, joggt gerne im W. vor den Toren T.s. Als sie eines Tages im W. joggt, wird sie von einem Motorradfahrer verfolgt und angegriffen:»Doris trabt vom **Parkplatz am Wildpark** bergauf zum Zaun des **Wildschweingeheges**. Ein penetranter Geruch schlägt ihr entgegen. Ein paar Viecher liegen behäbig in einer Sandkuhle und würdigen sie keines Blickes.« Vor dem Verfolger rettet sie sich mit knapper Not in den **Tannenwald**, wo sie auf dem Waldboden in Deckung geht. (Martini, *Akte Mosel*) – Mit Freundin Naomis gönnt sich Matz Mendgen ein Essen im **Weißhaus-Restaurant**:»Wir nahmen wie gewöhnlich die Moselstrecke bis zur Kaiser-Wilhelm-Brücke, überquerten dort die Mosel und fanden uns wenig später am **Zurlaubener Ufer** wieder. Es war herbstlich frisch, das Flußtal voller Nebelschwaden, die aus dem dampfenden Wasser endlos neu geboren zu werden schienen. Mit der **Sesselbahn** ließen wir uns hoch in den Weißhauswald liften, dem klassischen Naherholungsgebiet der Trierer.« Auf dem Rückweg nach **Zurlauben** trifft Matz im **Busental** den Penner Schöppchen. Der lenkt seine Aufmerksamkeit auf die Sekte »Adveniat Sol«. Ihr soll ein Kellereibesitzer angehören, dessen Sohn ermordet wurde. (von Lieser, *Sekten, Sekt und Selters*)

+++ Krimi-Telegramm +++

Der fieberhaft gesuchte Agent in sowjetischen Diensten, Corveggio von der US Air Base Bitburg, hält sich in T. in einem Apartementhaus in der **Johannisstraße** versteckt. (Klein, *Familienzauber*) Den gestohlenen Le Baron stellt er »auf dem Krankenhausparkplatz des **Mutterhauses der Borromäerinnen** ab«. +++ Der T.er Journalist und Gerechtigkeitsfanatiker Kilian, Hauptfigur des Thrillers *Kampf der Götzen* von Edwin Klein, besitzt ein **Wochenendgrundstück** mit Blockhütte außerhalb von Trier, zwischen den Stadtteilen **Mariahof** und **Kernscheid**, katasteramtlich »Goldkäulchen« genannt. Nach seiner Haft hat er sich hierher zurückgezogen, seine »zweite Freiheit« gefunden. Er arbeitet als Lokalredakteur beim »Trierischen Volksfreund« und unternimmt alles, um den Vorwurf zu widerlegen, er habe als Gymnasiallehrer die Tochter eines Trierer Bauunternehmers vergewaltigt. +++ Harry Kaplan, der den Mord am Kyllburger Brauereibesitzer Walterscheidt aufklären möchte, sucht in T. die **Privat- und Wirtschaftsdetektei** Piolka auf, in der »**Fleischstraße 67**, direkt neben Horten (...). Abgesehen von einem Herrenausstatter im Parterre und der Detektei unter dem Dach erwies sich die Adresse als das reinste Ärztenest.« (Noske, *Bitte ein Mord*) +++ Im **Dorint-Hotel** hat sich der 46 Jahre alte Leon Buchsberg einquartiert, der nach einer Begegnung mit der schönen Künstlerin Muriel Nestler auf geheimnisvolle Weise verschwunden ist. (Clasen, *Atemnot*) Die T.er Polizisten Sonja und Alex ermitteln:»Im Dorint Hotel auf dem **Porta-Nigra-Platz** sagte man ihnen, was sie schon wußten, ließ sie Buchsbergs gebuchtes Zimmer sehen. Vier Sterne, mindestens, aber kahl (...), die verblichenen Vorhänge zugezogen, sein Fenster Aug in Aug mit der **Porta Nigra**, er hatte nicht viel davon gehabt.« +++ Im **Ramada** auf der **Kaiserstraße** abgestiegen war Tim Kerber, der von seiner Frau Tanja gesucht wird. Auch er ist nach einer Begegnung mit der schönen Künstlerin Muriel spurlos verschwunden. (Clasen, *Atemlos*) +++ Die geheimnisvolle Künstlerin Muriel stammt aus T. Mit ihrem Bruder Marco Nestler führt die T.er Kripo-Kommissarin Sonja Senger in seiner Wohnung **Christophstraße 22** ein längeres Gespräch. (Clasen, *Atemlos*) +++ Der historische Kriminalroman *Von Trier zur Hölle* von Eberhard Kunkel führt in die Jahre 1791 bis 1793. Der Spätlesereiter Karl und sein Freund Pater Anselm müssen von Gensingen an der Nahe in die alte römische Kaiserstadt reisen, um einen heimtückischen Mord aufzuklären. Mit einer ungewöhnlichen Weinprobe und mit Dantes »Göttlicher Komödie« gelingt es, die Wahrheit ans Licht zu bringen. *Von Trier zur Hölle* ist der sechste Band der Krimi-Reihe um Karl, den durch Comics bekannten Spätlesereiter aus dem Rheingau. +++ Ebenso wie in seinem Trier-Krimi *Schwarzer September* greift Karl-Josef Prüm alias »Carl von Lieser« in *Vorsicht Rotlicht* auf wahre Begebenheiten zurück: auf den mysteriösen Mord an einer farbigen Prostituierten, der bundesweit für Schlagzeilen gesorgt hat. +++ Das »Nationalgetränk« der Urtrierer ist der **Viez.** Johann Schores in

Reinigs Krimi *Der Untermieter* trinkt es am liebsten im »**Alberg**, Ecke **Thebäerstraße**, unweit der **Paulinkirche**«. Er ist Stammgast in diesem Lokal, »dem Tempel der Viezliebhaber, die aus dem uringelben, sauren Gesöff, das die Bauern aus winzigen, schrundigen, harten Äpfeln und Birnen kelterten, die nicht einmal das Vieh fressen wollte, eine Lebensphilosophie machen wollten.« +++ »Dankfest auf dem **Markt zu Trier**« anno 628 n. Chr. Höhepunkt des Volksfests ist das »donum dorcadis«, die öffentliche Übergabe einer Jungfer an einen der Jungmänner Triers, als Gewinn in einem Wurfspiel. Ein Brauch allzu oft mit blutigen Folgen, von dem erzählt wird in Heinz-Peter Baeckers historischer Kriminalerzählung *donum dorcadis – Mädchengabe.* (in: Krieger, *Ein Schnitter namens Tod*)

Calmont

Der C. bei Bremm ist der »steilste Weinberg Europas«. Eine Herausforderung für Rettungskräfte bei Mord und Totschlag auf dem Berg: »Bis zu sechsundsiebzig Prozent Gefälle. Knapp dreihundert Meter Höhenunterschied von der Schutzhütte bis zum Ufer.« In Angelika Kochs Krimi *Das Wasser* beobachtet die Journalistin Ulrike Marx zusammen mit dem Touristiker Hoppensack etwas Ungeheuerliches: Ein Helikopter, der über dem C. kreist, stößt einen Mann in die Tiefe: »Ein weiß leuchtendes Hemd mit einem verrenkten Körper darin, ein sandfarbener Haarschopf, der in einem merkwürdigen Winkel zur Schulter lag. (...) Der leblose Mann hatte beim Sturz eine dunkle Bahn in den

Tödlicher Sturz vom steilsten Weinberg Europas

Schieferbruch zwischen den Reben gezogen und war auf dem Rand einer der
schmalen Terrassen gelandet, die den
Weinberg überhaupt erst nutzbar machen.« Vom Calmont aus fällt später ihr
Blick auf die **Klosterruine Stuben** auf der
anderen Moselseite, wo jemand sie foto-
grafiert: »In der **Ruine** werden im Sommer oft Feten gefeiert, weil es so schön
schauerlich ist. Manchmal gibt es sogar
Schwarze Messen. (...) Halb verborgen
stand ein weißes Auto hinter den Mauern, und die Sonne reflektierte auf den
Scheiben. Bis ich merkte, daß sie run-
tergekurbelt waren und das Gleißen
stattdessen von einem Kameraobjektiv
stammte, das die Eifelseite der Mosel im
Visier hatte.«

Ediger-Eller

(RLP; Verbandsgemeinde Cochem-Land,
Kreis Cochem-Zell, 1234 EW.) Weinort an
der Moselschleife, bestehend aus den Ortsteilen Ediger und Eller.

Im Krimi *Das Wasser* von Angelika
Koch hat die Journalistin Ulrike Marx
eine Verabredung im **alten Gasthaus
Christoffel** »mitten in den Gassen Edi-
gers, zwischen barocken Fachwerkhäusern, deren Fenster mit überbordenden
Blumenkübeln geschmückt waren. Eine
deutsche Bilderbuchidylle, hinter deren
Fassaden ich nicht schauen wollte, um
die zwangsläufige Enttäuschung zu ver-
meiden. Ich parkte den Wagen in der
Nähe eines **mittelalterlichen Steintur-
mes** am Moselufer, weil mir die holpri-
gen Wege im Ortskern, die ich von der
Moselweinstraße her einsehen konnte,
höchstens für zwei engumschlungene
Fußgänger breit genug erschienen.« Im
Ortsteil Eller macht Ulrike Marx wenig später die hilfreiche Bekanntschaft
der Weinbauerfamilie Dreis, angelehnt
an die tatsächlichen Besitzer des **Wein-
gutes Stephan Treis**. Mit ihrer Hilfe versuchen sie die waghalsige Rettung des
abgestürzten Mannes auf dem **Bremmer Calmont**. – Regelmäßig werden

mit der Schneeschmelze die Ufer der Mosel vom Hochwasser heimgesucht. »Auf dem **Festplatz** in Eller hatte sich eine Gruppe beleibter Wanderer im Friesennerz versammelt. Sie betrachteten allesamt ehrfurchtsvoll die dunklen Fluten, die sich rasant durch das Flußbett wälzten und es bald zu sprengen drohten.« Mit der Flut kommt dann auch die nächste Leiche: »Allerlei undefinierbare Gegenstände trieben im Fluß. Gut, daß ich nicht wußte, was es war. Ich erkannte Plastikkanister und Bretter, Haufen von Stroh oder Heu und aufgeblähte Aldi-Tüten. Ein besonders unförmiger Ballon hatte sich in einer der Heckenrosen verfangen, die im Sommer die blühende Begrenzung des Festplatzes darstellte. (...) Das aufgedunsene Etwas, das in mein Blickfeld geriet, mußte ein Gesicht gewesen sein.« (Koch, *Das Wasser*)

Fell

(RLP/Kreis Trier-Saarburg; VG Schweich; 2302 EW.) Weinort im Tal des Feller Bachs, ehemaliges Schieferabbaugebiet. Sehenswert: Besucherbergwerk.

Zwischen **Fastrau** und **Fell** wird ein tatverdächtiger Mofafahrer gesichtet, der sich angeblich Kindern unsittlich nähern soll. Kommissar Walde eilt nach F.: »Kein Mofa ist in Sicht. Am Ortsende teilt sich die Straße. Harry entscheidet sich für die in Richtung **Thomm**. Wie hätte es anders sein können? Alljährlich wird auf dem kurvenreichen Anstieg ein Bergrennen veranstaltet. Walde läßt ihn gewähren, die Chancen stehen fünfzig zu fünfzig. Gleich hinter dem Ort sieht Walde, wie ein Helm

Tipp

Weingut-Destille Stephan Treis

»... als wir durch das Eisentor in einen Hof voller Weinflaschen und wild durcheinander rankender Blumen kamen. Rechts stand ein lässig mit Stroh arrangierter Tisch, der die geistigen Produkte des Hauses zur Schau stellte. Ein dicker, schwarzer Kater aalte sich zwischen den Flaschen. In der Mitte des Hofes war ein Holzgestell, auf dessen Dach ein gewaltiger Hahn aus Metall thronte, und eine riesige Kirchenglocke hing an einem Balken.« (Koch, *Das Wasser*) Das Weingut Treis ist ein echter Familienbetrieb. Ihr bester Wingert liegt mitten im Bremmer Calmont. Hier sind die Riesling-Trauben zu Hause. Aber auch Elbling, Müller-Thurgau und Kerner gehören zum Repertoire, und der Schwarzriesling und der Spätburgunder Pinot-Noir trocken ausgebaut sind eine Versuchung wert. Ein Teil der Rebfläche wurde auf ökologischen Anbau umgestellt. Auch Liköre und Sekt werden hier nach alten Rezepturen hergestellt.

Moselstr. 80, 56814 Ediger-Eller
Tel.: 02675/1252, Fax: 02675/1576
Email: info@treiswein.de

links hinter einem Busch verschwindet.« Der Mofafahrer taucht zunächst bei dem Schild *Besucherbergwerk* zwischen Loren und Holzbuden unter und dann in einem schwarzen Schacht.

Föhren

(RLP/Kreis Trier-Saarburg; VG Schweich; 2846 EW.) Keltischen Ursprungs. Hier soll in römischer Zeit ein Krugofen (lat. furnus) zur Herstellung von Tonwaren gewesen sein. Sehenswert: Außenanlage des Schlosses der Reichsgrafen von Kesselstadt. Der Flugplatz Föhren bietet Rundflüge über die Roemische Weinstraße und über die alte Römerstadt Trier an.

Auf dem Spielplatz von F. versucht ein Pädophiler, sich einem Kind unsittlich zu nähern. Mit dieser Szene beginnt Mischa Martinis Mosel-Krimi *Akte Mosel*: »Seit dem Frühschoppen ist er unterwegs. Er ist nicht zu Hause zum Mittagessen gewesen. Egal. Bei **Thörnich** fährt er den Berg hoch. Die Mittagshitze staut sich hier an den Weinberghängen. Das Zweirad wird langsamer. Der Fahrtwind ist heiß. Auch in **Bekond** ist kein Kind auf dem Spielplatz. Ein Sportflugzeug startet vom **Föhrener Flugplatz** und fliegt dröhnend über ihn hinweg. Im Dorf biegt er von der Straße auf einen schmalen Weg ab. Der führt über einen Holzsteg. Den kleinen **Bach** neben dem Geländer sieht er nicht. Der Helm beschränkt die Sicht. Dumpf hört er den Motor im Leerlauf tuckern. Er sieht die Kinder auf dem Spielplatz. Zwei Jungen sind am Klettergerüst. Am Sandkasten kniet ein Mädchen.« Als er dann das Mädchen ins Gestrüpp zerrt, kommen ein paar Jungs angelaufen.»Er läßt das Mädchen los. Mit den Armen die Äste beiseite stoßend, hastet er zum Mofa zurück, wirft es an und fährt mit Vollgas unter dem Gestrüpp hindurch, ohne sich umzudrehen.« Schlimmeres ist hier noch verhindert worden. Wie viel schlimmer das gewesen wäre, wird am Ende des Krimis enthüllt. Dann schließt sich auch die »Akte Mosel«, eine Redewendung für »Aufklärung unmöglich«. Der Mörder der 12-jährigen Nicole wird seit Jahren vergeblich gesucht. Kommissar Waldemar, genannt »Walde«, schlägt diese Akte wieder auf. – Im **F.er Industriegebiet** hat sich die fiktive Zigarettenfirma FARMERS angesiedelt, eine der modernsten der Welt. In Trier produziert man »rund 20 Milliarden Zigaretten jährlich« (Vorbild in der Wirklichkeit: Reynolds Tabacco im Gewerbegebiet Monaise). Die Firma wird mit mysteriösen Drohungen erpresst. Bald sind vergiftete Zigaretten im Umlauf, und ein Mitarbeiter wird vermisst. Er war den Erpressern auf der Spur. Die Kripo Trier muss handeln, bald schon unterstützt vom Landeskriminalamt in der »Soko Mosel«. Das Firmengebäude ist streng gesichert. Als sich ein Erpresser zu nähern versucht, fährt ein schwerer Wagen mit Suchscheinwerfern auf dem Dach auf das verwilderte Gelände zu. Der Erpresser kann knapp entkommen. (Martini, *Soko Mosel*)

Hohensonne

(RLP/Kreis Trier-Saarburg; Ortsgemeinde Aach) Ortsteil der Gemeinde Aach, an der B 51 gelegen. 953 erstmals urkundlich als »Aquacuum« erwähnt, ist aber wohl älte ren Ursprungs. Sehenswert: Ortskern mit mehreren Häusern aus dem 18. und 19. Jahrhundert, Katholische Pfarrkirche von 1783, Aacher Zinnfigurenmuseum.

Bei H. entwischt der Angolaner Rodolfo Lopez Rodriguez »im frühherbstlich gefärbten, unterholzreichen Mischwald« den Polizisten, die ihn vom städtischen Gefängnis zum Köln-Wahner-Flughafen bringen sollen. Der angolanische Flüchtling soll mit einer Militärmaschine nach Luanda abgeschoben werden. Die Beamten finden ihn tot an einem Baum: »Dort lehnte die Leiche von Rodolfo Rodriguez, halb aufgerichtet, mit dem Rücken gegen die Wurzelanläufe der dicken **Kastanie**.« Ein Förster erinnert sich später, wie er die Leiche vorgefunden hat: »Das Ungeheuerliche kam immer näher, nein, das war doch nicht möglich, das konnte doch nicht wahr sein! Da hing ein Mensch, ein Schwarzer, an seiner Leiter, auf halber Höhe, und der Mensch glotzte ihn an.« Er schneidet die Leiche von der Leiter zur

Kanzel ab. Sie steht im Stadtwald unterhalb des **Gläsgesberges**. Die Geschichte beruht auf einem realen Vorfall im Jahre 1993. (Carlos Caldera, *schwarzer September*)

Konz

(RLP/Kreis Trier-Saarburg; 17000 EW.)
Historische Stadt an der Obermosel, ehemalige Sommerresidenz von Kaiser Valentinian I. (364–375). Sehenswert: Volkskunde- und Freilichtmuseum Roscheider Hof, die Reste der Villa Valentinians I., Dampflokdenkmal.

In einem **Altenheim** in K. stirbt an einer vergifteten Zigarette der Firma FARMERS Dr. Wieckmann. Als man ihn findet, hat er »noch eine Kippe in der Hand, und eine Packung FARMERS liegt auf dem Nachttisch!«, stellt die Kripo fest. Wieckmann hat den Erpresser der T.er Zigarettenfirma offensichtlich gekannt. (Martini, *Soko Mosel*)

Drohendes Unheil über dem Moseltal

Kordel

(RLP/Kreis Trier-Saarburg; VG Trier-Land; 2300 EW.) Gemeinde im unteren Tal der Kyll, auch »Tor zur Eifel« genannt. Sehenswert: Keltische Fliehburgen auf dem Burgberg, Korpesley, vorgeschichtliche Hochburg, Klosterruine Winterbach, Reste der römischen Glashütte auf der Hochmark, ehemaliges Erzbergwerk und Steinbruch, Reste der Langmauer und Ruinen römischer Villen.

Bei seiner Suche nach verdächtigen Mofafahrern, die sich Kindern auf Spielplätzen unsittlich nähern, kommt Kommissar Walde auch nach K.: »In einem Zeitschriftenladen in **Kordel** kauft Walde die neuesten Ausgaben von ›Bravo‹ und ›Hit‹. Auf dem **Schwimmbadparkplatz** bekommt er weder über Funk noch über Handy Kontakt zum Präsidium. Der Wind ist aufgefrischt, in der Ferne grummelt es. Handtuch und Badehose hat er seit Wochen immer dabei. Im **Kylltalbad** herrscht Aufbruchstimmung.« Das Schwimmen entlastet seine Wirbelsäule. Bald schon nimmt er die Vefolgung nach einem »Mann, Anfang Vierzig, auf einem roten Mofa« auf, vom »**Industriegebiet am Hafen**« stadteinwärts. (Martini, *Akte Mosel*)

Mehring

(RLP/Kreis Trier-Saarburg; VG Schweich; 2021 EW.) Moderner, lebendiger Weinort, in seiner Vergangenheit mehrmals völlig zerstört. Sehenswert: die alte Pfarrkirche mit kürzlich freigelegten frühen Decken- und Wandgemälden. Historisch besonders wertvoll und sehenswert ist die rekonstruierte Villa rustica auf der anderen Moselseite.

»In **Mehring**, da ist ein Frachter voll gegen einen **Brückenpfeiler** gedonnert, hier ist ein riesiges Spektakel am laufen. Ich glaub, der Kahn geht trotzdem bald unter.« Was mit einer scheinbar harmlosen Havarie beginnt, weitet sich zu einem Skandal um internationalen Handel und undurchschaubare Verbrecherskartelle aus. Kommissar Walde von der Kripo Trier und seine Kollegen ermitteln vor Ort, sogar »auf dem Grund der Mosel«: »Rob fuhr auf eine kleine Auffahrt zum **Brückenkopf** hoch. Vor einer Absperrung hielten sie an. Von der Anhöhe aus betrachteten sie die lehmfarbene Mosel mit dem Dorf auf der anderen Seite. Die Scheinwerfer, die nach dem Unfall aufgestellt worden waren, um die Brückenbaustelle die ganze Nacht auszuleuchten, waren bereits angeschaltet. Nahe am Ufer lugten moselabwärts die Radarantenne und etwa hundert Meter davor ein Stück des Hecks mit einer dreieckigen Flagge an einem kurzen schrägen Mast aus dem Wasser. Drum herum trieb eine Kette gelber Bojen, an einem Schiff der Wasserschutzpolizei vertäut.« Der Kahn hat sich um 180 Grad gedreht. Die »Schupo hat das Moselufer und die Wasserschutzpolizei das Gewässer rund um das Wrack abgesperrt.« (Martini, *Endstation Mosel*)

Metzdorf

(RLP/Kreis Trier-Saarburg; VG Trier-Land; 297 EW.) Weinort an der luxemburgischen Grenze. Sehenswert: Kirchturm aus dem 12. Jahrhundert.

In M. beseitigt der Entführer das Fahrrad des gefangen gehaltenen Trierer Kommissars Walde: »Lorenz fuhr durch die **Unterführung der B 51** zum Sauertal hinunter. In der **Haltebucht hinter dem Campingplatz in Metzdorf** zog er das Rad aus dem Laderaum. In der Dunkelheit war niemand auf dem **Radweg an der Sauer** zu sehen. Der Sattel war viel zu hoch. (...) Bis zur **Holzbrücke über die Sauer** war es nicht weit. Dort stieg Lorenz ab und schob das Rad. Auf beiden Seiten der Brücke brannten Laternen. In der Mitte der Brücke schaute er sich nach allen Seiten um. Mit einem Ruck wuchtete er das Rad über das Holzgeländer. Es klatschte in den Fluss. Als letztes wurde der Sattel von der schnell fließenden **Sauer** verschluckt.« (Martini, *Soko Mosel*)

Pfalzel

(RLP/Kreis Trier-Saarburg; 99 128 EW.)
Keltischen Ursprungs, später römischer Palast und dann Sommersitz der Trierer Erzbischöfe. Durch eine Kette, quer über die Mosel gespannt, wurden Schiffe zur Zollzahlung angehalten. Sehenswert: Alte Zollstelle, Reste der Erzbischöflichen Burg, Kurtrierisches Amtshaus, Wallmauer.

Der Hobbyarchäologe Joachim wohnt in P. in einem denkmalgeschützten Haus. Kommissar »Walde« besucht seinen Freund »Jo« dort häufiger: »Über das alte Granitpflaster geht er zum Gebäude, **eine ehemalige Scholasterei** aus dem 16. Jahrhundert. Joachim und Marie haben aus dem arg mitgenommenen Gemäuer mit viel Liebe, Schweiß und Geld ein Schmuckkästchen gemacht. Den Zugang säumen eine Vielzahl von Kapitellen und anderen Säulenteilen, Sarkophagstücken und Balkenresten.« Mit Durchsuchungsbefehl wird die Polizei das ganze Haus nach römischen Goldmünzen durchsuchen. (Martini, *Akte Mosel*) – »Auf dem **Sportplatz zwischen Biewer und Pfalzel**« wird Kommissar Walde ein Mofafahrer gemeldet, der sich einem Mädchen verdächtig nähert. Ist es der lang gesuchte Mädchenmörder? Der Kommissar nimmt die Verfolgung auf. (Martini, *Akte Mosel*) – Die »**Pfalzeler Kipp**«, eine Müllhalde in P., interessiert den Hobbyarchäologen Mike Horridge im Krimi *Der dritte Arm von rechts* von Hans-Joachim Kann: »So eine Halde mußte ja faszinierend sein: der Bauch der Stadt, ihre Eingeweide, Fehlgeburten, Tumore; frisch hier, dort in Jahrhunderten versteinert, auf einem riesigen Schindanger ausgebreitet, trocknend oder im Regen zerfließend. Ob es dort stinken würde? Stinkfaul. Stinkreich. Steinreich. Erdreich. Holzreich. Hitlerreich.«

Schiffsunglück an der Mehringer Brücke

Belgien & Luxemburg

Krimi-Steckbrief: Belgien & Luxemburg

Das Verbrechen kennt keine Grenzen

Ein Aachener Professor wird tot aus der Talsperre
bei Eupen gefischt. Luxemburger Organhändler interessieren
sich für ein havariertes Moselschiff bei Trier. Ein
ostbelgischer Läuferstar ist in dubiose Drogengeschäfte
im Dreiländereck verstrickt. In den Eifelkrimis kennt
das Verbrechen keine Grenzen. Stille Gebirgslandschaften
durchschleicht es und weite Hochmoore, wo in sümpfigen
Abgründen unglückliche Menschen einsam versinken. Da
tun sich Abgründe der Unmenschlichkeit und Verrohung
auf in schauriger Wildnis am Rande der Zivilisation.
Aber auch hinter vornehmen Hotelfassaden und in noblen
Diplomatenkreisen nistet die Unmoral und baut blutige
Brücken – über Ländergrenzen hinweg.

SACHDIENLICHE LESETIPPS:
============================

BERG, Carsten: Die Printen-Connection, 1998
COMMICHAU, Brigitte: Es kann der Frömmste nicht
        in Frieden leben ..., 1998
KIEFFER, Rosi und Reni: Der Valentinstagmörder, 2001
KLEIN, Edwin: Kampf der Götzen, 1997
KRAMP, Ralf: Spinner, 1997
        – Der neunte Tod, 1998
KRAMP, Ralf: Der Tod klopft an (Hrsg.), 2001
        – Der Tod tritt ein, 2002
        – Frühling, Sommer, Herbst und Tod 2002
KRIEGER, Günter: Gertrudisnacht, 2001
KRIEGER, Günter: Ein Schnitter namens Tod (Hrsg.), 2002
KRISTAN, Georg R.: Das Jagdhaus in der Eifel, 1985
LEHMKUHL, Kurt: Ein Sarg für Lennet Kann, 1998
MARTINI, Mischa: Endstation Mosel, 2001
UDELHOVEN, Peter: Rage, 1999
VON ASTEN, Verena: Endstation Talsperre, 1999
        – Tod in der Sauna, 2001
VOM VENN, Hubert: Die Hand im Moor, 1999

Das Hohe Venn – Schauplatz dramatischer Grenzgänge, damals wie heute

Fließende Grenzen

Gerade der grenzüberschreitende Charakter macht die Eifel zu einem besonderen Erlebnis. Das **Ösling** im Norden Luxemburgs, eine Gegend mit tiefen Tälern, ausgedehnten Wäldern und stillen Seen, ist ein Teil der Ardennen, die einen Großteil des Südostens von Belgien ausmachen. Im Osten reichen sie bis in die Eifel hinein. So verbindet seit jeher die Natur, was Politik und Geschichte künstlich trennen – mit den Flüssen **Our** und **Sauer** als wahrhaft »fließenden« Grenzen. Mitten durch den **deutsch-belgischen** und **deutsch-luxemburgischen Naturpark** hindurch fließt die Our, die beim ostbelgischen Losheim entspringt und beim luxemburgischen Wallendorf in die Sauer mündet. Ab Ouren, am südöstlichen Ende Belgiens, wo am Dreiländereck ein Denkmal an das zusammenwachsende Europa erinnert, bildet die Our schon die deutsch-luxemburgische Grenze. Hier wie dort schlägt das Moselfränkische sprachliche Brücken zwischen Regionen, die im Europa der Zukunft auch politisch zusammenwachsen werden.

Bütgenbach

(Belgien; 1800 EW.)
Ortschaft am Warche-Stausee.
Im Fall des Saunagiftmords von Hauset ermitteln die Eupener Polizeibeamten Mertens und Marion Birnbaum in B. Am **kleinen Park** mit **Musikpavillon** vorbei schlendern sie über die Seepromenade zum Restaurant des **Hotels** »**Seesicht**«. Im **Schankraum** erkundigen sie sich bei »Apfelkuchen nach Haus-

Marktplatz in Eupen mit dem Verlagshaus »Grenz-Echo«

macherart« nach dem Tatverdächtigen Heinrich Wieser aus der **Kirchstraße**, der verreist ist. Auf einer Verfolgungsjagd beim Restaurant »Seesicht« wenige Tage später springt »Schlösser-Heinze«, Spezialist für Türen und Safes, voller Panik in den eiskalten **See**. Rechtsanwalt Dr. Kroll hatte ihn als Mörder seiner Frau gedungen. (von Asten, *Tod in der Sauna*) – Im Neubauviertel B.s, auf der anderen Seite des **Badesees**, entdeckt Herbie Feldmann seine angeblich ermordete Nachbarin »Doro« aus Euskirchen und ihren Geliebten, den Zahnarzt Dr. Rabe. (Kramp, *Spinner*) – In B. ist auch die Erzählung *Aus der Baum* von Peter Stollenwerk angesiedelt. Der korrupte Ex-Bürgermeister wird das Opfer einer Baumfällaktion am Rande des Freizeitsees – die tödlichen Folgen eines verpfuschten Schäferstündchens. (in: Kramp, *Der Tod klopft an*)

Eupen

(Belgien; 175000 EW.)

Stadt und Fremdenverkehrsort am Fuße des Hohen Venn. Das Stadtbild wird geprägt u.a. von der Pfarrkirche St. Nikolaus (1722), der Klosterkirche (1776), dem Rathaus und dem Klösterchen am Marktplatz (Couven-Haus).

Im E.er **Hotel** »**Brüsseler Hof**« an der Vervieser Straße wird am Morgen des Gründonnerstag auf der ersten Etage, in Zimmer 8, die Leiche von Paul Kreusch aufgefunden. »Drei Messerstiche im Halsbereich (...), abgestochen wie ein Schafsbock«, verkündet der Journalist Heck. Das 33-jährige Mordopfer war Prokurist der Firma »Hagelstein & Co«. Kommissar Hubert Pommé ermittelt. Freddy Derwahls Roman *Der Mord im Brüsseler Hof* beleuchtet Menschen und Schicksale im deutsch-belgischen

Grenzland des 20. Jahrhunderts, von der Kaiserzeit bis in die Gegenwart. – In der **Wesertalsperre** bei E. finden drei Jungen den toten Professor Müller von der TH Aachen, wohnhaft in **Raeren.** Ermordet, wie Gerichtskommissar Birnbaum aus E. feststellen muss. Das Stimmungsbild des **Sees** hatte zuvor die Rad fahrenden Jungen beeindruckt: »Oben an der **Talsperre** stiegen sie ab. Sie schauten auf das weite Rund der bleigrauen Wasserfläche, auf der sich die Waldkulisse des gegenüberliegenden Ufers in dunklen, abgestuften Zacken spiegelte. (...) Hier oben in der fast beklemmenden Stille, umgeben vom Schwarzgrau der Stämme, den fahlen Winterfarben, waren sie wie von selbst verstummt, gefangen von der Düsternis und Strenge dieses Ufers«. (von Asten, *Endstation Talsperre*) – Im Krimi *Tod in der Sauna* von Verena von Asten überführt der E.er Kommissar Birnbaum den Aachener Anwalt Dr. Kroll der Anstiftung zum Giftmord an seiner Ehefrau Senta, wohnhaft in Hauset. Die belebte **Aachener Straße** wird ihm beim Blick aus seinem Büro zum Spiegel der Gesellschaft mit integren Bürgern und monströsen »Querschlägern«. – In den »Tatort Grenzland«-Krimis von Brigitte Commichau arbeitet die Stadtpolizei E. grenzüberschreitend mit der Polizeistation »Kappenscheidt« (fiktiv) bei der Aufklärung von Mordfällen zusammen. Die Skinhead-Brüder Leblanc, die den russischen Mafioso Boris Markov in »Kappenscheidt« ermordet haben, werden nach ihrer Festnahme nach E. gebracht. (Commichau, *Es kann der Frömmste nicht in Frieden leben* ...) – In ihrem Haus am Stadtrand von E.

ersticht der »Valentinstagmörder« am 14. Februar 1999 die 38-jährige Tanja Mombach. Die Schriftstellerin Saskia Mont aus Aachen ermittelt am Tatort. (Kieffer, *Der Valentinstagmörder*) – Tobias Grundler und seine Freundin Sabine fahren in den turbulenten Karnevalstagen nach E. »in eine kleine Gaststätte in der Nähe der **St.-Nikolaus-Kirche**«. In E. können schließlich auch die belgischen Entführer von Lennet Kann festgenommen werden. (Lehmkuhl, *Ein Sarg für Lennet Kann*) – Eine Liebesgeschichte zwischen Andreas und Eva, mit tragischem Ausgang, erzählt Freddy Derwahl in seiner Kriminalerzählung *Forever Young* der Sammlung *Der Tod klopft an* von Ralf Kramp. Sie spielt in Eupen, in der **Wache am Eupener Rathaus**, in der **Leichenhalle**, im **Sankt-Nikolaus-Hospital** und im **Rektorat** an der **Aachener Straße**. – Der Drogentod einer Prostituierten in Spa wiederum versetzt zwei Geschäftspartner in E. in Aufregung. In der Folge kommt es zur brutalen Abrechnung im Drogenmilieu. (Alexander Kuffner, *Abschaum* in der Sammlung *Der Tod klopft an* von Ralf Kramp) – Karl Jerusalem ist Kripobeamter der Eupener »Brigade Spéciale de Recherche«. Als Ex-Minister Walter Hermanns in Südfrankreich einem Sprengstoffanschlag zum Opfer fällt, beginnt er seine Nachforschungen. (Hubert vom Venn, *Tod eines Despoten,* in der Sammlung *Der Tod tritt ein* von Ralf Kramp) – Von dem Medizinjournalist Willy Emonds bekommt der Lektor des E.er Grenz-Echo ein Manuskript über Dopingprobleme im Dreiländereck. (Udelhoven, *Rage*) – In unmittelbarer Nähe des Festzelts, in dem das

»Bayernfest« die Massen in Ekstase versetzt, trifft in der Geschichte *Georgs Geheimnis* von Marion Schmitz-Reiners der Hauptdarsteller Georg auf eine Figur aus seiner Vergangenheit: Seit 13 Jahren ist er seinem Lehrer aus dem Weg gegangen. Dann aber kommt es zu einem »Wiedersehen mit dem Tod«. (in: Kramp, *Der Tod klopft an*) – E. ist auch der **Verlagsort** des Grenz-Echo-Verlags, der mit Kriminalromanen von Freddy Derwahl und Günter Krieger sowie mit Kriminalanthologien von Ralf Kramp und Günter Krieger Ostbelgien als Krimilandschaft präsentiert.

Mauset

(Belgien; 1677 EW.)
In H. wohnen Senta Kroll und ihr Mann Dr. Albrecht Kroll, der in Aachen als Rechtsanwalt arbeitet. Er lässt seine Ehefrau in der Sauna vergiften, da sie einer Liebschaft im Wege war. In H., in der Nähe von Aachen und Eupen, fühlt sich Senta wohl. Die H.er **Sauna** in der **Hergenrather Straße**, wo sie getötet wird, »lag keine zwei Kilometer von ihrem Haus entfernt, ein hübsches Fachwerkgebäude aus der Zeit der Jahrhundertwende (…), etwas zurückversetzt in einem alten parkartigen Garten«. (von Asten, *Tod in der Sauna*)

Hergenrath

(Belgien; 1600 EW.)
Der Garagist Gérard Pelzer aus H. steht unter Verdacht des Diamantenschmuggels. Er hat Verbindungen zu dem russischen Mafiosi Boris Markov, der ermordet aufgefunden wird. (Commichau, *Es*

kann der Frömmste nicht in Frieden leben …)

Kelmis

(Belgien; 5700 EW.)
In den angestaubten Akten der **alten Emmaburg bei Kelmis** findet ein Ich-Erzähler ein sonderbares Schriftstück. Mit der Hilfe des gebrechlichen Archivars Gilles und einer sperrigen Dokumentenkiste kommt er einer Geschichte auf die Spur, »von der man nicht wusste, ist es jetzt Weltgeschichte aus dem frühen 19. Jahrhundert, ist es bloß Regionalgeschichte des südöstlichen Zipfels der damaligen Vereinigten Niederlande, ist es okkulte Geschichte rund um den Aachener Karlsdom oder eine heftige Lovestory in der kleinen Freiheit von Neutral-Moresnet.« Im Mittelpunkt des nie aufgeklärten Kriminalfalls steht der lebens- und liebeslustige Lütticher Waffenhändler Jean-Baptiste de Bonmariage … Freddy Derwahl erzählt ihn in Kriegers Sammlung *Ein Schnitter namens Tod* (Titel der Erzählung: *Gilles Weste*). Der Kriminalfall führt in die Zeit, als in K., »dem damaligen **Alten Berg**, der Ausnahmezustand eines ›neutralen Gebietes‹« herrschte, »eine Art Schlaraffenland, wo es weder Militärdienst noch Steuern gab, jedoch eine Spielhölle und ein dörfliches Bordellchen«.

Lommersweiler

(Belgien; 219 EW.)
»Der Wind peitschte den Regen waagerecht gegen die dunkel vermummten Gestalten, die in der Dorfkirche von

Lommersweiler keinen Platz mehr bekommen hatten. Beerdigt wird in Angelika Kochs Geschichte *Marmor, Stein und Eisen bricht* (in: Kramp, *Der Tod klopft an*) Paul, der dicke Ehemann von Annerose, und gestorben ist er natürlich nicht auf eine natürliche Art und Weise.

Losheimer Graben

(Belgien/Deutschland)

Der frühe Eifelkrimi *Das Jagdhaus in der Eifel* von Georg R. Kristan schildert noch die deutsch-belgische Grenze vor dem Wegfall der Schranken: »Am **Grenzübergang Losheimer Graben** war großer Auftrieb: die deutschen und belgischen Zollamtsvorsteher mit ihren Mitarbeitern, Beamte des Grenzschutzeinzeldienstes sowie der Kreispolizeibehörde Euskirchen und zwei Beamte der Légion mobile der Gendarmerie in ihren dunklen martialischen Uniformen. Ein Herr in Zivil wurde als Commissaire principal vorgestellt. Ihr Jeep parkt nahe der **Wechselstube**.« Die Frage von Kriminalhauptmeister Müller; »Waren die Kameraden hier nicht schon mal bei uns eingemeindet?«, wird von den Belgiern glücklicherweise überhört. – Kaum noch vorhanden ist später die Grenze in Kramps Krimi *Spinner*. Herbie und Nina verfolgen den Serienmörder aus Euskirchen bis ins belgische **Bütgenbach**: »Bei Stadtkyll wechselten sie erneut die Straße und überquerten kurze Zeit später die **deutsch-belgische Grenze**. Kein Schlagbaum hielt sie auf, kein Posten deutete darauf hin, daß sie das Hoheitsgebiet wechselten. Nur die Straßen und ihre desolate Beschaffen-

Von Schmugglern und Geistermönchen erzählt Hubert vom Venn bei seinen Wanderungen

heit machten unmißverständlich deutlich, daß es hier vorbei war mit der guten deutschen Gründlichkeit. *Bombentrichter*, sagte Julius mit einem verächtlichen Grunzen, während sie von einem Schlagloch ins andere hüpften. *Die haben es seit Kriegszeiten nicht geschafft, die einzuebnen.«*

Malmedy

(Belgien; 7000 EW.)

Tobias Grundler und seine Freundin Sabine aus Aachen erholen sich vom Entführungsstress in M., »wo ich Sabine generös in den **L'Ange Gourmand** einlud. Mein Engel ließ es sich in dem Schlemmerengel gut schmecken; dass diese Pommesbude einmal zur besten von Belgien gekürt worden war, wuss-

Drei Länder treffen sich am Europadenkmal

te sie noch nicht einmal.« Tobias vermutet das Versteck des entführten Aachener Karnevaloriginals Lennet Kann in der deutschsprachigen Region Belgiens, »im Land der Pommes frites«: »Malmedy fiel mir wieder ein mit der angeblich besten Pommes-Bude von ganz Belgien und damit der ganzen Welt«. (Lehmkuhl, *Ein Sarg für Lennet Kann*) – Bei einem **Ausflug durchs Venn** im Rover ist **Malmedy** die letzte Station für Volker und Verena, ein Paar, das sich seit langem nicht mehr gut versteht. »Malmedy, endlich.« Doch Verena hält nicht etwa an, während es dem Beifahrer Volker übel wird und er zu ersticken droht. Sie hat nur noch einen liebevollen Blick für das Auto, selbst als Volker wenig später nicht mehr unter den Lebenden weilt: »Sie tätschelt die warme Kühlerhaube. So ein schöner Wagen.« Gitta List erzählt von dem mörderischen Ausflug in ihrer Erzählung *Rover in Ralf Kramps Krimi Sammlung Der Tod klopft an*. – In Manfred Langs Erzählung *L'Escalier* dreht der alleinstehende »Jo« täglich seine Runden durch M. »Der Besuch der **Kathedrale** stand am Anfang, die **Chapelle des Malades** am Ende. Zwischendurch machte Jo meist einen Abstecher zum Seitenaltar der Kapelle in der Ruelle de Capucins mit dem skurrilen Trio aus einer großen und zwei kleinen Antonius-Figuren.« Seit neun Jahren, seit dem Cools-Attentat in Brüssel, wohnt er in M. Damals ist er aus seinem bisherigen Leben »abgehauen, untergetaucht«. Jo weiß viel über die Rüstungsskandale in Belgien – zu viel, wie sich am Ende der Erzählung herausstellt. (in: Kramp, *Der Tod klopft an*)

Mertert

(Großherzogtum Luxemburg; 1000 EW.)

»Im luxemburgischen **Mertert**« mussten Afrikaner an Bord eines Schiffes »über einen Tag ausharren, weil das Schiff wegen des Hochwassers vor Anker lag«. An Bord gegangen sind sie wahrscheinlich in Togo. Mit der Havarie des Schiffes beginnt der dritte Mosel-Krimi von Mischa Martini, *Endstation Mosel*. Der Kommissar kommt einem internationalen Organhandel auf die Spur, der von Luxemburg aus gesteuert wird. Hier plant man ein Transplantationszentrum.

Ouren

(Belgien)

»Eddy lief von **Ouren** aus flußabwärts in Richtung **Europadenkmal**. ›Kerosin ablaufen‹. Am liebsten hätte er auf der Stelle Dynamitstangen an die Monolithe gelegt, die hier zu Ehren der Schumanns, Adenauers und Spaaks standen. Der Ortsbriefträger, ein notorischer Verführer, hatte ihn angeheizt, diese Hinkelsteine irgendwann einmal in die Luft zu jagen. Radikaltiroler Vorbild oder barer Unsinn à la **Ostbelgistan**?«, heißt es in Udelhovens Doping-Thriller *Rage*. – Bei O. wird der Tierarzt Vitus von Berg aus O. erschossen. Spaziergänger finden die Leiche: »In einer **Hütte** oberhalb der **Georges Wagner-Brücke**, das Europadenkmal im belgischen Grenzort Ouren in Sichtweite. (...) Über Handy alarmierten die Wanderer den Feldhüter in **Burg Reuland**.« Wegen diffuser Ortsangaben treffen sowohl luxemburgische Polizisten wie auch Be-

amte aus **Bitburg** am Tatort ein.

Raeren

(Belgien; 4778 EW.)

In R. wohnen im **Klusweg 6** Professor Dr. Martin Müller und seine Ehefrau Gerda. Während ihr Mann an der **Technischen Hochschule Aachen** lehrt und forscht und »bald sämtliche Frauen am Institut in Aachen durchgebumst hat«, fühlt sich Gerda »allein gelassen, ja richtig im Stich gelassen hier in diesem Dorf, aufs Abstellgleis geschoben«. In das landschaftliche »Bild des Friedens« mit wiesenumgrenzten Landstraßen und weidenden Kühen platzt die Nachricht von der Ermordung des Professors, der in der **Talsperre Eupen** tot aufgefunden wird. (von Asten, *Endstation Talsperre*) – In **R.-Petergensfeld** wohnt der russische Immobilienhai und Mafiosi Boris Markov, der in »Kappenscheidt« ermordet aufgefunden wird. (Commichau, *Es kann der Frömmste nicht in Frieden Leben* ...) – Johanna wohnt in R. Sie ärgert sich über ihren Mann, der anderen Frauen nachstellt. Es war die Zeit, als der Kaffeeschmuggel blühte, von der Marie Therese Weinerts *Eine Nachkriegsgeschichte* erzählt. Da bleibt so mancher tot. (in: Kramp, *Der Tod klopft an*)

Rocherath

(Belgien; 955 EW.)

Ex-Kommilitone Bernard hat Freunde aus Studienzeiten eingeladen »ins **Hohe Venn**, das er Hautes Fagnes nennt, zu einer Schneewanderung (...). Er hat sein Studium vor einem Jahr an den Nagel

Diebesgut zwischen Kitsch und Krempel? – Ostbelgien, Fundgrube für Trödelfans

gehängt, ist in seinen **Heimatort Roche-rath** zurückgekehrt und macht jetzt Survival Training für Städter im Grenzgebiet. Alle sind begeistert, außer Britta, die ihn nur für einen besseren Animateur hält. Wenig später irrt sie im R.er Forst umher, alleine und ihrem Schicksal überlassen … (Clasen, *Survival Training*, in Kramps Sammlung *Der Tod klopft an*) – »Brigitte Fournier wurde in der Nähe vom Weißen Stein ermordet aufgefunden. Tot. Im Walde verscharrt«, eröffnet Kommissar Freiberg. Die 35-Jährige war Sekretärin im »Europaministerium« in Bonn. Kriminalrat Fritz Sörensen von der »19. K« nimmt die Ermittlungen auf. Auf belgischem Gebiet bei R. wird die Leiche gefunden. Am Fundort beim Weißen Stein ist für die Kripobeamten nicht viel zu erkennen: »Eine kleine Bodenvertiefung, Unter-

holz und altes Laub, das in der Umgebung zusammengerafft war. Es konnte auch vom Wind zusammengetrieben worden sein. Kommissar Freibergs Aufmerksamkeit galt der Topographie. Der Weg nach R. war in gutem Zustand. Die Grenzmarkierungen und Hindernisse hatten kaum noch symbolischen Wert. Der rot-weiße Schlagbaum war zerbrochen, Pfosten und Beschläge hatte der Rost gefressen. Schwere Betonteile sollten den Übergang sicherlich einmal sperren, waren jetzt aber zur Seite geräumt. Bei genauem Hinsehen ließen sie sich als Sprengbrocken aus deutschen Bunkern erkennen.« Bedeutsam für die Aufklärung wird eine Jagdhütte in der Nordeifel, wenige Kilometer vom Fundort der Leiche entfernt. – Auf der Suche nach gestohlenen Möbelstücken von Tante Hetti aus Bad Münstereifel kurven Herbies Freund Köbes und Nina auch durch Ostbelgien, bis man schließlich in R. fündig wird: »Sie fuhren durch die zunehmende Dunkelheit nach **Berterath**, von dort aus nach **Manderfeld**, wo schon am Ortsschild deutlich wurde, wie ungebrochen noch immer das Unverständnis zwischen den Flamen und Wallonen war. (...) **Boulange** war hier mit grüner Farbe eliminiert worden, hier fühlte man sich nur ›**Büllingen**‹ zugehörig. Ihr Mut sank mehr und mehr, als sie zwischen den fleckigen Häusern und grauen Gehöften der ostbelgischen Kantone herumkurvten. (...) Jetzt war Winter, alles versank in schmucklosem Grau, sah kalt und feucht aus, die sich endlos aneinanderreihenden Felder von abendschwarzen Hecken zernarbt und zerstückelt und, was viel schlimmer war, kein Antiquitätengeschäft weit und breit. In Roderath wurden sie schließlich doch noch fündig«, in einem »alten Haus am Ortsausgang«. Dort starten sie eine spektakuläre Rettungsaktion des Diebesgutes, wobei sie bei der Flucht durch das angrenzende Militärgebiet um Leib und Leben fürchten müssen. (Kramp, *Der neunte Tod*)

St. Vith

(Belgien; 3150 EW.)
In St.V. hat der junge Architekt und Ich-Erzähler sein Büro, der in Ralf Kramps Geschichte *Packpapierpaketchen* von seiner Liebe zu einer jungen Frau erzählt, die ein Bauernhäuschen in **Amel** geerbt hat. Ihre Eltern leben in **Eupen**. Die Bekanntschaft nimmt einen blutigen Verlauf. Ihr Ex-Ehemann wird dabei auf einem Parkplatz in St.V. erstochen. Nicht nur der Ex-Ehemann kommt dabei um. (in: Kramp, *Der Tod klopft an*)

Weiswampach

(Großherzogtum Luxemburg; 1093 EW.)
Der ostbelgische Läuferstar Eddy von Berg, in Dopinggeschäfte verwickelt, lädt Dorian Emonds zu einem Waldlauf ein: »Sie fuhren ins luxemburgische Weiswampach zum **Wämper See**.« Während des Laufs unterhalten sie sich über die mögliche Vertauschung von Dopingproben. Beim Campinggelände wird Dorian plötzlich von einem Langholztransporter erfasst. Dorian überlebt, aber beide Beine werden amputiert. (Udelhoven, *Rage*)

Weywertz

(Belgien; 1800 EW.)
In W. treffen sich »die alten Eifeler«, der Polizist Spicki und der Journalist M-R, immer dann, wenn sie etwas besonders Wichtiges besprechen wollen. Dieses Mal geht es um »erschossene Telefonapparate« ... (Ulrich Mehler, *Telekom oder: Schießen Sie bitte nicht auf die Apparate* in: Kramp, *Der Tod tritt ein*)

Top Secret und auf keiner Karte – Fiktive Orte

Auch einige völlig frei erfundene Schauplätze gibt es in der Eifel. In einer Jagdhütte nahe **Buchfeld** quartiert sich im Roman *Schattenwölfe* von Thomas Gördern ein Forscher ein, der im **Wolfsgehege** Versuche mit genverändernden Substanzen durchführt. Vorbild scheint hier das **Wildfreigehege Hellenthal**. – *Buchscheid*, nahe **Wershofen** und **Pitscheid gelegen,** machte Ralf Kramp zum Schauplatz mehrerer Romane. Der alte Ortskern liegt im Talkessel. In *Tief unterm Laub* explodiert hier ein Hochsitz, und ein Antiquitätenhändler stirbt. Eine alte Lagerhalle verbirgt düstere Nazi-Vergangenheit. In *Rabenschwarz* ereignet sich eine Todesserie, die zum nahen **Hotel Eifelhöhe** führt, und der junge Tim, mit seinen Eltern von Köln hierher gezogen, lernt in *Wenn Goldfinger rauskommt* einen alten Kommissar (reales Vorbild: J. Berndorf) kennen und erlebt eine aufregende Bankräuberjagd. – *Dörresheim* ist der Schauplatz der Krimis von Andreas Izquierdo. Für das Dorf bei **Bad Münstereifel** dient als mögliches Vorbild sein früherer Wohnort **Iversheim**. Hier arbeitet der trinkfeste Lokalreporter Jupp Schmitz. In *Der Saumord* muss er das Ableben einer Zuchtsau und einer preisgekrönten Kuh aufklären, in *Das Doppeldings* geht es um eine mysteriöse antike Münze. Mit der pfeiferauchenden »Spiegel«-Redakteurin Hermine Hühnerbein wird hier Kollege Berndorf karikiert. Zum Drehort einer Daily-Soap-Opera wird der Ort in *Jede Menge Seife*. Zu Sexmonstern mutierte Tiere werfen in *Schlaflos in Dörresheim* viele Fragen auf – *Kappenscheidt* heisst das Dorf, das Brigitte Commichau zum Hauptschauplatz ihrer Krimis macht. Der idyllische Flecken liegt 15 km Luftlinie von **Roetgen** entfernt. Menkes und Hahneveld, zwei schlitzohrige »Dorfsheriffs« klären hier geheimnisvolle Morde auf. In *Schwarzes Requiem* findet man einen jungen Afrikaner tot im Venn. Professor Langenhorn, ein angesehener Arzt und Jäger, wird in *Hochsitz kommt vor dem Fall* im **Wald** erschossen aufgefunden. In *Es kann der Frömmste nicht in Frieden leben* soll ein großes **Kurzentrum erbaut** werden. Überschattet werden die Pläne vom Mord an einem russischen Immobilienhai. Ein Hobby-Imker wird in *Bienenmörder – Mörderbienen* als übel zerstochene Leiche aufgefunden. – Nach **Hilzay** führen in Carola Clasens *Novembernebel* alle Spuren im Entführungsfall der Krimiautorin Julia Kirschbauer. »Wenn Sie auf der B 51 Richtung Bitburg fahren, kommt irgendwann **Helenenberg**. Dann kommt rechts ein Abzweig nach **Idesheim** und dazwischen irgendwo, aber auf der linken Seite, liegt *Hilzay*« – Bei Nettersheim platziert Ralf Kramp im Roman *Spinner* die *Heydmühle*, eine Art Ritter-Idyll. Hier stoßen Herbie und Nina auf »Ritter« Gottfried, der nicht halb so harmlos ist, wie er zunächst scheint. – In *Endstation Mosel* von Mischa Martini konzentriert sich die Kripo bei der Fahndung nach internationalen Organhändlern auf die »*Kliniken der Gebenedeiten Schwestern des Klosters Steineroth*« im Großherzogtum Luxemburg.

Autoren und ihre Krimis zur Eifel

Asten, Verena von * 1932, lebt in Eupen. *Endstation Talsperre (Meyer & Meyer) 1999; Tod in der Sauna (Meyer & Meyer) 2001.*

Berg, Carsten * 1959, lebt in Aachen. *Die Printen-Connection (Emons) 1998.*

Berndorf, Jacques (Ps. für Michael Preute) * 1936, lebt in Dreis-Brück. *Eifel-Blues (Pahl-Rugenstein) 1989; Der General und das Mädchen (Bastei-Lübbe) 1990; Requiem für einen Henker (Bastei-Lübe) 1990; Der letzte Agent (Bastei-Lübbe) 1993; Eine Reise nach Genf (Goldmann) 1993; Eifel-Gold (grafit) 1993; Eifel-Filz (grafit) 1995; Eifel-Schnee (grafit) 1996; Eifel-Feuer (grafit) 1997; Eifel-Rallye (grafit) 1997; Eifel-Jagd (grafit) 1998; Eifel-Sturm (grafit) 1999; Der Bär – 111 Jahre Gerolsteiner Brunnen 1999; Eifel-Müll (grafit) 2000; Eifel-Wasser (grafit) 2001; Eifel-Liebe (grafit) 2002. Hrsg.: Jürgen würgen... (Weiss) 1999.*

Caldera, Carlos (Ps. für Karl-Josef Prüm) * 1955, lebt in Trier. *Porta Panica (S-T-Verlag) 1996; Schwarzer September (S-T-Verlag) 1998.*

Clasen, Carola * 1950, lebt in Hürth. *Atemnot (Emons) 1997; Novembernebel (KBV) 2001.*

Commichau, Brigitte * 1938, lebt in Roetgen. *Schwarzes Requiem (Meyer & Meyer) 1997; Hochsitz kommt vor dem Fall (Meyer & Meyer) 1997; Es kann der Frömmste nicht in Frieden leben ... (Meyer & Meyer) 1998; Bienenmörder – Mörderbienen (Meyer & Meyer) 1999.*

Craemer, Annette * in Cochem, lebt in Trier. *Der Fall Neuerburg (éditions trèves) 1998.*

Derwahl, Freddy * 1946 Eupen, lebt in Eupen. *Der Mord im Brüsseler Hof (GEV) 2002.*

Glaesener, Helga * 1955 in lebt in Aurich. *Die Safranhändlerin (Heyne) 1997*

Görden, Thomas * 1964, lebt in Linz am Rhein. *Schattenwölfe (Knaur) 1999.*

Haag, Ulrich * 1961 lebt in Aachen. *Tod einer Politesse (KBV) 1996.*

Haefs, Gisbert * 1950, lebt in Bad Godesberg. *Matzbachs Nabel (Goldmann) 1993.*

Hammesfahr, Petra * 1951, lebt in Kerpen bei Köln. *Der gläserne Himmel (Gustav Lübbe Verlag) 1995.*

Henn, Carsten Sebastian * 1973, lebt in Hürth. *In Vino Veritas (Emons) 2002.*

Izquierdo, Andreas (Ps. für Andreas Schmitz) * 1968, lebt in Köln. *Der Saumord (grafit) 1995; Das Doppeldings (grafit) 1996; Jede Menge Seife (grafit) 1997; Schlaflos in Dörresheim (grafit) 2000.*

Junge, Reinhard * 1946, lebt in Bochum *Klassenfahrt (grafit) 1989.*

Kann, Hans-Joachim * 1943, lebt in Trier. *Der dritte Arm von rechts (édition trèves) 1988.*

Kastellitz, Maria * 1967, lebt in Euskirchen. *Im Höllenturm oder Das fussisch Loode (KBV) 2001.*

Kieffer, Rosi & Reni * 1949 und 1979. Mutter und Tochter leben in Aachen. *Der Valentinstagmörder (Meyer & Meyer) 2001; Tödliches Klassentreffen (Meyer & Meyer) 2002.*

Klein, Edwin * 1948 *Familienzauber (Droemer-Knaur) 1991; Kampf der Götzen (Rasch und Röhring) 1997.*

Koch, Angelika * 1959, lebt in der Vulkaneifel. *Der Retter (KBV) 1997; Jemand wie Ginsterblum (KBV) 1997; Das Wasser (KBV) 1998.*

Kramp, Ralf * 1963, lebt in Kerpen in der Eifel. *Tief unterm Laub (KBV) 1996; Spinner (KBV) 1997; Rabenschwarz (KBV) 1998; Der neunte Tod (KBV) 1999; Still und starr (KBV) 2000; Wenn Goldfinger rauskommt (Ritschel) 2000; ... denn sterben muss David! (KBV) 2001; Malerische Morde (KBV) 2002. Hrsg.: Der Tod klopft an (GEV) 2001; Der Tod tritt ein (GEV) 2002.*

Kreutzer, Lutz Hermann * 1959, *Schröders Verdacht (Helios) 1996.*

Krieger, Günter * 1965, lebt in Langerwehe. *Teufelswerk (Pandion) 1999; Mönchsgesang (Pandion) 2000; Gertrudisnacht (GEV) 2001; Löwentod (Pandion) 2001; Das Haupt der Anna (GEV) 2001; Drachensturm (GEV) 2002. Hrsg.: Ein Schnitter namens Tod (GEV) 2002.*

Kristan, Georg R. (Ps. für Georg und Renate Cordts) Georg C. * 1927,Renate C. * 1935, leben in Bonn. *Das Jagdhaus in der Eifel (Goldmann) 1985; Anschlag auf Bonn (Goldmann) 1990.*

Kroell, Erika * 1958, lebt in Rech. *Fürchte dei-*

nen Nächsten... (RMV) 2000.

Kruse, Siegfried *1934, lebt in Aachen. *Die Nackten und die Noten (Meyer & Meyer) 1998.*

Küpper, Heinz *1930, lebt in Bad Münstereifel. *Wohin mit dem Kopf? (Erb Verlag) 1986.*

Kunkel, Eberhard *1931, lebt im Rheingau. *Von Trier bis zur Hölle (AK-Verlag) 2000.*

Kusch, Franziska *1965, lebt in Aachen. *Die Bushofbande (Emons) 1999.*

Lehmkuhl, Kurt *1952, lebt in Aachen und Bonn. *Mord am Tivoli (Meyer & Meyer) 1997; Kirmes des Todes (Meyer & Meyer) 1997; Tödliche Recherche (Meyer & Meyer) 1997; Ein Sarg für Lennet Kann (Meyer & Meyer) 1998; Vertrauen bis in den Tod (Meyer & Meyer) 1998; Spritzen für die Ewigkeit (Meyer & Meyer) 1998; Die Aachen-Mallorca-Connection (Meyer & Meyer) 1999; Blut klebt am Karlspreis (Meyer & Meyer) 1999; Begraben in Garzweiler II (Meyer & Meyer) 1999; Mörderische Kaiser-Route (Meyer & Meyer) 2000; Der Grenzgänger (Meyer & Meyer) 2001.*

Lieser, Carl von (Ps. für Karl-Josef Prüm) *1955, lebt in Trier. *Vorsicht Rotlicht! (RMV) 1999; Sekten, Sekt und Selters (S-T-Verlag) 1999; Die Affäre D. (S-T-Verlag) 2000.*

Martini, Mischa (Ps. für Michael Weyand) lebt in Trier. *Akte Mosel (Verlag Michael Weyand) 1999; Soko Mosel (Verlag Michael Weyand) 2000; Endstation Mosel (Verlag Michael Weyand) 2001.*

Noske, Edgar *1957, lebt in Niederkassel. *Bitte ein Mord (Emons) 1996; Rittermord (Emons) 1997.*

Pestum, Jo (Ps. für Johannes Stumpe) *1936 *Lange Schatten in der Nacht (Franz Schneider) 1985; Das Rätsel der Bananenfresser (Franz Schneider) 1985.*

Pfanner, Thomas *1960, lebt in St. Augustin. *Glaube Liebe Mord (Espresso) 2001.*

Raap, Jürgen *1952, lebt in Köln. *Tod eines Kunsthändlers (KBV) 2000.*

Reichel, Saskia *1941, lebt in Aachen. *Der Schuss in die Stille (Meyer & Meyer) 1998.*

Rhiem, Uwe *1962, lebt in Wißkirchen. *Fallobst (verlag bernd terlau) 2000.*

Schüren, Hermann-Josef *1954 *Tiefer als der Tag (Emons) 1997.*

Stephan, Roland *1956 *Der verliebte Tod (Meyer & Meyer) 2000.*

Udelhoven, Peter *1944, lebt in Burg Reuland und Bonn. *Rage (Wolkenstein) 1999.*

Reinig, Albert *1950, lebt in Schwirzheim. *Der Untermieter (RMV) 1999.*

Venn, Hubert vom *1953, lebt in Roetgen. *Die Hand im Moor (RMV) 1999; Kaisermord (RMV) 2000.*

Wenz, Richard *1876 †1953. *Das Irrlicht auf dem Eifelmaar (Balduin Pick) 1940.*

Weitere Informationen zur Eifel, zu Eifelkrimis und ihren Autoren:

Angelika Jockers/ Reinhard Jahn (Hrsg.): *Lexikon der deutschsprachigen Krimi-Autoren (Verlag der Criminale) 2002*

Booß, Rutger (Hrsg.): *Jacques Berndorf – Eifel-Täter (grafit) 2001.*

Eifelverein e.V. (Hrsg.): *Eifelführer.*

Mahlberg-Gräper, Bruni/ Wrba, Ernst: *Die Eifel (Bucher) 1995*

Mahlberg-Gräper, Bruni: *Unterwegs in Aachen und Umgebung (GEV) 1999*

Pippke, Walter/ Pallhubert, Ida: *Die Eifel (DuMont) 1984.*

Przybilka, Thomas/ Lehmer-Kerkloh, Gisela/ Ixfeld, Alwin: *Siggi Baumeister oder Eine Verfolgung quer durch die Eifel (Nordpark Verlag) 2001.*

Schwieren-Höger, Ulrike: *Unterwegs in der nördlichen Eifel (GEV) 1999, Unterwegs in der südlichen Eifel (GEV)*

Stieglitz, Andreas: *Eifel (Polyglott) 1999*

Walter, Klaus-Peter (Hrsg.): *Lexikon der Kriminalliteratur (Reclam) 2002*

Zierden, Josef (Hrsg.): *Die Eifel in der Literatur (Edition Eifel Literatur Festival) 1994, LiteraturLexikon Rheinland-Pfalz (Brandes&Apsel) 1998. Literarischer Reiseführer Rheinland-Pfalz (Brandes&Apsel) 2001*

www.eifeltour.de

www.eifelfuehrer.de

Ortsregister